KB215323

자기혁신
프로그램

CHANGING FOR GOOD

자기혁신 프로그램
생각만 하고 실행하지 못하는 사람들을 위한 변화 모델

초판 1쇄 발행일 2007년 9월 20일   초판 2쇄 발행일 2023년 1월 20일

지은이 제임스 O. 프로차스카 외 | 옮긴이 강수정
펴낸이 박재환 | 편집 유은재 | 관리 조영란
펴낸곳 에코리브르 | 주소 서울시 마포구 동교로15길 34 3층(04003) | 전화 702-2530 | 팩스 702-2532
이메일 ecolivres@hanmail.net | 블로그 http://blog.naver.com/ecolivres
출판등록 2001년 5월 7일 제201-10-2147호
종이 세종페이퍼 | 인쇄·제본 상지사 P&B

ISBN 978-89-90048-90-5 03180   책값은 뒤표지에 있습니다.   잘못된 책은 바꿔드립니다.

★ 이 책은 2003년 출간한 《생각만 하고 실행하지 못하는 사람들을 위한 변화 프로그램》을 제목과 표지를 바꿔 재출간한 것입니다.

Changing
자기혁신 프로그램
for
Good

생각만 하고 실행하지 못하는 사람들을 위한 변화 모델

제임스 프로차스카 · 존 노크로스 · 카를로 디클레멘트 지음 | 강수정 옮김

에코리브르

우리 삶을 여러 면에서 좋은 방향으로 변화시켜준 우리 아이들에게

제이슨과 조디

레베카와 조너슨

캐라와 애나

감사의 글

《자기혁신 프로그램》은, 우리 세 사람의 삶을 합쳐서 50년이 넘는 임상과 연구의 결과물이다. 그 과정에 연구 기금을 지원해준 관계자들과 학생들, 상담을 받으려고 우리를 찾아왔던 사람들, 그리고 동료들에게 빚을 많이 졌다. 이 책을 통해서 그 빚을 조금이나마 갚을 수 있기를 바란다. 오랜 기간 재정 지원을 아끼지 않은 국립보건원, 로드아일랜드 대학교, 스크랜턴 대학교, 텍사스 의대, 그리고 휴스턴 대학교에 감사한다. 지칠 줄 모르는 탐구심과 연구에 헌신한 제자들은 워낙 많아 일일이 이름을 거론하기 힘들 정도이다. 또한 연구에 참가하고 사례를 공개해도 좋다고 허락해준 내담자들의 용기는 너무나 소중한 힘이 되었다. 이들이야말로 자기 변화(self-change)의 궁극적인 스승임을 증명해 보인 사람들이다.

기존 이론들의 한계를 넘어 보편적인 접근법을 개발할 수 있었던 것은 여러 사람의 노력이 결집된 결과이다. 웨인 벨리서, 조셉 로시, 데이비드 에이브럼즈, 엘리 맥코너이, 다이앤 그림리, 운토 팔로넨, 조셉 파바, 콜린 레딩, 마이클 골드스타인, 윌리엄 라코프스키, 레이먼드 니오라, 베스 마르커스, 지오프 그린, 로버트 라포지, 로리 러기에로, 수잔 로시, 캐런 에몬스, 가브리엘 리드 박스를 비롯해 수많은 사람이 도와 주었다. 일레인 테일러, 가브리엘 라일리, 가이 나텔리, 그리고 암 예방 연구 컨소시엄 직원들에게도 감사의 말을 전한다. 휴스턴에서는 잭 고든, 조셉 카로나리, 마이클 기버티니, 낸시 브란덴버그, 쉐릴 휴즈, 크리스 로바토, 마이클 에릭슨, 패트리시아 퓰렌, 그리고 매리 벨라스케즈 등이 공동 조사자로 애써주었다.

편집자 마리아 구아나셸리는 탁월한 창의력과 활기찬 태도로 그저 머릿속에 담겨 있던 우리 생각을 현실에 펼쳐 보일 수 있게 도와주었다. 무엇보다 전문가와 일반 대중 간 거리를 좁히겠다는 그의 사명감은 존경스러울 정도였다. 우리 세 사람 모두 대중을 상대로 한 책을 내는 데는 초보자였던 터라 윌리엄 모로 출판사 직원들의 도움은 특별히 고마워하는 부분이다.

마지막으로 가족들은 우리에게 창의적인 영감의 원천이자, 힘이 되어주는 쉼터였다. 사회사업가인 잰 프로차스카와 낸시 콜드웰 노크로스, 그리고 린 달퀴스트 박사는 각자 자기 분야에서 열심히 일하는 전문가이자 훌륭한 어머니이며, 또 우리 각자의 좋은 동반자이다. 조건 없는 애정을 받아본 경험이야말로 성공적인 자기 변화를 확신하는 보증서라고 할 때, 이 세 사람이야말로 그런 가없는 애정과 관심의 본보기라고 할 만하다.

그러나 《자기혁신 프로그램》은 우리 아이들에게 바치고 싶다. 그 아이들은 우리 삶을 여러 면에서 너무나도 좋은 방향으로 바꿔주었다.

2부 변화의 적용

서문 : 행동변화의 과학적인 혁명

좋든 싫든, 변화는 피할 수 없다. 2500년 전에 그리스의 철학자 헤라클리투스(Heraclitus)가 간파했듯이 삶은 그 자체가 변화이기 때문이다. 순간 순간이 다르다. 크게는 우주의 행성에서부터 작게는 분자에 이르기까지 잠시 잠깐도 가만히 머물러 있는 것은 없다. 그리고 우리가 경험하는 변화 중에서 우리가 어떻게 해볼 수 있는 것도 그리 많지 않다. 때때로 비극을 향해 치닫는 세계사를 목격할 때에도, 개인적인 불행에 처했을 때에도, 우리는 속수무책이거나 한계를 절감할 뿐이다. 심지어 여름 피서지에서 느닷없이 만나는 소나기조차 우리로서는 어쩔 수 없는 부분이다. 시간의 흐름 앞에 그 어떤 이의도 제기할 수 없다.

이렇게 우리 자신이나 세상의 많은 부분을 의도적으로는 변화시킬 수 없는 게 사실이지만, 우리가 살아가는 과정이나 방식에서만큼은 다소 힘을 발휘할 수 있다. 경제적인 상황, 가족 관계, 그리고 삶의 질은 노력 여하에 따라 충분히 개선할 수 있다. 행동이나 생각, 그리고 감정 역시 스스로 변화를 일궈낼 수 있는 영역이고, 우리가 관심을 갖는 것 역시 바로 이 부분이다.

지금까지 12년 넘게 나와 내 동료들은 사람들이 어떻게 변하는가를 구명하려고 노력해왔다. 자기 스스로 변화를 이루어낸 사람들이나 중독성 행동 때문에 전문가의 치료를 받은 사람들에게서 공통적으로 나타나는 변화의 구조가 있는지, 있다면 그 안에 잠재된, 변화를 가능하게 하는 원칙은 무엇인지를 밝혀내고자 했다. 심리치료를 받았건 독자적으로 노력했건, 결코 단순하지 않은 문제와 중독성 행동을 성공적으로 반전시킨 사람들이 있다면, 우리는 그 변화를 일으킨 기본적인 원리가 있는지, 그것을 밝혀낼 수 있는지 알고 싶었다.

　그리고 이제 그런 원리가 존재함을 확신할 만한 증거를 손에 넣었다. 존 노크로스와 카를로 디클레멘트, 그리고 나, 이렇게 세 사람은 임상 심리학자이고 대학 교수이며, 공동 연구자이자 열렬한 자기 변화 옹호론자이다. 우리는 사람들이 흡연이나 알코올 중독, 정서적 고통, 체중 조절 같은 문제들을 어떻게 극복하는지 알아내기 위해 50여 건의 주제를 가지고 수천 명을 상대로 연구했다. 심리학의 수많은 이론 중에서 핵심만 선택적으로 차용한 우리의 변화 모델은 수 차례의 경험적인 연구를 통해 실험하고, 수정하고, 개선하여, 현재 세계 전역의 전문가들이 활용하고 있다. 애초 행동변화의 과학적인 혁명이라는 성과를 기대하며 시작한 것은 아니지만, 주변의 존경하는 동료들은 우리가 바로 그런 업적을 이루었노라고 말했다.

　듀크 대학교 암 예방 연구소장인 바바라 라이머(Barbara Rimer) 박사를 비롯한 많은 사람들은 우리 연구가, 건강 전문가들이 고위험도(high-risk)로 분류하는 행동들을 이해하고 변화시킬 수 있게 했다고 말했다. 그리고 하버드 대학교 중독성 행동 치료 센터의 하워드 쉐이퍼(Howard Schaefer) 박사는 현대에 맞게 중독성 행동변화에 대한 접근법을 새롭게 개선할 지적인 토대가 마련되었다고 했으며, 오스트레일리아 크라이튼 대학교의 윌리엄 손더스(William Saunders) 박사는 우리 모델이 등장하기 전에는 건강 전문가들이 어떻게 행동변화를 이해했는지 기억하기 어려울 정도라고 이야기했다. 우리 모델을 활용하고 있는 건강 관련 단체들은, 미국 내에는 질병 통제 및 예방 센터, 국립 암 연구소, 그리고 세계적으로는 영국의 국립 건강보건제도와 존슨&존슨 등이 있다.

변화에 대한 새로운 접근법을 제시한 우리 모델이 등장하자, 기존 행동주의 패러다임의 허구가 드러났다. 이전에는 변화가 극적으로, 그리고 불연속적으로 나타난다고 생각했다. 이런 행동주의 패러다임은 지난 30~40년 동안 행동변화 프로그램을 지배해왔다. 이런 모델을 따를 경우, 심리치료를 위해 전문가를 찾은 내담자(의사의 권위적인 지시를 듣기보다는 상담을 받기 위해 전문가를 찾아온 사람들을, 환자라는 말 대신 클라이언트, 또는 상담을 받으러 방문했다는 의미로 '내담자' 라 부른다)들은 흡연이나 체중과다, 알코올 중독, 또는 그 밖의 문제들을 정복하기 위한 단기 프로그램에 들어간다. 그리고는 몇 주 내에 건강한 라이프스타일을 채택할 수 있으리라 기대한다. 만약 이들이 행동을 취하지 못하거나 그 행동을 지속하지 못할 경우, 의지가 박약하거나 동기부여가 충분치 못하다는 비난을 받는다.

그러나 여기서 우리는 변화를 원하는 사람들이 잘못한 게 아니라 바로 이런 행동변화 모델이 잘못된 것이라는 데 주목했다. 자기 변화에 성공한 개인들은 무엇보다 힘있고, 통제가 가능하며 예상할 수 있는 경로를 따라 움직인다. 이 경로는 여러 단계로 구성되며, 각 단계에는 저마다 서로 다른 접근법이 필요하다. 행동을 취하는 것, 즉 실행에 돌입하는 것은 6단계 가운데 하나일 뿐이다. 실행 이전에는 무관심 단계와 심사숙고 단계를 거쳐 준비 단계가 선행하고, 실행 이후에도 유지 단계와 종결 단계가 뒤따른다. 경중을 따질 수 없이 다 똑같이 중요한 단계들이다. 고위험도로 분류되는 15가지 행동 중에서 표본을 추출하여 조사한 결과, 당장에라도 실행에 돌입할 준비가 된 사람은 20퍼센트 미만이라는 사실을 확인할 수 있었다. 그렇다면 행동변화 프로그램의 90퍼센트 이상은 바로 이 20퍼센트 미만의 사람들을 염두에 두고 만들어진다는 뜻이 된다.

우리의 과학적인 접근법에 따르면, 변화를 원하는 사람은 먼저 극복하고자 하는 문제와 관련해서 자신이 어떤 단계에 있는가부터 알아야 한다. 성공의 관건은 문제 해결을 위한 다양한 기법을 가장 적절한 시기에 활용하는 데 있다. 연구 도중에 바람직한 사실들을 확인할 수 있었는데, 그 중 하나는 행동을 취할 준비가 되어 있지 않은 사람들조차 변화의 과정을 추진해나갈 수 있다는 것이었다. 변화를 원하지 않는 사람에서부터 언젠가 변화할 날을 꿈꾸며 몇 년째 세월을 보내는 사람에 이르기까지 문제성 행동과 관련해서 모든 단계에 있는 사람들이 우리 모델을 활용하면 효과를 볼 수 있다.

'변화'에 '단계'라는 개념을 적용한 이 모델은 사람들의 변화를 이해하려는 여러 분야의 연구자들이 활용하고 있다. 비행 청소년이나 마약 중독자, 그리고 뇌 손상을 입은 사람들을 위한 재활 프로그램에서부터 대인관계에 문제가 있거나 우울증으로 고생하는 사람, 알코올 중독자와 알코올성 행동 장애가 있는 사람의 치료, 그리고 불안이나 공황 장애 환자들을 위한 향정신성 의약품의 임상 실험에 이르기까지 사용 환경도 광범위하다. 이 모델은 또한 활동이 결여된 정주성(定住性,

sedentary) 사람, 고지방 식습관을 유지하는 사람, 태양광선 노출이 지나친 사람, 청소년이나 성인 흡연자, 그 밖에 수십 가지 문제를 지닌 사람들의 행동을 변화시키는 데 사용되었다.

지금까지는 소수의 심리치료사만이 단계별로 변화를 이끌어내는 방법을 알고 있었다. 그렇기 때문에 아무리 탁월한 행동 위주 치료 프로그램이라도 참여율이 저조했던 것이다. 흡연자 중에서는 5퍼센트 미만, 알코올 중독이나 비만인 사람들 중에서는 10퍼센트 미만, 그리고 정신이 미약한 사람들 중에서는 25퍼센트에도 못 미치는 사람만이 심리치료를 시도했다. 그리고 얼마 되지 않는 그 사람들 중에서도 45퍼센트 이상이 치료를 중도에 포기했다. 치료가 내담자의 단계에 따른 요구와 맞지 않는 경우가 그 만큼 많았다는 얘기다.

많은 사람이 생각하는 것과 달리, 스스로 변화를 시도하는 사람들도 심리치료를 받거나 전문적인 프로그램에 참여한 사람들 못지 않은 성공을 거둔다. 자신이 원하는 대로 변화한 사람들 중에는 오히려 전문가를 찾지 않거나 조직적으로 운영하는 프로그램에 참여해본 적이 없는 사람이 더 많다. 이런 사람들은 자신의 능력과 방법을 동원하고, 주변 사람들에게 도움을 얻고, 실패 경험을 바탕으로 터득한 전략을 이용해서 어려움을 헤쳐나간다. 연구를 시작한 후 몇 년 동안 우리는 스스로 변화를 이룬 수천 명에게서 관련 데이터를 모아 분석했고, 이 책 역시 학계의 이론이나 '전문가의 의견' 보다는 바로 이 사람들의 경험을 바탕으로 완성했다.

심리치료가 변화에 좋은 환경을 제공하는 것은 사실이지만, 심리치료를 받은 사람들과 스스로 변화한 사람들은, 생각보다 차이가 적고, 유사점이 많다. 사실 모든 변화는 결국 자기 힘으로 하는 것이고, 심리치료는 단순히 그런 자기 변화를 전문적으로 지도해주는 것이라 할 수 있다. 심리치료를 받는 동안이라도 상담실에 앉아 있지 않는, 일주일의 99퍼센트는 혼자서 노력해야 한다. 변화하기 위해서 도움이 필요하지만, 그 도움은 자기 자신으로부터 나올 수도 있고, 비전문가에게서 얻을 수도 있으며, 바로 이런 책에서 찾을 수도 있다. 중요한 것은 적절한 전략을 적절한 때에 구사하는 것이다.

그러나 안타깝게도 너무나 많은 사람이 엉뚱한 곳에서 손쉬운 해결책을 구하려 한다. 어디에도 마법의 알약이나 마법의 빗자루, 마법의 계획 같은 것은 없다. 눈앞에 놓인 문제가 약물 남용이든, 불안이나 우울 같은 증상이든, 체중 조절이든, 누구나 동일한 변화의 단계를 통해 전진할 뿐이다. 어떤 문제를 해결할 수 있는 원리는 또 다른 문제에도 효과적으로 적용할 수 있다. 우리는 이 책에서 바로 그 원리, 즉 변화의 단계는 구체적으로 어떤 것이며 각 단계는 어떤 과정을 통해 완성되는지를 설명하고자 한다.

우리의 변화 시스템은 이해하기도 쉽다. 실제로 무척 간단하고 분명해서 듣는 즉시 이해할 수 있을 정도이다. 이 책은 우리의 자기 변화 모델을 더 자세히 알고자 하는 심리치료사들이나 전문가들에게 도움이 될 것이다. 누군가를 변화시켜야 하는 사람들(심리치료사들도 포함해서)에게는 특히 유용하리라 믿는다.

스스로의 힘으로 변화한 사람들을 살펴보면, 누구나 새로운 방법을 익히고 자기 안에 내재하는 힘을 이끌어내며, 타인에게 의존해 해결책을 구하기보다 자기 만족을 높여 미래에 대한 자신감까지 키우는 사람들임을 알 수 있다. 행동심리학자인 스키너(Burrhus Frederic Skinner)도 지적했듯이, 스스로를 돌볼 수 있는 사람을 굳이 도와주려는 것도 서구 사회가 지닌 문제점 중에 하나이다.

그러나 자기 변화를 시도하는 사람들이 모두 성공하는 것은 아니다. 실패한 사례들을 살펴보면 적절한 안내자가 없었던 경우가 많다. 이들 대부분은 배의 타륜을 다시 만들어내느라, 즉 변화의 길을 스스로 찾아나서느라 악전고투하다 그만 지쳐 주저앉고 만다. 이 책은 앞서간 사람들의 실수를 다시 반복하지 않게 도와줄 것이다. 우리는 스스로의 힘으로 도전해서 성공한 사람들의 길을 지도로 만들어 보여줄 것이다. 우리가 그 여정에 일일이 동행할 수는 없지만, 정확한 방향과 길은 일러줄 수 있다.

여태까지 얻지 못한 효과를 손에 넣기 위해서는 오로지 마음을 열고 배우려는 의지만 가지면 된다. 그러다 보면 변화가 최우선순위로 자리 잡을 것이다. 변화에 대한 정확한 이해와 새롭게 터득한 기술로 무장한다면 행동을 취할 시점이 무르익었을 때 성공 확률을 최고로 높일 수 있다. 전문적인 심리치료가 일주일에 한 번씩, 한 시간 동안만 변화에 집중하도록 만든다면 이 책은 변화에 대한 의욕을 고취시키고 목적지에 도달할 때까지 스스로 돌아보며 평가할 수 있도록 안내해줄 것이다. 이제 이 책을 손에 든 여러분이 할 일은 끝까지 읽겠다는 마음을 내는 것뿐이다.

미국 로드아일랜드 주 킹스턴 소재 로드아일랜드 대학교 연구실에서
제임스 프로차스카

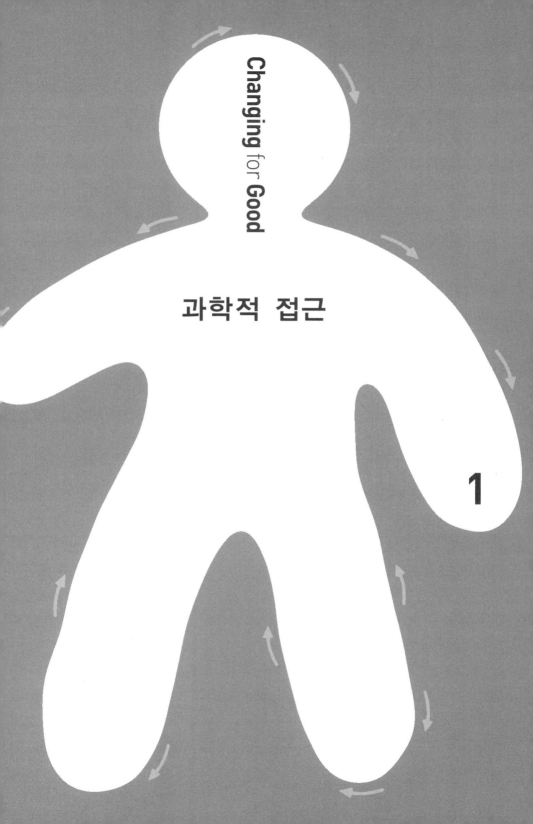

Changing for Good

과학적 접근

1

저마다 독자적인 교의와 다소간의 신도, 그리고 대표적인 성인과 변절자의 목록을 갖추고 있다. 신도들은 자신이 믿어마지 않는 이론과 다른 체계에서 제시하는 이론이 상당히 유사함을 보지 못한다. 오로지 차이점에만 주목한다. 그리고 얼마 되지 않는 차이점들이 지나치게 강조된다.

어떻게 변화할 것인가

바람직하지 못한 행동을 바로잡는 데 있어, 한 심리치료 체계가 다른 이론이나 학파보다 효과가 월등하다는 것이 입증되었다면, 그 체계의 이름은 지금쯤 모든 사람이 일상적으로 사용하는 일반명사가 되었을 것이다. 그러나 최근까지도 변화는 여전히 수수께끼로 남아 있고, 수백 가지가 넘는 기존 치료 방법들 중에서 변화가 어떻게 일어나는지를 효과적으로 설명한 것도 없다. 뿐만 아니라, 개개인이 굳은 의지와 끈기로 열심히 노력해서 스스로 개발해낸 것보다 더 성공적인 전략임을 입증해 보인 치료 방법조차 아직 없는 실정이다.

　나와 내 동료들은 사람들이 심리치료에 의존하지 않고 어떻게 스스로 변화하는지 탐구하는 것을 필생의 과업으로 삼았다. 사실 나는, 우울증과 알코올 중독으로 자신을 서서히 파멸시키는 한 사람을 지켜보면서도 돕지 못했던 무능함이 가져다 준 좌절감 때문에 이 연구를 시작하게 되었다. 그 사람은 심리치료를 믿지 않았고, 무엇보다 우울증과 알코올 중독이 자신에게 문제가 된다는 사실을 부정했기 때문에, 그를 돕는 일은 고스란히 주변의 책임으로 돌아갔다. 그리고 우리는 그를 도우려 노력했지만 아무 소용이 없었다.

그 사람은 바로 내 아버지였다. 대학 3학년 때 아버지가 돌아가셨고, 나는 우리에게 일어났던 일을 이해하고 싶어서 심리학을 공부하기 시작했다. 아버지 같은 사람이 스스로 변화할 수 있도록 도울 방법이 없는지 알고 싶었다. 중독이건 그 어떤 것이건, 자신을 파멸로 이끄는 문제를 지닌 사람들 중에서 스스로 전문가의 도움을 찾아 나서거나, 또는 그럴 수 있는 사람은 거의 없다. 심리학적 지식의 이점을 누리지 않는 사람들, 그러면서도 스스로의 힘으로 변화에 도전하는 사람들에게 심리학의 뛰어난 통찰력을 알려줄 방법이 없을지 알고 싶었다. 심리치료를 받으려는 사람들의 심정은 지금도 마찬가지겠지만, 공부를 시작하면서 나는 수많은 심리치료 체계 중에서 어디서 뭘 선택해야 할지 몰라 당황했다.

심리치료는 복합적인 주제다. 하나, 또는 그 이상의 복잡하기 그지없는 문제를 지닌 내담자와 어느 특정한 학파를 공부한 심리치료사가 만났을 때를 생각해보라. 두 사람의 관계는, 이 심리치료사와 다른 내담자의 관계와는 또 다르다. 심리치료사는 이런저런 기법 가운데에서 선택해야 하고, 무엇을 언제, 그리고 어떻게 적용할 것인지를 끊임없이 결정해야 한다. 어떤 치료법도 이 과정에 개입해 들어오는 모든 변수를 적절하게 처리할 수는 없다.

복잡한 주제가 명쾌하게 설명되지 못한 채 남아 있을 경우, 대개는 새로운 이론들이 계속해서 등장한다. 내 동료들과 내가 연구를 시작했을 때, 심리치료는 그야말로 산산이 나뉜 형국이었다. 1950년대에 이미 심리치료에는 36개 이상의 독자적인 체계가 존재한다는 발표가 있었다. 그리고 지금 그 숫자는 무려 400개를 넘어섰다. 이 접근법들은 대부분 폭이 좁다. 저마다 독자적인 교의와 다소간의 신도, 그리고 대표적인 성인과 변절자의 목록을 갖추고 있다. 신도들은 자신이 믿어마지 않는 이론과 다른 체계에서 제시하는 이론이 상당히 유사함을 보지 못한다. 그들은 오로지 차이점에만 주목한다. 그리고 얼마 되지 않는 차이점들이 지나치게 강조된다.

연구를 하면서 나는 다시 한번 깊은 좌절감에 빠졌다. 이번에는 다른 사람의 연구물이나 검토하는 데 내 모든 시간을 바쳐야 하는가 하는 회의 때문이었다. 게다가 그 연구들이라는 게 다른 연구를 짓밟는 것으로 자신의 체계를 세우려 하지 않는가? 나는 심리학을 공부하기로 했던 초심을 다시 떠올려야 했다. 그것은 스스로 변화하려는 사람들을 도울 방법을 찾겠다는 것이었다. 수백 개나 되는 기존 이론들이 주장하는 수백 개나 되는 독자적인 변화의 과정 중에서 과연 어느 것이 더 낫고, 더 가치 있는지를 어떻게 따질 수 있을까? 나는 의문에 휩싸였다.

연구를 할수록 어떤 하나의 접근법이 임상에서 부딪히는 모든 문제와 상황에 적절하게 대응할 수 없다는 것은 더욱 분명해지는 것 같았다. 그러던 중인 1975년, 펜실베이니아 대학교의 심리학 교수 레스터 루보스키(Lester Luborsky)가 《이상한 나라의 앨리스》에 나오는 "모두가 이겼으니 모두 상을 받아야 한다"는 도도라는 새의 말을 인용하면서 심리치료라는 대접전은 무승부라고 선언했다. 뒤이어 발표된 연구들도 정통적인 심리치료법은 모두 바람직하며, 대동소이한 결과를 산출한다는 루보스키의 결론을 뒷받침해주었다.

물론 심리치료가 효과는 있다. 치료를 마친 사람들은, 같은 문제를 지닌 채 아직 치료를 받지 못한 사람들에 비해 80퍼센트 이상 개선된 상태를 보여준다. 그러나 지금껏 누구도 한 치료법이 다른 치료법에 비해 일관되게, 계속해서 월등한 효과를 보여준다는 것을 증명하지는 못했다.

다이론적 접근법

일반적인 지표가 될 이론의 부재, 근간이 되는 원리의 모색, 어느 한 이론이 다른 것보다 더 '옳지 않다' 는 인식의 확산, 새로운 치료법들의 양산, 그리고 자신의 접근법이 지닌 한계에 대한 불만 등은 여러 심리학자들로 하여금 통합적인 접근법을 시도하게 만들었다. 루보스키의 선언에 충격을 받은 나는, 마침내 학교를 졸업하고 진료를 시작한 뒤에도 독자적인 연구를 계속하기로 결심했다. 정신분석학의 심원한 통찰력과 행동주의의 강력한 기법, 인지심리학의 경험적인 방법론, 실존주의 분석의 자유로운 철학, 그리고 인본주의의 인문학적인 관계를 결합할 방법은 없을까 고민했다. 심리치료의 본질적인 힘을 완전히 개발할 방법은 없을까? 물론 수많은 이론가가 그런 통합은 철학적으로 불가능하다고 주장했다.

그러나 나는 인간의 변화 과정을 이해하는 사람이 한 명도 없다는 사실을 도저히 받아들일 수 없었다. 심리치료사인 파울 바츨라비크(Paul Watzlawick)가 말했듯이, 조그만 녹색의 화성인이 지구에 도착해서 변화를 초래하는 지구인의 기술을 설명해달라고 한다. 그러자 우리가 이

러저러하다고 현재의 상태를 말해준다. 그때, 그는 믿을 수 없다는 듯이 머리(또는 그에 상응하는 무엇이든)를 긁적이며 왜 일상생활에서 자연스럽고 자발적으로 일어나는 인간의 변화를 먼저 연구하지 않고 그렇게 복잡하고 난해하며, 억지스러운 이론들을 갖게 되었느냐고 묻지 않을까. 대부분의 전문가들은 심리치료를 내담자 개개인의 필요에 맞춰 구체적으로 조정하기보다는 내담자의 문제가 특정한 틀에 맞아들어갈 것이라고 간주한다. 이를테면, 모든 사람의 문제가 그 뿌리를 파내려가면 결국에는 성이나 공격성, 또는 무엇이든지 해당 학파에서 중요하다고 주장하는 바로 그것에 도달한다고 확신하는 것이다.

나는 대표적인 심리치료법들의 공통 분모를 찾아 나섰다. 그러기 위해서는 우선 각 학파의 거장들을 완전히 파악해야 했다. 우선 심리학의 다양한 학파들을 '비교 연구' 하는 한편으로, 그 이론들을 통합할 방법을 모색했다. 나는 각 체계에서 주장하는 원리와 변화의 과정을 분리해내고자 했다. 학파마다 그 기원과 이론에 대한 정보는 넘쳐났지만, 구체적으로 어떤 방법을 이용해서 사람들을 변화시키는지에 대한 자료나 정보는 턱없이 부족했다.

오랜 시간 자료를 수집한 끝에 나는 여러 가지 심리치료법에서 변화의 과정만 뽑아 정리할 수 있었다. 하지만 데이터들은 무질서하게 쌓였고, 그 사이에서는 뚜렷한 연관 관계를 포착할 수 없어 과학적인 과정에 덧씌워진 신비함을 걷어낼 필요가 있었다. 우리는 과학적인 발견을 신성시하고, 탐구하거나 이해하기 어려운 개념을 맹목적으로 숭배하는 경향이 있다. 또한 과학을 지식의 구체적인 실체인 양 받아들인다. 경계나 지형이 잘 알려져 있고, 누구나 쉽게 확인할 수 있는 공간이라고 생각하는 것이다. 그러나 과학이란, 한 번에 아주 조금씩밖에는 채

울 수 없는 광활한 미지의 영역이다. 추측하고, 결론을 도출하고, 그 결과에 따라 연필을 손에 쥐고 지역을 표시해나가지만, 시간이 흐르면 선은 지워지거나 다시 그려진다. 과학자들도 예술가 못지 않게 창의적인 직관에 의존한다. 그러나 다른 점이 있다면 과학자들의 경우 누구보다 엄격하게 자신을 시험하고 입증하고 확인하려 한다는 것이다.

그러던 어느 날 나는 자료들 사이에서 연관성을 파악하려는 노력을 잠시 중단한 채, 아내와 함께 케이프코드로 주말 여행을 떠났다. 그곳에서 맞은 첫날 아침에 불현듯 어떤 영감이 떠올랐다. 그것은 일종의 시각적인 개념이었고, 그것이 그 동안 모아둔 자료들 사이의 조직도로 이어졌다. 나는 아침을 먹다 말고, 머릿속에 떠오른 도표를 종이 위에 그렸다. 마침내 나는 심리학의 대표적인 이론들 사이에서 연관성을 발견할 수 있었다. 순간적으로 떠오른 직감과 오랜 시간을 투자한 작업 덕분에 나는 전반적인 심리치료에 따른 변화를 설명할 수 있는 과정들을 발견했다. 이 발견은 나의 첫 번째 책,《심리치료의 체계(Systems of Psychotherapy, 1979)》가 되어 나왔다.

연구 초기에 나는 한 가지 모순을 발견했다. 대표적인 심리치료법들이 내담자에게서 무엇을 변화시켜야 하는지에 대해 서로 의견을 달리하고, 내담자가 바로 그러한 문제를 갖게 된 원인을 놓고 갑론을박을 벌이면서도, 의도한 바는 아니겠지만 변화가 실현되는 과정에 대해서는 대체적으로 의견의 일치를 보고 있다는 사실이었다. 수백 가지나 되는 심리치료 이론들은 '변화의 과정들' 이라고 부를 만한 본질적인 몇 가지 원리로 압축할 수 있었다. 이 변화의 과정들은 간단히 정의할 수 있다. 생각과 감정, 또는 행동을 변경하는 데 도움이 될 만한 것을 스스로 시작하는 모든 활동, 바로 그것이 변화의 과정이다.〈표1〉에

표1 심리치료의 대표적 이론들*

이론	대표인물	중심 변화과정	전형적인 기법**
정신분석	지그문트 프로이트	의식의 고양 정서적 각성	저항분석 자유연상법 꿈의 해석
인본주의 실존주의	칼 로저스 롤로 메이	사회적 해방 전념 주변의 도움	명료화와 반성 감정이입과 관심 자유로운 체험
게슈탈트 경험주의	프리츠 펄스 아더 야노프	자기 재평가 정서적 각성	선택과 피드백 직시 집중
인지주의	앨버트 엘리스 아론 벡	대항 자기 재평가	교육 기능장애성 사고 인식 인식의 재구성
행동주의	B. F. 스키너 조셉 월프	환경 통제 보상 대항	자기 주장 이완 훈련 강화 관리 자기 통제 훈련

* 심리치료의 각 이론은 저마다 우위를 보이는 영역을 갖고 있다. 예를 들어, 정신분석은 의식과 무의식 차원에서 일어나는 동기에 대한 자각을 높이려 할 때, 또는 의식을 고양시키려 할 때 선호되는 방식이다. 반면에 행동주의는 분절된 문제성 행동을 바로잡을 때 최고의 효과를 입증하고 있는 방식이다.

이렇게 각 이론 체계는 변화의 한두 단계에서 특히 유용하다는 것을 알 수 있다. 각 체계의 강점을 기반으로 한 다이론적 모델은 각각의 장점을 하나의 완전한 체계로 통합시킨다.

** 이 기법들은 본문에서는 자세히 다루지 않지만, 독자들의 참고를 위해 소개한다.

서 확인할 수 있듯이, 모든 심리치료에서 이 과정들을 전부 활용하는 것은 아니다. 그러나 400개가 넘는 심리치료법이 모두 이 중에서 두 개

남짓한 과정을 적용하여 변화를 이끌어낸다. 더군다나 독자적으로 변화를 꾀하는 사람들은 어떤 한 이론에 국한될 필요 없이 모든 과정을 자유롭게 선택할 수 있다.

변화의 과정들

인생 자체가 그렇겠지만, 변화 역시 가장 적절한 시기를 택하는 것이 전부라 해도 과언이 아닐 만큼 중요하다. 변화를 완성하기 위해서는 단계별로 가장 적절한 과정을 적용하는 것이 관건인데, 변화의 단계에 대해서는 다음 장에서 자세히 설명하기로 하고 여기에서는 우선 대표적인 변화의 과정 아홉 가지를 간단히 살펴보자.

의 식 의 고 양

변화의 과정 중에서도 가장 광범위하게 쓰이는 의식의 고양이란 말은 프로이트(Sigmund Freud)가 처음 사용했다. 그는 정신분석의 기본적인 목적이 "무의식을 의식하도록 만드는 것"이라고 말한 적이 있는데, 오늘날 거의 모든 심리치료는 내담자로 하여금 인식의 지평을 넓히고, 수집 가능한 정보의 양을 늘려 이성적인 결정을 내릴 가능성을 높이려는 것에서부터 치료를 시작한다.

　그러나 의식의 고양은 숨어 있는 생각과 감정을 드러내는 것에만 국한되지 않는다. 자기 자신과 자기 문제의 성격을 아는 것 역시 정보의 원천이나 출처에 관계없이 의식을 고양시켜준다. 예를 들어 어떤 사람이 체중을 줄이고 싶어서 식이요법을 실시했는데, 먹는 양을 줄이면 몸은 재빨리 기초 신진대사량을 줄여―이럴 경우 칼로리 소비도 적어진다―먹는 양이 줄어든 상황에 적응한다는 사실을 모른다면 식이요법이 왜 즉각적인 효과를 보이지 않는지 의아할 것이다. 이처럼 의식의 고양은 체중 감소를 위한 접근법을 조정하게 도와줄 수 있다.

사회적 해방

여기에는 변화를 시도하거나 지속할 수 있도록 도와주는 외부의 환경이 모두 포함된다. 가까운 예로 금연 구역을 확대하고 비흡연자―또는 비흡연자가 되기 위해 노력하는 사람―를 우선시하는 사회 분위기를 들 수 있다. 세련된 레스토랑에서 제공하는 저지방 메뉴도 사회적 해방의 또 다른 예다.

　사회적 해방은 외부적인 힘이기 때문에 어느 단계에 있는가에 따라 상당히 다르게 받아들여진다. 예를 들어, 어떤 사람은 금연 구역을 적대시하거나 분개하지만, 어떤 사람은 금연 구역을 확산시키려 노력한다. 누구나 자신의 권리를 옹호하는 방향으로 행동할 수 있으며, 다른 사람들의 변화를 돕기 위해 사회적 환경을 바꾸려 노력할 수 있다. 정신건강 협회나 동성애자 연대, 또는 여성권리 향상을 위한 모임 같은 단체들은 모두 개인적인 힘을 키워나가려는 노력을 지지하고 후원한다. 사회적 해방은 여러 가지 행동을 가능하게 할 뿐만 아니라, 행동을 실천하는 사람들에게 자신의 힘과 변화의 능력에 대한 믿음을 심어주고 자부심을 키워준다.

정 서 적 각 성

수많은 심리치료의 근간을 이루는 중요한 도구로, 자신이 그 동안 변화에 방어적이었음을 자각하게 해준다. 정서적 각성은 어떤 면에서 의식의 고양과 비슷하지만, 감정적으로 더 깊은 층위에서 작용한다. 두 과정 모두 변화의 초기 단계에 중요하다.

극적인 방출—전통적인 용어를 사용하면 카타르시스라는—로 알려진 정서적 각성은 지금 직면하고 있는 문제와 관련한 중요하고도 급작스러운 감정적 경험으로 나타난다. 바로 이 점에서 정서적 각성은 더없이 강력한 과정이라고 할 수 있다.

정서적 각성은 실제 삶에서 겪는 비극적인 일에서 유발되기도 한다. 이 책의 공저자인 카를로 디클레멘트의 형은 담배를 즐겨 피웠다. 그렇다고 간간이 금연을 생각해보지 않은 것은 아니지만 결단은 내리지 못하고 있었다. 그러던 차에 난소암 진단을 받은 누이가 담배를 끊으라고 권하자 마음이 흔들렸고 누이의 병이 걱정되기도 해서 결국 담배를 끊었다. 비슷한 예로 음주벽이 있는 사람이 차 사고를 낸 후 가족 중 누군가가 술을 끊었다는 이야기는 얼마든지 찾아볼 수 있다.

물론 직접 겪는 것보다는 영화나 공공 캠페인, 또는 두려움을 고조시키는 방법 등을 통해 정서적으로 각성케 하는 것이 더 바람직함은 두말할 필요가 없다. 사이코드라마는 극적인 환경을 설정한 후 사건이나 관계를 투영해 보여주는 기법이다. 이런 기법들의 목적은 인식과 감정의 심도를 강화해서 실행케 하는 것이다.

자 기   재 평 가

이 과정은 문제를 주의 깊게, 그리고 감정적으로 재평가하도록 하고, 문제를 정복한 후에는 어떤 사람이 되어 있을지 생각해보게 한다. 자기 재평가는 문제가 있는 자신의 행동이 어떤 순간에 어떤 방식으로 자기 개인의 가치와 충돌하는지를 깨닫게 한다. 그 결과, 만약 지금 이 문제를 제거한다면 자신의 삶이 확실히 나아질 것이라는 확신을 갖게 한다. 노름꾼, 알코올 중독자, 하루종일 소파에만 앉아 아무 것도 하려고 들지 않는 자신을 어떻게 인식하고 있는가? 만약 그런 행동을 변화시킨다면, 그 다음에는 자신이 어떻게 보이겠는가? 변화가 요구하는 시간이나 에너지, 즐거움, 스트레스, 또는 이미지의 대가는 어느 정도인가? 이문제를 극복해서 얻는 것은 무엇이고, 잃는 것은 무엇인가? 바로 이런 것들이 자기 재평가 과정에 스스로에게 묻게 되는 감정적인, 그리고 이성적인 질문들이다.

전 념

일단 변화를 선택하면 변화의 책임감을 받아들이게 된다. 이 책임감은 전념, 또는 '자기 해방'이라고 부르는 노력에 대한 부담감이다. 이는 자기 자신을 위해 말하고 행동하고 반응할 수 있는 사람은 오로지 자기 자신임을 인정하는 것이다.

　이 과정의 첫걸음은 개인적인 차원에서 이뤄진다. 변화하기로 결정했음을 스스로에게 말하는 것이다. 이어 두 번째는 그 결심을 주변 사람들에게 알리는 것이다. 변화하겠다는 확고한 결심을 공개적으로 선언하는 것은 만약 변화에 성공하지 못할 경우 여러 사람 앞에서 부끄럽고 죄스러워서라도 변하려는 노력을 배가시키는 압력으로 작용한다. 남모르게 혼자 한 결심은 실패를 해도 부끄러울 일이 없고, 다른 사람들 앞에서 난처하지 않아 좋겠지만, 동시에 자신의 의지도 약해진다는 것을 알아야 한다. 공개적인 선언은 개인적인 결심보다 훨씬 강력한 힘을 발휘한다.

대 항

건강하지 못한 반응을 건강한 것으로 대체하는 기법을 일컫는 용어가 바로 대항, 또는 역조건 형성이다. 사실 우리가 하는 모든 행동은 조건적이다. 집에서 밥을 먹을 때보다는 나가서 외식을 할 때 과식하기가 쉽고, 심신이 편안하게 이완되었을 때보다는 불안할 때 과음을 하기 쉽다. 활동을 하고 있을 때보다는 지루할 때, 또는 친구들과 어울릴 때보다 혼자 있거나 심리적으로 괴로울 때 담배를 피울 확률이 높다.

　건전하고 건강한 활동은 어느 것이든 효과적인 대항 기법이 될 수 있다. 예를 들어, 약물 남용자라면 약에 취한 몽롱한 기분을 느끼고 싶은 충동을 떨쳐버리려고 나가서 조깅을 할 수 있고, 활동성이 결여된 정주 성향의 사람이라면 소파에 파묻혀 자신만의 세계에 빠져들기보다 가족들과 함께 시간을 보내는 방법을 택하는 것이다. 대항 활동에는 여러 가지가 있다. 중요한 것은 자신에게 가장 효과적인 방법을 찾아내는 것이다.

환 경 통 제

대항과 마찬가지로 환경 통제 역시 활동 지향적이다. 다만 이 경우에는 자신의 내부적인 반응을 통제하는 것이 목적이 아니라 주변 환경을 다시 구성함으로써 문제의 소지가 될 사건의 발생 개연성을 낮추는 데 그 목적이 있다.

전문적으로 말하면, 대항은 특정한 자극에 대한 개인의 반응을 조절하는 것이고, 환경 통제는 그 자극 자체를 규제하는 것이다. 환경 통제 기법은 집에서 마약이나 술을 없애는 것처럼 간단한 것일 수도 있다. 금연 표시나 냉장고에 경고 문구를 붙여 놓는 것처럼 긍정적인 신호를 이용하는 것도 좋은 방법이다.

보 상

처벌과 보상은 동전의 양면과 같다. 문제가 되는 행동을 했을 때 벌을 줄 수도 있고, 바람직한 행동을 보상으로 강화할 수도 있다. 그러나 스스로의 힘으로 성공적인 변화를 완성해 낸 사람들이나 심리치료사들의 경우 처벌은 거의 사용하지 않는다. 윤리적으로도 문제가 있지만, 처벌은 지속적인 변화로 이어진다기보다 문제가 되는 행동을 일시적으로 억누르는 데 그치는 경향이 있기 때문이다.

반면에 보상은 행동변화에 성공적으로 활용되는 경우가 많다. 스스로 칭찬을 하는 것도 간단한 보상의 일종이다. 일정한 목표에 도달했을 때 자기 자신에게 선물을 주거나, 문제가 있는 행동을 하지 않음으로써 절약한 돈으로 원하는 것을 구입하는 것도 좋은 방법이다. 보상은 다른 사람들이 해줄 수도 있다. 예를 들어 체중을 줄인 사람에게 가족들이 칭찬을 해주거나, 금연을 두고 친구와 내기를 할 수도 있다.

내가 살고 있는 뉴잉글랜드에서는 보상에 대한 부정적인 반응을 자주 접하는데, 아마도 지역 특유의 정서 때문이 아닌가 싶다. 워낙에 청교도적인 분위기가 만연하다보니 과음이나 폭식, 또는 흡연처럼 애초에 익히지 말았어야 하는 행동을 그만둔다고 보상을 요구하는 것은 가당치 않다는 생각이 지배적이다. 그러나 이런 생각은 좋은 행동의 강화를 부정함으로써 긍정적인 궤도를 따라 발전해나갈 수 있는 가능성을 박탈하는 것이나 마찬가지다. 자신이 그렇다는 생각이 든다면, 다음 변화의 과정을 시도하는 동안 가까운 사람의 시각에 대한 자신의 반응을 주의 깊게 관찰해보자.

주 변 의   도 움

자기 변화란 전문적인 도움을 구하지 않고 자신의 행동을 바로잡으려는 독자적인 노력을 말한다. 그렇다고 주변의 관심이나 지원, 또는 자신의 삶에서 중요한 위치를 차지하는 사람들의 도움을 거부한다는 뜻은 아니다. 절대로 그렇지 않다.

이렇게 강조하는 이유는 자기 변화를 '혼자 하는 일'로 간주하는 해묵은 오해를 타파하고 싶어서이다. 변화의 주기를 따라 진행하는 동안 우리는 얼마든지 다른 사람들을 동원할 수 있다. 친구나 가족이 우리에게 하는 행동을 통제할 수는 없지만, 그들에게 도움을 요청하고 우리가 원하는 바를 일러주고 우리 경험을 인지시킬 수는 있다. 주변의 도움을 '동원'하거나 '차출'한다는 말은 바로 이런 뜻이다.

표2 변화 과정에 적용되는 기법들

과정	목표	기법*
의식의 고양	자아와 문제에 대한 정보를 늘린다	관찰, 직시, 해석, 독서요법
사회적 해방	문제를 감소시킬 사회 차원의 대안을 늘린다	피억압자의 권리 옹호, 권한 부여, 정책 개입
정서적 각성	자신의 문제와 해결책을 경험하고, 느낌을 표현한다	사이코드라마, 상실의 애도, 역할극
자기 재평가	문제와 관련해서 자신에 대한 느낌과 생각을 분석한다	가치 명료화, 심상, 교정 감정 경험
전념	행동을 선택해서 전념한다. 또는 변화의 능력을 믿는다	의사결정 치료, 새해의 결심, 의미 치료
대항	문제 행동을 대안 행동으로 대체한다	이완, 둔감화(탈감작) 자기 주장, 긍정적인 자기 진술
환경 통제	문제 행동을 유발하는 자극을 피한다	환경 재구성(술이나 살찌는 음식 등의 제거), 고위험 신호 회피
보상	변화에 대해 자신에게 보상을 하거나 타인에게서 보상을 받는다.	조건부 계약, 공공연하거나 은밀한 강화
주변의 도움	관심을 기울이는 누군가의 도움을 동원한다	치유적 연대, 사회적 지지, 자조 모임

* 여기 소개한 기법들은 주로 심리치료사들이 사용하는 전문적인 방법이다. 본문 2부에서는 혼자 힘으로 변화에 도전하는 개인들이 과정별로 적용할 수 있는 창의적이고 효과적인 기법들을 소개하고 있다.

주변의 도움은 심리치료에서도 가장 빈번하게 활용하는 과정이며, 자기 변화자들에게도 대단히 중요하다. 전문가에게 의지하든, 가족이나 친구, 하다 못해 성직자를 찾아간다고 해도, 주변의 도움은 관심과 지지, 이해, 그리고 인정받고 있다는 느낌을 준다.

하지만 안타깝게도 듣기나 대꾸처럼 지극히 간단하게 도울 수 있는 기술조차 제대로 훈련받지 못한 사람이 너무나도 많다. 우리는, 아무리 아끼고 사랑하는 사람이라 해도 그 사람이 감정적인 고통에 휩싸여 있으면 다가가 말을 거는 것조차 불편해 한다. 그러나 주변의 도움은 혼자 힘으로 변화와 씨름하는 자기 변화자들에게는 더없이 큰 힘이 된다. 이 부분에 대해서는 뒤에서 더 자세히 설명하겠다.

과 정 대 기 법

지금까지 설명한 아홉 가지 과정을 변화의 기법과 혼동해서는 안 된다. 각 과정에는 여러 가지 기법을 활용한 광범위한 전략이 포함된다. 한 과정에서 사용할 수 있는 기법은 수십 가지, 많게는 수백 가지에 달한다. 예를 들어 금연에 성공한 사람들을 연구한 결과, 담배를 성공적으로 끊기까지 사용한 기법이 130여 가지가 넘는다는 사실을 알게 되었다. 〈표2〉는 심리치료 전문가들이 과정별로 적용하는 기법들을 정리한 것이다.

존 노크로스가 운영하는 금연 모임에서 있었던 일화를 소개하겠다. 이 일화는 과정과 기법의 차이를 분명히 보여준다.

그날 모임에 나온 사람들은 어떻게 하면 폭식의 욕구를 성공적으로 잠재울 수 있을지에 대해 이야기하고 있었다. 한 할머니는 피아노를 치면 욕구가 사라진다고 말했다. 또 한 청년은 조깅이 욕구를 잠재워준다고 얘기했다. 그러자 가만히 듣고 있던 한 중년 여성이 잔뜩 낙담해서는 거의 울듯한 목소리로 이렇게 말했다. "아니, 그러면 나는 도대체 어쩌란 말이에요? 나는 피아노도 칠 줄 모르고, 조깅도 하지 않는데!" 그 여성은 피아노 연주와 조깅이라는 기법과 그 기법을 활용하는 대항이란 과정을 혼동한 것이다. 앞에서도 말했지만 대항은 변화의 과정 중에서도 그 폭이 가장 넓다. 여기에 사용할 수 있는 기법은 무한대에 가깝다. 긴장을 풀고 편히 쉬는 것부터 공부를 하거나 정원을 가꾸는 것, 그냥 걷거나 일을 하거나 수영을 하거나 끝이 없다.

그에 반해 변화의 과정은 그 수가 제한되어 있다. 몇 가지를 더할 수는 있겠지만, 여기서 언급한 아홉 가지가 전문가들과 혼자 힘으로 변화에 성공한 사람들이 가장 일반적으로 사용하는 강력한 접근법이다. 각 과정의 효율성을 최대로 높이기 위해 다음 장에서는 과정별로 활용할 수 있는 기법들을 세 가지 이상 소개하겠다.

한 연구에 의하면, 변화를 추구할 수 있는 방법이 단 하나일 때보다는 두 개 이상의 방법 중에서 선택할 수 있을 때 성공 확률이 더 높았다. 변화에 대한 동기가 고조되면 변화에 전념하는 강도도 높아지고, 문제로부터 자신을 자유롭게 해방시킬 능력도 커진다.

앞의 〈표1〉에서 보았듯이 변화의 과정들은 심리치료의 다양한 체계에서 유래했다. 많은 심리치료법이 지닌 약점은 과정별로 두세 개 정도의 기법에만 의존할 뿐, 내담자에게 딱 맞는 대안을 제시하지 못한다는 것이다. 개중에는 권위 있는 사람, 즉 전문가로부터 이것이 유일한 기법이라는 말을 듣고 싶어하는 사람도 있다. 그러나 나와 내 동료들이 연구한 바에 따르면, 변화의 각 단계에는 효과를 약속해주는 수많은 방법이 있으며 삶을 변화시킬 결정권이 자기 손에 있다고 믿는 사람이 제한된 범위 안에서 선택해야 했던 사람에 비해 성공 확률이 더 높았다.

이렇게 변화의 치료 과정을 체계적으로 배치할 수 있게 되자, 나는 이 과정들이 자신의 힘으로 변화에 도전하는 사람들에게서는 어떻게 나타나는지 확인해보고 싶어졌다. 이 사람들은 심리학자들이 개발한 과정과는 아무 상관없는 자신들만의 독자적인 과정을 갖고 있을까? 아니면 여전히 똑같은 과정이 적용될까? 이것을 알아낼 방법은 독자적으로 변화를 시도하는 개인들을 직접 관찰하고 연구하는 것뿐이었다. 물론 처음부터 뭔가를 배울 수 있으리라 생각했지만, 그것이 이렇게 심오한 것일 줄은 미처 몰랐다.

심리치료사라면 두 귀 외에 세 번째 귀로 사람들의 이야기를 들을 수 있어야 한다. 그는 우리에게 대표적인 심리치료 체계나 행동변화에는 속하지 않는 무언가를, 즉 변화는 일련의 단계를 통해 진행된다는 것을 말해주고 있었다.

<u>언제 변화할 것인가</u>

대표적인 이론들을 비교 분석한 후, 나는 심리치료가 제공할 수 있는 가장 강력한 변화의 과정을 추려냈다. 내게 와서 박사과정을 밟고 있던 카를로 디클레멘트가 이 연구에 관심을 가지게 된 것도 그 즈음이다. 우리는 자신의 힘으로 변화를 일궈내기 위해 노력하는 사람들이 각각의 과정을 얼마나 자주 활용하는지를 조사하기 시작했다.

우선 연구 대상이 될 충분한 크기의 표본 집단이 필요했다. 체계적으로 지도를 해주는 사람이 없는 상태에서 나홀로 분투하는 자기 변화자들은 그가 씨름하는 문제가 어떤 것인지와 상관없이 엇비슷한 실패율을 보인다. 이를테면 전체 인구 중에 마약이나 알코올 중독자, 또는 과식을 하는 사람들보다는 아무래도 흡연자가 많으므로, 성공적으로 담배를 끊은 사람들의 표본 집단 역시 그에 상응하게 크다. 그래서 우리는 바로 이 문제부터 연구를 시작했다. 불과 얼마 전까지만 해도 미국 성인 중에서 담배를 피우는 사람은 거의 50퍼센트에 달했지만, 지금은 25퍼센트까지 떨어졌다. 대략 3000만 명이 혼자 힘으로 담배를 끊었는데, 금연 프로그램에 참가해서 성공한 사람의 20배 정도이다.

우리는 금연을 시도해본 200명과 인터뷰를 했는데, 대부분 전문가의 도움을 받지 않은 사람들이었다. 시골 트레일러에서 사는 가난한 농부에서부터 도심에 사무실을 가지고 있는 여성 사업가에 이르기까지 출신과 생활 환경도 다양했다.

그 중에서도 중년의 한 여성이 인상적이었는데, 이 여성은 로드아일랜드 대학 울타리 안에 있는 사람들이 흔히 '늪지대 양키들'이라고 일컫는 부류였다. 자신을 스스로 그렇게 설명한 그 여성은 '바보 언덕'에 다니는 교수를 직접 만난 건 처음이라고 말했다. 나는 인근 주민들이 우리 캠퍼스를 '바보 언덕'이라고 부른다는 사실이 놀랍기도 하고, 재미있기도 했다. 우리가 서로를 어떻게 부르는가에 관계없이, 그 여성은 그 동안 자신이 금연을 위해 노력한 이야기를 성의껏 들려주었다. 그녀는 담배를 끊은 것이 자신이 평생 성취한 가장 큰 업적이라는 것을 추호도 의심하지 않았다. 그녀는 남편과 헤어지게 된 계기도 담배를 끊었기 때문이라고 생각하고 있었다. 그녀의 남편은 담배를 끊으려 하지 않았고, 그녀는 예전 습관으로 돌아가기를 거부했다.

각각의 변화 과정을 얼마나 자주 활용했느냐고 묻자, 그녀는 이렇게 대답했다.

"언제를 말씀하시느냐에 따라 다르죠. 이 과정을 구체적으로 활용한 때도 있고, 전혀 활용하지 않은 때도 있으니까요."

이 말은 우리 주제가 암시하는 바를 직접적으로 드러내는 발언이라 할 수 있다. 심리치료사라면 두 귀 외에 세 번째 귀로 사람들의 이야기를 들을 수 있어야 한다. 우리는 그 세 번째 귀로 이야기를 듣는 동안 그가 말하고자 하는 것이 무엇인지 알 수 있었다. 그는 우리에게 대표적인 심리치료 체계나 행동변화에는 속하지 않는 무언가를, 즉 변화는 일련의 단계를 통해 진행된다는 것을 말해주고 있었다.

나는 순간적으로 우리가 대단한 것을 발견했음을 직감했다. 역사를 돌이켜보면, 준비되지 않은 지성은 무시하거나 저버리는 것을 준비된 지성으로 포착하여 깨닫는 개인들을 만날 수 있다. 이를테면 인간 심리에서 억눌린 성적 욕구가 얼마나 중요한가에 관한 프로이트의 발견은, 그가 도덕성이 느슨해진 세기말의 빈에서 활동했다는 사실과 따로 떼어 생각할 수 없다. 또 다윈은 자본주의 경제에 대한 통계경제학자의 글을 읽은 후 자연선택설을 정리할 수 있었다. 이른바 역사적인 때가 무르익었던 것이다. 프로이트나 다윈이 그들의 개념을 체계적으로 정리하지 못했다면, 아마도 다른 누군가가 그와 비슷한 것을 들고 나타났을 것이다.

그러니 우리의 발견도 심리학이 지난 100년 동안 발견한 것들—주로 다양한 변화의 과정에 대한 —과 역사적으로 무르익은 때의 덕을 보았다고 할 수 있다. 현재 진료에 사용되고 있는 치료법이 400개를 넘어서고 있는 만큼, 서로 대립하는 교의들을 융합하려고 시도한 연구자는 많았다. 우리는 다른 사람들보다 조금 앞서 포괄적인 방법으로 통합을 완성해낸 것뿐이다. 나는 단계의 개념이야말로 이론적으로는 양립이 불가능한, 여러 학파에서 제시하는 변화의 과정들을 한 줄에 꿸 수 있는 비밀의 열쇠임을 알아차렸다.

이 발견이 세련된 통계나 복잡한 분석에서 나오지 않았다는 것은 특히 주목할 만하다. 그것은 그저 죽음에 이르는 습관에서 자유로워지고

자 노력하는 보통 사람들의 경험에 관심을 기울임으로써 얻은 것이다. 대학원에 다닐 때 한 비주류 교수님이 하신 말씀이 떠오른다. 그분은 과학이란 어떤 제약도 없이 그저 지식을 향해 돌진하는 급진적인 탐구라고 말씀하셨다. 늪지대 양키들을 인터뷰한 바보 언덕의 심리학자들은 심리치료 분야의 위대한 석학들을 교묘하게 피해간 근본적인 변화의 원리를 배울 수 있었다.

변화의 단계

원래 내 연구는 사람들이 어떻게 변화하는가에 초점을 맞춘 것이었다. 나는 사람들이 목표를 향해 나아갈 때 어떤 도구를 사용하는지를 밝혀내려 했지만, 정말로 놀라운 발견은 다른 데에서 나왔다. 변화에 성공한 사람들은 그 도구들을 특정한 시기에만 사용한다는 사실이었다. 그들은 상황이 새로운 접근법을 요구할 때마다 다른 도구를 선택해서 사용했다. 그리고 그 시기는 어떤 사람인가, 어떤 문제인가에 상관없이 동일했다. 우리는 이 시기들에 '변화의 단계'라는 이름을 붙였다.

누구라도 자신이 해결한 어떤 문제를 곰곰이 따져보면, 해결책이 어느 순간에 갑자기 나타난 게 아니라 오랜 시간에 걸쳐 조금씩 변했음을 깨닫게 될 것이다. 대개 처음 얼마 동안은 문제 자체를 무시한다. 그러다가 한번 부딪혀볼까 생각한다. 그 다음에는 변화를 위한 구체적인 계획을 짤지도 모른다. 그러나 일단 자신의 힘—정신적인 힘, 육체적인 힘, 그리고 사회적인 힘—을 결집한 다음에는 행동에 돌입해서 문제와 격투를 벌인다. 이렇게 해서 성공을 거두면, 새롭게 변모한 자아를 유지하기 위해 노력한다. 만약 실패한다면 잠시 동안 포기했다가 원점으로 돌아가 다시 시작할 것이다.

누구나 한번쯤은 겪어봤을 이런 경험들이 모두 예상 가능하고 명확한 변화의 단계들이다. 각각의 단계에는 일정한 시간이 소요되고, 다음 단계로 넘어가기 전에 완료해야 하는 일련의 과업들이 있다. 어느 한 단계에 고착되어 벗어나지 못할 때도 있지만 변화의 단계와 단계별로 가장 유용하게 쓰이는 과정들을 이해하고 나면, 변화의 주기를 통제할 수 있을 뿐만 아니라 그 주기를 더욱 빠르고 수월하게 통과할 수 있다.

변화의 여섯 단계는 다음과 같다.

- 무관심 단계
- 심사숙고 단계
- 준비 단계
- 실행 단계
- 유지 단계
- 종료 단계

이 책을 읽고 변화의 주기에서 한 단계라도 앞으로 나갈 수 있다면, 문제 극복에 효과적인 행동을 취할 가능성은 크게 향상될 것이다. 변화를 성공시키려면 우선 자신이 어느 단계에 있는가부터 알아야 한다. 연구 과정에서 우리가 거듭 확인한 것은 준비되지 않은 상태에서 변화를 완성하려고 무리하는 사람은 결국 실패한다는 사실이었다. 그런 반면에 이미 끝난 과정—이를테면 문제를 이해하려는 과정—에 불필요하게 오래 머무르는 것은 실행을 무한정 뒤로 미루게 할 수도 있다. 지금 현재의 단계를 파악하고 그것에 맞게 노력한다면 효과는 배가된다.

모든 사람이 무관심 단계에서 시작해 변화를 꿈꾸지만, 종료 단계에 까지 이르는 것은 그 중 성공적인 소수에 불과하다. 그렇다고 단계를 건너뛸 수는 없다. 자기 변화에 성공한 사람들을 보면 그 문제가 어떤 것이었든 간에 모두 같은 길을 통과했다. 지금 이 책을 읽고 있는 사람들도 저마다 문제가 다르고 변화의 단계 역시 다르겠지만, 이 책은 그들의 문제나 단계에 관계없이 성공적인 변화로 이끌어줄 것이다.

무관심 단계

영국의 추리소설 작가 체스터튼(Gilbert Keith Chesterton)이 "그들이 해법을 보지 못한다는 게 아니다. 그들은 문제를 알지 못한다"고 말했을 때 그는 어쩌면 무관심 단계에 있는 사람들을 염두에 두었을지도 모르겠다. 이 단계에 있는 사람들은 자신의 행동을 변화시키겠다는 마음이 전혀 없을 뿐만 아니라, 자신에게 문제가 있다는 사실을 부정하는 것이 보통이다. 가족이나 친구, 이웃 사람들과 의사, 심지어 직장 동료에 이르기까지 주변에 있는 사람들은 너무나도 분명하게 보고 있는 문제를 정작 본인은 까막눈인 양 보지 못한다.

쉰다섯 살 공장장의 예를 들어보자. 이 남자는 초저녁만 되면 텔레비전 앞에서 곯아떨어졌다. 친구나 손님이 집에 찾아왔을 때에도 예외가 아니었다. 성마르고 신경질적인 이 남자는 직장 일을 제외한 모든 활동, 심지어 성생활에조차 흥미가 없었다. 그는 주변 사람들이 왜 자기를 걱정하는지 통 이해할 수 없었다. 자신이 그저 숨을 쉬고 있을 뿐 인생을 산다고 말할 수 없는 삶을 산다는 것, 바로 그것이 문제라는 걸 알아차리지 못했다. 그는 오히려 끊임없이 자신을 비난하고 잔소리를 해대는 가족이나 친구들이 변하기를 바라고 있었다.

무관심 단계에 있는 사람들은 대부분 자신이 아니라 주변 사람들이 변하기를 원한다. 이 사람들이 심리치료를 받으러 오는 이유는 백이면 백, 다른 사람들의 압력 때문이다. 배우자가 헤어지자고 협박하거나 직장에서 해고하겠다고 으름장을 놓거나 판사가 처벌하겠다고 겁을 주었기 때문이다. 주위에서 시달리다 못해 심리치료를 받으러 온 사람들의 관심은 오직 한 가지다.

"어떻게 하면 사람들의 잔소리를 안 들을 수 있을까요?"

그러다 보면 무관심 단계에 있는 사람들도 결국은 변할 수 있다. 그러나 외부의 압력이 지속적으로, 강력하게 존재할 때뿐이지, 일단 주변의 압력이 사라지면 순식간에 이전으로 돌아가버린다.

한마디로 말해서, 무관심 단계에 있는 사람들은 변화에 저항한다. 이 사람들은 자신의 문제가 화제로 떠오르면 서둘러 주제를 바꾼다. 신문을 읽다가 자신의 문제와 관련된 정보를 다룬 기사가 눈에 띄면 얼른 다른 면을 펼친다. 정보를 몰라도 좋고 그래서 어떤 대가를 치른다고 해도 그저 모르는 게 약인 상태에 머물고자 한다. 미국의 예만 봐도, 흡연이 위험하다고 경고한 공중위생국장의 보고서가 발표된 지 이미 30년 가까이 지났건만, 아직도 흡연이 조기사망의 원인이라는 사실을 믿으려 하지 않는 1000만 명이나 되는 사람들이 오늘도 담배를 피워 문다. 그리고 본인 혼자서만 아무 문제없다고 주장하는 문제성 음주자를 한두 명쯤 모르는 사람은 아마 없을 것이다.

무관심 단계의 가장 큰 특징은 바로 부정이다. 이들은 문제의 책임을 유전자나 중독, 혹은 가족이나 사회로 돌리거나, 때로는 '운명'을 탓하며, 자신이 통제할 수 있는 영역 밖으로 밀어낸다.

무관심 단계에 있는 사람들이 사기가 꺾이거나, 의기소침해 있는 것을 종종 볼 수 있다. 이들이 자신의 문제에 대해 생각하거나 말하거나 알고 싶어하지 않는 것은 상황이 절망적이라고 느끼기 때문이다. 그러나 사기 저하가 무관심 단계에 수반되는 자연스러운 특징임을 아는 것, 그것이 바로 문제 해결의 출발점일 수도 있다. 지금까지야 어떠했건 이제부터라도 체계적으로 단계를 밟아나간다면 변화할 수 있음을 깨닫는 것 역시 문제 해결의 출발점이 된다. 전문가들이 우리 프로그램을 높이 평가하는 이유도 당사자와 전문가가 모두 경험하게 되는 사기저하에 효과적으로 대항할 수 있는 근거를 제공하기 때문이다.

4장 말미에서는 변화할 의사가 없는 사람의 변화를 돕는, 역설적인 상황을 다룰 예정이다. 여기서 간단히 말하자면 그 답은 접근법에 있다. 올바른 때에 올바른 도구만 준다면 무관심한 사람들도 변화를 향해 나아갈 수 있다. 어쩌면 이 책을 읽는 독자 중에도 최소한 한 가지쯤은 남몰래 좌절감에 휩싸이거나, 모르는 사이에 주변 사람들에게 해를 끼치는 어떤 문제를 갖고도 무관심 단계에 있는 이가 적지 않을 것이다.

심 사 숙 고   단 계

"이렇게 무기력하게 뭔가에 붙들린 듯한 느낌은 이제 더 이상 원치 않아요."

심사숙고 단계에 접어든 사람들에게서 예외 없이 듣는 말이다. 이 단계에 이르면 사람들은 문제를 인정하고, 그 문제를 해결하려고 진지하게 생각하기 시작한다. 이들은 자신이 가진 문제를 이해하고, 그 원인을 파악해서 해결책을 모색한다. 심사숙고에 들어간 사람들은 막연하게나마 앞으로 6개월 안에 행동을 취하겠다는 계획을 세운다. 하지만 그 계획을 실행에 옮기는 것이 그렇게 간단치만은 않다. 이 단계에 있는 사람들은 심리치료사인 알프레드 벤저민(Alfred Benjamin)이 길에서 만났다는 행인에 비유할 수 있을지 모른다.

어느 날 벤저민이 길을 가고 있는데, 한 사람이 다가와 길을 물었다. 벤저민이 자세히 설명을 해주고 돌아서려다 보니, 그 사람은 전혀 엉뚱한 방향으로 걸음을 옮기고 있었다. "여보세요. 그쪽이 아니라 저쪽이라니까요." 벤저민이 소리치자, 그 사람은 이렇게 대꾸했다고 한다. "알아요. 아직 준비가 안 돼서 그래요."

바로 이런 태도가 심사숙고 단계의 특징일 수 있다. 어디로 가야 하는지도 알고 어떻게 가는지도 알지만, 아직 준비가 덜 됐다. 많은 사람이 심사숙고 단계에서 상당히 긴 시간을 보낸다. 우리가 연구했던 흡연자들의 경우, 보통 실행에 돌입하기까지 심사숙고 단계에서 2년 정도를 머무른 것으로 나타났다.

혼자 힘으로 변화를 시도하는 사람들이 언젠가는 변할 수 있을 것이라고 말하면서도 그 상태로 몇 년을 흘려보내는 것은 별로 드문 일이 아니다. 실패에 대한 두려움은 더욱 포괄적인 이해와 획기적인 해결책 모색을 방해한다. 이런 구실을 앞세우면 실행은 얼마든지 뒤로 미룰 수 있다. 담배를 끊어야겠다고 생각한 서른일곱 살 남자의 경우가 그랬다. 이 사람은 보험회사 자료분석실에서 근무했기 때문에 담배를 피우는 사람이 처한 위험을 누구보다 잘 알고 있었다. 그러나 금연 프로그램에 참가한 대다수가 성공하지 못한다는 사실 또한 알고 있었다. 그래서 이 사람은 완벽한 프로그램만 개발되면 즉시 담배를 끊겠다고 말하면서 가장 최근에 나온 금연 관련 책이나 기사를 열심히 찾아 읽으며 시간만 보내고 있었다.

심리치료를 받는 사람들이라고 해서 모든 단계를 물 흐르듯 매끈하게 통과하는 것은 아니다. 최근 《뉴욕(New York)》이라는 잡지는 창살 뒤에서 "도와줘요! 나는 장기 심리치료에 포로로 잡혀 있어요!"라고 외치는 어떤 사람을 표지에 실었다. 심사숙고 스타일인 심리치료사와 역시 심사숙고 스타일인 내담자가 만난다면, 그 치료는 어쩌면 영원히 계속될지도 모른다.

이렇게 행동을 생각으로 대체한 채 한없이 시간을 보내는 것은 만성 심사숙고 단계라고 할 수 있다. 그러다가 준비 단계로 옮겨가면 뚜렷한 변화가 나타나는데, 우선 문제보다 해결책에 초점을 맞추게 된다. 동시에 과거보다는 미래를 더 많이 생각한다. 이렇게 심사숙고 단계의 막바지는 기대와 활기, 열망과 흥분으로 장식된다.

준 비 단 계

준비 단계에 들어서면 당장 다음달로 실행에 들어갈 계획을 세우고, 변화에 필요한 조정을 한다. 이 단계에서 요구되는 가장 중요한 조치는 변화하겠다는 자신의 결심을 공개하는 것이다. 이를테면 "다음 월요일부터 절대로 적당량 이상은 먹지 않겠다"고 선언하는 것이다. 준비 단계에 있는 사람들이 굳은 결심을 하고, 실행 단계로 넘어갈 태세를 갖춘 듯 보일지라도, 그 동안의 막연함이나 모호함을 전부 걷어냈다고 단언할 수는 없다. 여기까지 도달한 사람이라고 해도 여전히 실행에 들어가는 것이 최선이라는 확신이 부족할 수도 있다.

실행을 앞두고 막바지에 다시 한번 결의를 다지는 것은 필요하고도 바람직하다. 준비 단계에 있는 사람들은 이미 담배의 양을 줄였거나 음식의 칼로리를 계산하는 등, 소소한 변화를 시작했을 수도 있다. 문제에 대한 인식은 예리하고, 기대는 손에 잡힐 듯 뚜렷하다. 준비 단계를 건너뛰는 것, 이를테면 어느 날 아침에 일어나 느닷없이 담배를 끊겠다고 결심하는 것은 오히려 궁극적인 성공 가능성을 낮춘다. 마음이 급하더라도 신경 써서 계획을 세우고 세세한 부분까지 확실하게 전략을 구상하고, 유지 단계를 넘어 종료에 이르도록 계속 추진할 변화 과정을 습득했는지 검토하면서 준비 단계를 최대한 알차게 보내는 것이 현명하다.

실 행 단 계

실행 단계에는 공공연하게 자신의 행동과 주변 환경을 바로잡으려고 시도한다. 담배를 한 개비도 피우지 않고, 집안에 있는 간식은 모조리 치우고, 마시다 남은 맥주도 전부 쏟아버리고, 두려움에 당당히 맞선다. 간단히 말하자면, 그 동안 장고를 하며 준비해온 한 수를 과감히 두는 것이라 할 수 있다.

이때는 누가 봐도 가장 바쁘고, 시간과 노력을 가장 많이 쏟아야 하는 시기다. 실행 단계에서 이루어지는 변화는 다른 단계에 비해 훨씬 가시적이라 그만큼 사람들 눈에 띈다. 여기서 야기되는 위험이라면, 심지어 전문 심리치료사들마저 실행을 변화 그 자체로 생각해 성공적인 실행을 위한 준비 과정을 간과하거나, 중요도나 난이도에서 실행 못지 않은 유지 단계를 경시할 수 있다는 것이다. 이로 인해 실행 전이나 그

후 단계에 있는 사람에게 충고나 격려를 소홀히 한다면, 그 결과는 대단히 유감스러울 수 있다. 변화를 시도하는 사람에게 주변의 관심과 지지가 가장 필요할 때는 무관심 단계나 심사숙고 단계, 그리고 실행에 뒤따라오는 단계들인데도 주변에서는 실행 단계의 가시적인 변화에만 관심을 갖기 쉽다.

실행을 변화와 동일시하는 전문가들은 실행 위주의 변화 프로그램을 만들어놓고는 참가율이 저조하거나 중도 탈락하는 사람이 많으면 실망을 감추지 못한다. 앞으로 보게 되겠지만, 무관심 단계에 있는 사람들을 염두에 두고 만든 프로그램은 실행 단계에 있는 사람들을 겨냥한 프로그램과는 전혀 다르다. 무조건 실행하라고 다그칠 게 아니라 그 사람이 어느 단계에 있는지를 먼저 판단한 후에 그에 맞춰 프로그램을 조정해야 한다.

이렇듯 실행만이 문제 극복의 유일한 단계가 아님을 기억하는 것은 매우 중요하다. 행동을 바로잡는 것이 가장 가시적인 변화 형태임에는 이견이 없으나, 그것만 가지고 변화가 완성되는 것은 결코 아니기 때문이다. 행동을 바꾸려는 사람은 인식과 감정, 자아에 대해 가지고 있는 이미지, 그리고 생각도 함께 바꿔야 한다. 이런 종류의 변화는 대부분 행동을 바꾸는 실행 단계에 앞서 일어난다.

그리고 어느 단계든 다음 단계로 넘어가는 것은 상당한 발전이다. 몇 년 동안 문제를 회피하던 사람이 의식적으로 문제를 인정하고 변화를 진지하게 고민하기 시작한다면, 이는 곧 무관심에서 심사숙고로의 이전을 의미하는 것으로 준비에서 실행으로 넘어가는 것 못지 않은, 오히려 더 중요한 발전일 수 있다. 곧 보게 되겠지만, 실행이 아무리 중요하다고 해도 이 단계는 성공적인 변화로 가는 첫 번째 정류장도, 마지막

정류장도 아니다.

유 지 단 계

뛰어넘어야 하는 어려움이 산과 같은 것은 유지 단계라고 해서 예외가
아니다. 실행을 통해 손에 넣은 것을 확실하게 다지는 작업을 하는 동
시에 일시적인 일탈이나 재발을 방지하기 위한 노력도 게을리 할 수 없
다. 변화는 결코 실행에서 끝나지 않는다. 지금껏 전통적인 심리치료에
서 정적인 것으로 이해해온 유지는, 사실 짧으면 여섯 달에서 길게는
평생이 될 수도 있는 실행의 연장이다.

변화된 행동을 유지하겠다는 강한 결의가 없으면 십중팔구 재발에
빠지는데, 보통 무관심이나 심사숙고 단계로 되돌아가게 된다. 혼자서
아이를 키우는 서른아홉 살의 한 여성은 1년 넘게 술과 마리화나를 끊
었지만 재발 위험성을 늘 인식하고 있었기 때문에 어쩌다 기분이 우울
해진다 싶으면 혹시라도 술이 마시고 싶어질까봐 의식적으로 기분을
전환했다. 활기차면서도 현명한 유지 단계를 이어간 것이다. 최근에 음
주 습관을 고친 어떤 사람은 술병 하나를 책상 서랍 속에 넣어두었다고
한다. 그 이유를 물었더니 스스로에게 문제를 상기시키고 "의지를 시
험하기 위해서"라고 말했다. 그의 의지가 유혹에 굴복하기까지 그리
오랜 시간이 걸리지 않았음은 두말할 나위가 없다.

급작스러운 식이요법이나 1일 금연 학교처럼 '변화'를 쉽게 약속하
는 프로그램들은 실행 뒤에 따라오는 길고 지속적인 유지 단계를 인정
하지 않는다. 수백만 명이 유행처럼 번지는 다양한 다이어트 방법을 동
원해서 살을 빼기도 하지만, 머지않아 원래의 체중으로 되돌아간다(심

지어 뺐던 것보다 더 찌는 경우도 있다). 중년의 한 친구는 체중 조절 프로그램에서 얻은 경험을 이렇게 한마디로 요약해주었다. "체중 줄이는 거? 쉽지. 내가 이걸 시작할 때 70킬로그램이었거든. 그런데 4년 동안 내가 뺀 살만 72킬로그램이야."

실행 단계에서 얻은 결과를 굳히는 데 실패한 이 친구의 사례는 유지의 중요성을 무시한 채 당장의 변화만을 따지는 사람들의 전형이라 하겠다.

종 료 단 계

종료는 변화를 꿈꾸는 모든 사람의 궁극적인 목표이다. 이 단계에 이르면 예전의 문제들이 더 이상 유혹이나 위협으로 다가오지 않는다. 예전의 행동으로 되돌아가는 일은 있을 수 없고, 재발할까 두려워하지 않고 문제에 맞설 수 있다는, 흔들림 없는 자신감을 갖게 된다. 종료에 도달한 사람들은 의식적으로 노력하지 않아도 이 상태를 지속할 수 있다. 마침내 승전고를 울리며 변화의 주기로부터 탈출하게 된다.

종료에 대해서는 아직도 논쟁이 활발하게 진행되고 있다. 어떤 문제는 종료 자체가 불가능하며, 그 문제가 다시 재발하지 않도록 잘 막은 채 지내되, 다만 유지를 하고 있다는 생각이 조금씩 감소될 뿐이라고 주장하는 전문가들도 있다. 그러나 흡연을 보면 종료는 분명히 가능하다. 거의 평생을 골초로 살다가 어느 날 담배를 끊고, 마침내 담배를 피우고 싶다는 유혹마저 잠재워버리는 사람은 주변에서 그리 어렵지 않게 찾아볼 수 있다. 물론 담배를 끊은 지 15년이 지났는데도 여전히 담배에 유혹을 느끼며 유지 단계에서 벗어나지 못하는 사람도 있다. 확실한 종료를 기대할 수 있는 문제는 무엇이며, 평생을 유지하는 것으로 만족해야 하는 문제가 무엇인지에 대해서는 앞으로도 더 많은 연구가 필요할 것이다.

변화의 나선형 모델

처음 변화의 단계를 구축했을 때 우리는 스스로의 힘으로 변화에 도전하는 사람들이 한 단계에서 다음 단계를 향해 일직선으로 나아간다고 생각했다. 말하자면 이런 식이다.

무관심 단계→심사숙고 단계→준비 단계→실행 단계→유지 단계→종료 단계

그러나 머지않아 변화가 그렇게 단순하지 않음을 알게 되었다.

물론 일직선으로 곧게 나아가는 것도 불가능하지는 않지만, 상대적으로 드문 현상이다. 사실상 변화를 시도하는 사람들은 심사숙고를 거쳐 준비를 하고, 이어 실행에 돌입한 다음, 유지에 들어간다. 그러나 대부분의 사람은 변화를 진행하는 도중에 한번쯤은 발을 헛디뎌 다시 심사숙고 단계로 되돌아가고, 심할 경우 무관심 단계까지 후퇴했다가 새롭게 의지를 다지고 도전한다. 결국 성공을 거둔 사람들도 변화의 주기를 여러 차례 거친 끝에 마침내 그곳에서 탈출한다. 일례로, 사람들은 서너 번쯤 담배를 끊겠다고 본격적으로 덤벼든 끝에야 금연에 성공한다. 굳은 결심을 하고 유지 단계에 이르기까지 해마다 똑같은 새해 계획을 세우는 것은 결코 낯선 풍경이 아니다.

그러나 낙담할 것은 없다. 이 책을 읽다 보면 노력하는 사람은 결국 성공한다는 사실을 확인할 수 있을 테니까. 심사숙고에서 종료에 이르는 험난한 여정을 성공적으로 마치려면 지속적인 노력은 물론, 재발을 방지할 계획을 짜고 단계별로 적절한 과정을 적용해 나가는 의지가 필요하다.

우리는 이 책에서 원하는 변화를 이끌어낼 최선의 방법이라고 믿어 의심치 않는 계획을 제시했지만, 아무리 노력해도 대부분의 일상적인 문제에서 재발은 예외적인 현상이 아니라 원칙에 가깝다는 게 사실이다. 재발이 불러일으키는 감정은 결코 상쾌하거나 즐겁지 않다. 예전 습관이 재발했을 때 스스로를 실패자라고 느낄 수도 있다. 틀림없이 당황스러울 테고 죄책감에 빠질지도 모른다. 지금껏 애쓴 보람도 없이 모든 노력이 수포로 돌아갔다고 생각될 것이다. 잔뜩 기가 꺾여, 이왕 이렇게 된 마당에 아예 포기해버리고 싶은 마음이 굴뚝 같을 수도 있다. 무관심했던 마음을 일으켜 여기까지 왔건만 한순간에 다시 무관심 단계로 미끄러져 내릴 수도 있다.

이런 후퇴와 퇴보를 몇 번 반복하다 보면, 문제를 해결한다기보다 원을 따라 맴돌고 있다는 생각이 들기도 한다. 아예 틀린 생각도 아니다. 그러나 반가운 소식이라면 그 원이 닫힌 형태가 아니라 나선형을 그리며 위로 올라간다는 사실이다. 성공적인 변화는, 이를테면 피사의 사탑을 올라가는 것에 비유할 수 있다. 걷다 보면 처음에는 올라가는 것 같다가 기울어진 부분으로 가면 같은 층이라도 아래쪽을 향하게 된다. 그러면 내려간다는 느낌이 든다. 그러나 개의치 않고 계속 걸어간다면 다시 위로 향하게 된다.

〈그림1〉이 바로 그런 변화의 패턴을 표현한 것이다. 혼자 힘으로 성

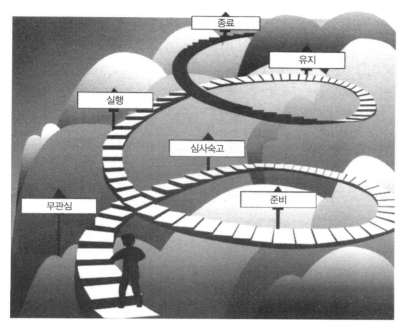

그림1 변화의 나선형 주기

공적인 변화를 완수한 사람들은 마침내 정상에 도달하기까지 같은 단계를 서너 번 정도 거쳐간다.

　사람들은 문제에 효과적으로 대처할 해법을 찾는 데에만 몇 년을 소비한다. 가끔씩 영영 변하지 못하는 것이 아닌가 하는 생각이 들지만, 실패에 의기소침하지 않으려고 노력한다. 그들은 이런 말을 들을 때면 당황하고, 좌절감에 빠지기도 한다. "나는 담배 끊은 지 오래 됐어. 아주 간단하게 끊었지." 처음부터 제대로 시작해서 중간에 단 한 번의 실패도 없이, 재발로 고생하지도 않고 비교적 쉽게 변화에 성공한 사람을 만난 적도 있다. 그러나 무척 드물다. 심사숙고 단계의 사람들을 2년에 걸쳐 관찰한 결과, 그 중 단 한 번의 후퇴나 퇴보도 없이 변화의 주기를 완료한 사람은 5퍼센트에 불과했다.

　재발을 경험한 사람들 - 흡연은 재발률이 85퍼센트이다 - 은 대부분 무관심까지는 후퇴하지 않고 심사숙고 단계로 돌아갔다가 다시 실행 계획을 짜기 시작했다. 그리고 새 계획에는 최근의 노력과 실패에서 배운 교훈을 반영했다. 재발(relapse)이라는 말보다는 재순환(recycle)이라는 말을 우리가 선호하는 것도 그 때문이다. 사실 심사숙고 단계로 되돌아가는 것은 오히려 도움이 될 수도 있고, 변화를 위해 계속 노력할 수 있게끔 충전하는 시간이 될 수도 있다. 재순환은 교훈을 터득할 기회를 제공한다. 재발했다가 다시 시도하는 것이 아예 실행하지 않는 것보다 훨씬 낫다. 시도한 바로 다음 달에 실패한 사람이 6개월 안에 성공을 거둘 확률은 전혀 시도하지 않았던 사람에 비해 두 배나 높다.

　변화의 단계와 각각의 과정들에 대한 포괄적인 자료를 확보하자, 성공적인 행동변화 모델을 향한 우리의 탐구는 다음 질문으로 이어졌다. 각 과정이 모든 단계에 똑같이 유용한가? 특정 과정이 특히 효과를 거둔 단계가 있는가? 이런 질문에 어떤 대답이 나올지 알 수 없었지만, 그 대답이 모든 사람들에게 흥미롭고 가치 있는 것이 되리라는 사실만큼은 충분히 짐작할 수 있었다.

인간의 행동으로부터 예상 가능한 패턴을 찾아내겠다는 시도는 주식 투자를 과학적이고 체계적으로 하겠다는 것과 같을지도 몰랐다. 다트를 던져서 나오는 대로 투자를 해도 수익성은 엇비슷하다는 것이 이미 입증되지 않았던가.

변화를 위한 도약

우리는 첫 인터뷰 대상을 모집하기 위해 지역 신문에 광고를 냈다. 운이 있으려고 그랬는지 브라운 대학의 심리학과 교수 한 분이 우리가 낸 신문 광고를 봤다(우리와는 전혀 모르는 사이였다). 그분은 우리에게 전화를 걸어 지금 우리가 하려고 하는 바로 그 연구에 대해 국립보건원 (NIH)에서 기금 지원 신청을 받고 있다는 사실을 아느냐고 물었다.

사실 흡연은 국가 차원에서도 비싼 대가를 치러야 하는 문제가 되었다. 담배를 많이 피우는 이른바 골초들은 폐기종이나 폐암, 그 밖에 여러 가지 심장혈관 질환에 걸릴 위험이 높다. 이에 대한 건강보험 비용은 결국 국가의 부담으로 돌아온다. NIH에서는 전문적인 금연 프로그램이 왜 소기의 성과를 거두지 못하는지, 효과가 보장되는 프로그램을 개발할 길은 없는지 알고 싶었고, 혼자 힘으로 담배를 끊을 수 있는 방법을 찾아내서 장려하는 것이 바람직하겠다는 결론에 도달했던 것이다. NIH는 연구자들이 수집한 자료로부터 유용한 모델을 도출해서 많은 사람이 그 모델을 통해 변화할 수 있게 되기를 원했다. 그리고 그 바람은 한 치의 오차도 없이 그대로 이루어졌다.

우리는 흡연자의 자기 변화 방법에 대한 연구기금 지원 신청서를 한 부 받아왔다. 그 요강과 우리 프로젝트는 그야말로 맞춤이었다. 마감까지는 2주밖에 남지 않았지만, 우리는 160페이지에 달하는 제안서를 완성할 수 있었다! NIH에서는 우리 프로젝트를 대단히 높이 평가했고, 특히 금연 시도자 200명을 대상으로 한 연구에 높은 점수를 줘서 우리가 제안한 여러 프로젝트 중에서 다섯 가지에 기금을 지원키로 했다.

그 즈음 카를로는 텍사스에서 심리치료를 하고 있었고, 존 노크로스가 혼자 힘으로 담배를 끊으려고 하는 1000명—500명은 텍사스에, 나머지 500명은 로드아일랜드에 거주하는 사람—을 2년에 걸쳐 추적 관찰하는 작업에 합류했다. 당시 노크로스는 박사과정에 있는 학생이었다. 동시에 우리는 체중 조절을 시도하는 800명의 데이터를 수집했다. 일부는 독자적으로 식이요법을 실시하고 있었고, 일부는 체중 조절 프로그램을 이용하고 있었다.

기본적인 사항을 파악하는 인터뷰에서부터 정교한 연구를 거쳐 복잡한 데이터 분석으로 나아간 끝에 마침내 그 동안의 모든 자료와 정보를 메인 컴퓨터에 입력했을 때, 우리는 혼란스럽고 무질서해 보이는 숫자들이 그득한 표를 손에 넣었다. 그 숫자들은 특정한 변화의 단계마다 사용한 각 과정의 빈도에 분명한 차이가 있음을 보여주었다. 그 차이가 아무 의미도 없이 단지 무작위거나 임의로 나타났을 확률은 1만분의 1도 되지 않았다.

하지만 과정의 활용 빈도에 차이가 있다는 것만 확인했을 뿐, 그 사이에 어떤 법칙이 존재하는지는 파악하지 못했다. 우리가 고려하고 있던 다섯 단계와 10가지 과정 사이에서는 어떤 의미 있는 연관성도 포착할 수 없었다. 한쪽에는 다섯 개의 단계가, 한쪽에는 열 개의 과정이 늘어선 표를 상상해 보라. 그 안에 들어선 50개의 숫자들로부터는 도저히 추측 가능한 패턴을 찾아낼 수 없었다. 심사숙고 단계에서 주로 사용될 것이라고 생각했던 과정을 재발자들이 같은 비율로 사용했으며, 오직 실행 단계에서만 쓰일 것이라고 기대했던 방법 역시 재발 단계에서 버젓이 사용되고 있었다. 데이터를 분석한 사람은 이 연구가 실패로 돌아간 것 같다고 말했다. 변화에 단계라는 개념을 도입해서 기존 심리치료의 여러 체계로부터 강력한 변화 과정을 통합해낼 수 있다는 나의 믿음이, 적어도 수치상으로는 뒷받침되지 않았노라고 단언했다.

나는 어찌할 바를 모르는 채 몇 달을 보냈다. 도대체 무얼 어떻게 바꿀지 알 수 없는 채로 변화의 황무지를 바라보고 서 있는 내담자의 심정이었다. 어쩌면 변화라는 게 결국 무작위적이고 임의적인 것인지도 모른다는 생각이 들었다. 어쩌면 인간의 행동으로부터 예상 가능한 패턴을 찾아내겠다는 시도는 주식 투자를 과학적이고 체계적으로 하겠다는 것과 같을지도 몰랐다. 다트를 던져서 나오는 대로 투자를 해도 수익성은 엇비슷하다는 것이 이미 입증되지 않았던가.

몇 날 며칠 나는 그 말없는 숫자들을 바라보며 숫자들이 내게 말을 걸어오기를 기다렸다. 자신의 두뇌가 충분히 크지 않음을 한탄했다는 프로이트의 일화가 생각났다. 대학원에서 처음 프로젝트를 맡아 진행하던 때도 떠올랐다. 그때도 나는 며칠 동안 분석 결과만 뚫어지게 바라봤다. 그것을 어떻게 해석해야 할지 갈피가 잡히지 않았고, 그 상태로 논문을 쓴다는 것은 생각도 못할 일이었다.

대학원 시절에는 구제불능의 엉터리 같은 연구에서 쓸 데 없는 데이터가 나왔다는 걸 알았다. 하지만 지금은 실패한 학기말 과제를 보고 있는 것이 아니었다. 권위 있는 교수님의 마음에 들지 못할까 걱정할 필요도 없었다. 지금 내 앞에 있는 것은 오직 나 자신이었다. 그리고 그런 내 마음에는 필생의 연구가 근본적으로 견고하지 못하다는 느낌이 차 올랐다.

거의 절망의 나락으로 떨어지기 직전, 한 가지 생각이 떠올랐다. 재발 단계에 있는 사람들의 데이터를 제외해야 하지 않겠느냐는 생각이었다. 그때가 새벽 1시였다. 사실, 재발은 처음부터 우리 단계 모델에 포함되어 있지 않았다. 재발이 변화하고자 하는 사람들의 노력을 좌절시키고 그들의 발목을 잡는 것처럼, 지금 우리의 결과도 그렇게 망쳐놓고 있는지 모른다는 생각이 들었다.

일단 재발자의 경우를 제거하자 모든 것이 분명해졌다. 내가 기대하고 믿었던 대로, 변화의 단계와 과정 사이에 숨어 있던 체계가 드러났다. 〈표3〉은 혼자 힘으로 변화를 완성한 사람들이 어느 단계에서 어떤 과정을 가장 유용하게 사용했는지를 나타낸 것이다.

나는 흥분을 도저히 감당할 수 없어 새벽 2시에 아내를 깨웠다. 아내는 잠에 취해 말했다.

"그래요, 여보. 나도 기뻐요. 이제 당신도 좀 주무세요."

그날 밤에 무슨 일이 어떻게 일어났는지는 확실치 않다. 경험주의자들은 내가 결과 안에 내재하던 관계를 발견한 것이라고 주장할 테고, 구조주의자들이라면 내 스스로 패턴을 만들어놓고 결과에 덧씌운 것이라 주장할 것이다. 이런 주장대로라면 다른 패턴도 얼마든지 만들 수 있겠지만, 10년이 지나도록 나는 아직도 내가 그 관계를 발견한 건

표3 단계별로 가장 유용하게 활용되는 변화의 과정

무관심	심사숙고	준비	실행	유지
의식의 고양 ────▶				
사회적 해방 ──────────────────▶				
	정서적 각성 ────▶			
	자기 재평가 ────▶			
		전념 ──────────────────▶		
			보상 ────▶	
			대항 ──────────▶	
			환경 통제 ────────▶	
			주변의 도움 ────────▶	

지, 아니면 구성한 건지 모르겠다. 그러나 어느 쪽이든 그 패턴이 스스로 변화를 시도하는 사람들의 요구를 들어주기만 한다면 무슨 상관이랴. 이 패턴으로부터 수천 명이 이미 그 효과를 확인한 변화의 모델이 탄생했고, 나는 그것으로 충분하다.

비전문가들의 통찰력

엄격한 이론이나 철학적인 논쟁이라는 울타리에 갇혀 사고나 행동에 제약을 받아본 적이 없는 이들은 언제나 변화에 효과가 있는 방법들을 찾아 나섰고, 그 방법을 적용하는 데 있어 놀랄 만큼 뛰어난 능력을 발휘한다.

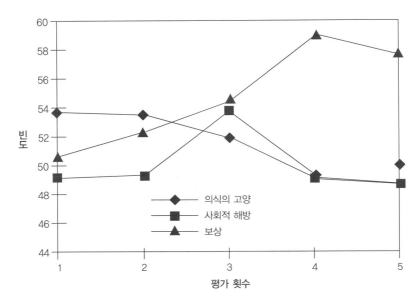

그림2 한 흡연자 집단이 심사숙고 단계에서 유지 단계로 나아가는 동안 활용한 세 가지 변화 과정의 사용 빈도. 그림을 보면 변화를 처음 시작할 때에는 의식의 고양이 가장 많이 사용되지만, 중간에는 사회적 해방의 활용도가 크게 증가하고, 변화의 막바지에 도달하면 보상이 확연히 많이 사용되는 것을 알 수 있다.

어떤 과정이 어떤 단계에 가장 유용한지에 대한 증거 자료를 손에 넣은 우리는 새롭게 드러난 이 연결 고리를 구체적으로 시험하기 시작했다. 그리고 그 결과는 한 단계의 성공적인 완료와 일정한 과정의 사용 사이에 분명한 연관 관계가 있음을 확인해주었다.

예를 들어, 의식의 고양은 심사숙고 단계에 있는 사람들에게 의존도가 높고, 정서적 각성 역시 마찬가지다. 자기 재평가는 심사숙고 단계에서 시작해서 준비 단계를 거치는 동안 심사숙고와 실행을 이어주는 중요한 교량 구실을 한다. 단계마다 효용도가 가장 큰 일정한 과정이 존재한다. 〈그림2〉는 특정한 문제를 극복하기 위해 노력하는 한 집단에서 변화를 진행하는 동안 어떤 과정이 어느 단계에서 가장 중요하게 쓰였는지를 빈도로 표시한 것이다.

이는 매우 의미 있는 발견이다. 이로 인해 독자적으로 변화에 성공한 사람들의 지혜를 완전히 이해할 수 있고, 전문가의 도움을 받든 받지 않든 새로이 변화의 길에 나서는 사람들은 든든한 길잡이의 도움을 받게 되었다. 변화를 바라는 사람은 일단 자신이 어느 단계에 있는지를 알면 다음 단계로 넘어가기 전에 필요한 과정들을 적용하며 변화의 주기를 이해하고, 그 주기에 따라 스스로 컨트롤할 수 있다.

단계와 과정의 연결은, 혼자 힘으로 변화해보겠다고 결심한 사람들이 이 책에서 얻을 수 있는 가장 핵심적인 전략이다. 이제 어떤 행동이건 변화를 시도할 때마다 번번이 새로운 기법을 찾아 익힐 필요가 없다. 문제가 세 가지라고 해서 세 권의 자기 변화 전략을 다룬 책이나, 세 명의 심리치료사나, 세 종류의 프로그램에 참여할 필요가 없다. 사실상 한 번에 한 가지 이상의 문제를 상대로 변화의 과정을 적용하는 것이, 한 문제씩 따로 따로 변화를 시도하는 것보다 효율적이라는 연구결과도 있다. 우리 역시 동시에 진행하는 변화가 더 나은지, 아니면 순차적인 노력으로 얻는 효과가 더 큰지에 대해서는 더욱 정밀하게 연구하려고 자료를 수집하는 중이다.

"나쁜 일은 쌍으로 다닌다"는 말도 있지만, 바람직하지 않은 행동들도 서로를 강화하는 듯하다. 과음이나 과식, 또는 흡연이 재발하는 이유로 가장 자주 거론되는 것이 정서적 고통이다. 담배를 피우다가 끊은 사람이 술을 마시면 다시 담배를 피울 확률이 두 배로 증가하고, 담배를 끊은 사람에게서 흔히 볼 수 있는 것이 체중 증가이다(이 때문에 여성들은 차라리 다시 담배를 피우겠다고 생각한다).

성공적인 변화의 사례를 보면, 한 번에 하나의 행동에만 접근하기보다 서로 관련된 일련의 행동에 초점을 맞춘 경우가 많다. 이렇게 하면 담배를 끊고 싶은데 살이 찔까봐 걱정하는 사람이나, 술은 끊고 싶지만 담배에 대한 의존도가 커지는 것을 원치 않는 사람들이 효과를 볼 수 있다.

처음에는 우리 모델이 단순하다는 것이 약점이었다. 사실 우리조차 단계와 과정의 통합이 한두 문제에 그치지 않고, 모든 종류의 변화를 설명할 수 있다는 데 놀랐다. 전문가들은 이렇게 말했다.

"아주 훌륭한 모델입니다. 하지만 제가 초점을 맞추고 있는 문제에는 효과가 있을 것 같지 않군요." (이런 얘기는 전문가들뿐만 아니라 여전히 의구심에 가득 찬 시선을 던지는 개인들에게서도 계속 들어야 했다. 어쩌면 지금 이 책을 읽는 분들도 마음 한편으로는 그렇게 생각할지 모르겠다. 그러나 일단 끝까지 읽어주길 바란다.)

이런 지적 때문에 우리는 모든 상황에 우리의 변화 모델을 적용해보았다. 다른 이의 실험도 환영했다. 그리고 실험 결과는 언제나 대만족이었다.

정서적인 고통(불안과 우울, 자신감 결여 등을 모두 포함한 상태)에 시달리는 1000명에게서 혼자 힘으로, 또는 심리치료의 도움을 받아 변화를 시도한 사례를 들었고, 1000명의 심리치료 전문가들을 대상으로는 본인의 정서적인 고통과 알코올 중독, 그리고 흡연 문제를 어떻게 해결하려 노력했는지 조사했다. 심리치료사 1000명은 비슷한 문제를 지닌 내담자들을 어떻게 도왔는지에 대해 말해주었다. 이런 식으로 전부 더하면 우리 연구에 동원된 사람은 3만 명을 훌쩍 넘는다 (책 뒤에 연구에 참고한 도서목록을 따로 마련해두었다).

이 글을 쓰고 있는 현재, 우리의 변화 모델은 미국 국립 알코올 중독

연구소, 암 연구소(금연을 시도하는 흡연자들을 위해 마련한 상담 전화), 질병통제 센터(HIV/AIDS 예방을 목적으로 하는 여러 가지 프로젝트), 세계 전역에 위치한 존슨&존슨의 지사, 미국 폐 협회, 그리고 미국 암 학회 등에서 사용하고 있다. 영국 국립 건강보건제도에서도 흡연이나 음주, 또는 마약 복용자의 재활을 돕거나 식습관을 개선하기 위한 훈련 프로그램에 우리 모델을 활용하고 있다. WHO 역시 우리 모델을 채택할 계획이다. 또 핀란드와 스웨덴, 오스트레일리아, 폴란드, 스페인 등지에서 이용하고 있을 뿐만 아니라, 마약이나 담배, 알코올 남용, 정서적 고통, 과식에 이르기까지 문제 행동을 줄이는 것이 목적인 여러 프로그램에서 사용하고 있다(행동변화의 '새로운 패러다임'이 주는 이점과 이 모델을 사용하고 있는 곳에 대한 간략한 설명이 부록 2에 정리되어 있다).

이 모든 프로젝트를 통해 우리 모델은 유효함이 입증됐고, 단순함이 오히려 강점이 됐다.

우리는 그 동안 심리치료 전문가들이 자연적이거나 불가피한 것으로 인정하고 넘어갔던, 잘 알려지지 않은 사실에도 주목했다. 전문적인 심리치료를 받기로 한 사람 중에 무려 45퍼센트가 몇 번 시도하다가는 치료를 중단해버린다. 그러나 이 사람들은 수많은 심리치료 방법의 성패를 입증하는 자료에는 포함되지 않는다. 이 사람들은 실질적으로 해당 심리치료법을 시도하지 않아 계산에 넣을 수 없다는 게 그 이유이다. 물론 그렇게 생각할 수도 있다. 그렇지만 심리치료사들이 중도에 포기한 사람들에게 '동기가 없다'거나, '변화에 저항적'이라거나, 또는 '치료를 받을 준비가 되어 있지 않다'고 비난하면서 그들을 이해하려는 최소한의 노력조차 하지 않는 것은 변호할 여지가 없다.

우리는 중도 포기가 혹시 단계에 맞는 과정을 사용하지 않았기 때문에 발생하는 것은 아닐까 궁금했다. 우리 모델이 중도에 심리치료를 포기하는 사람들의 비율까지 예측할 수 있을지 시험해보고 싶었다. 만약 그런 예측이 가능하다면, 사람들이 심리치료를 중단하는 것은 동기가 부족하기 때문이 아니라, 현재의 단계에서 필요한 것을 충족시켜주지 못하기 때문이라는 사실을 증명할 수 있었다.

시험 결과는 놀라웠다. 우리 모델은 어떤 사람이 중도에 심리치료를 포기할지를 93퍼센트의 정확도로 예측해냈다. 93퍼센트라는 적중률은, 심리치료를 내담자의 단계에 맞춰 조정해야 한다는 증거였다.

통합적 결론

자기 변화는 적절한 때에 적절한 행동을 취해야 효율성이 높아진다. 어떤 사람의 단계를 알면 어떤 치료법을 적용해야 하는지, 그리고 동시에 어떤 것이 금기사항인지에 대한 정보를 확보할 수 있다. 이 단계에서는 대단히 유용한 방법이 다른 단계에서는 전혀 효과가 없거나, 심지어 해로울 수도 있다.

가장 빈번하게 잘못 연결되는 경우는 두 가지다. 어떤 사람들은 초기에 효과가 극대화되는 의식의 고양과 자기 재평가를 실행 단계에서도 의지하려고 든다. 행동에 대한 인식을 증가시켜 행동을 바로잡으려는 것이다. 이런 모습은 통찰력만으로는 행동을 변화시킬 수 없다며 정신분석을 비판하는 사람들의 주장을 떠올리게 한다. 또 다른 경우는 문제를 인식하거나 행동을 준비하는 단계를 거치지 않은 채, 실행에서 가장 효과가 있는 보상이나 대항, 환경 통제 같은 과정들부터 시작하는 사람들이다. 이 사람들은 앞의 경우와는 정반대로 문제를 제대로 파악하지도 않은 채 바로잡으려 한다. 행동주의를 비난하는 이유는 바로 이것이다. 통찰력이 결여된 채 지나치게 행동에 주력하면 일시적인 변화에 그칠 개연성이 높다.

임상 경험이 많은 심리치료 전문가들은 내담자가 어느 단계에 있는지 금세 알아차릴 수 있다. 그러나 그것을 체계적으로 정리하는 경우는 거의 없다. 그래서인지 이 주제와 관련해서 참고할 논문이나 연구 자료는 거의 찾아볼 수 없었다. 전문가들에게 어떻게 변화시켰느냐고 물어보면, 자신이 처한 단계에 맞춰 여러 학파의 방법을 선택적으로 차용했노라고 대답한다. 어쩌면 심리치료사들은 연구논문을 쓸 때보다는 상담을 하고 있을 때 더 이단적이 되는 경향이 있는지도 모른다. 나는 이런 이단적인 태도를 장려하는 것도 우리 작업의 가치라고 믿는다. 어떤 학파에 속했다는 사실을 일종의 한계로 받아들이기보다, 지금껏 알려진 모든 전략 중에서 상황이 필요로 하는 것을 선택해서 적용하는 것이 훨씬 이치에 맞다.

심리치료의 여러 체계는 변화의 과정을 두고 서로 경쟁해왔다. 그러나 겉으로 보기에는 서로 대립해 융합이 불가능해 보이는 과정도 현명하게 활용할 경우 오히려 보완 관계로 발전할 수 있다. 전통적으로 경험주의와 인지주의, 그리고 정신분석 계통에서 주로 활용하는 과정들은 무관심과 심사숙고 단계에서 유용하고, 실존주의나 행동주의와 관련 있는 과정들은 실행과 유지 단계에서 큰 힘을 발휘한다. 심리치료의 도움을 받든 받지 않든, 문제가 되는 행동을 변화시킨 사람들은 이론가들의 의사나 능력과는 관계없이 변화의 과정을 통합할 수 있는 영감을 준다.

이 제 어 디 로 향 할 것 인 가

혼자 힘으로 변화를 시도하는 사람들은 언제든 자신의 단계를 파악할 능력이 있긴 하지만, 적절한 도움 없이는 그 단계에 어떤 과정을 적용해야 할지 모를 수도 있고, 중요한 건 의지라는 막연한 생각에 사로잡힐 수도 있다. 그렇더라도 자기 변화는 노력과 에너지의 현명하고 힘있는 투자가 될 수 있다.

변화의 주기에 대해 이성적이고 긍정적인 기대를 할 수 있다면 성공 확률은 높아질 것이다. 그러기 위해서는 무엇보다 파멸에 이르는 행동으로부터 자유로워지는 것을 막는, 몇 가지 통념에서 벗어날 필요가 있다. 우리의 눈을 가리는 통념들을 살펴보고 그 뒤에 숨겨진 진실을 밝혀보자.

첫째 통념 : 자기 변화는 간단하다.

자기 변화는 결코 간단하지 않다. 우리는 누구나 그 과정이 조금 쉬웠으면 하고 바란다. 결코 변할 수 없을 거라고 포기해버리고 싶은 유혹을 느끼면서도 얼마 전에 겪은 실패로 의기소침하지 않으려고 애쓴다. 그러다가 습관을 고치는 것이 얼마나 쉬운지 얘기하는 사람들을 보면 당황하고, 좌절감에 휩싸이게 된다.

물론 변화를 손쉽게 해치우는 특별한 소수가 없는 것은 아니다. 이들의 예외적인 승리는 지나칠 정도로 주목을 받는다. 뒤집어서 생각하면 그만큼 여느 사람들은 문제를 극복하는 방법을 찾기 어렵다는 뜻이다.

그러나 일단 담배를 끊거나, 두렵고 불안한 마음을 정복하거나, 식습관을 조절하거나, 운동을 시작하겠다는 마음을 먹고 나면, 그 다음 선택은 뚜렷해진다.

둘째 통념 : 의지만 강하면 된다.

변화에 성공한 사람들에게 '비결'을 물어보면 열이면 열, '강한 의지'였다고 대답한다. 사람들이 이미 다 알고 있는 사실을 다시 한번 확인할 뿐이다. 그러나 조금 더 깊이 들어가서, 그 '의지'라는 게 무엇이냐고 물어보면 두 가지 서로 다른 정의를 내린다. 엄밀한 의미의 첫째 정의는 행동을 변화시킬 수 있다는 스스로의 능력에 대한 믿음, 그리고 그 믿음에 따라 행동을 취하겠다는 결심이었다.

더욱 광범위한 둘째 정의는 변화하기 위해 사용할 수 있는 세상의 모든 기법, 모든 노력을 의미했다. 의지라는 말이 이런 뜻으로 사용된다면 변화가 강한 의지를 요구한다는 데에는 이견이 있을 수 없다. 그러나 이는 아주 고전적인 순환논리라고 할 수 있다.

혼자 힘으로 변화에 도전하는 사람들이 첫째 의미의 의지를 필요로 한다는 것은 사실이다. 그러나 그것은 아홉 가지 변화의 과정 중에 '전념'이라는 한 과정에서만 중요하게 쓰일 뿐이다. 오로지 의지에만 의존하는 사람은 실패를 예약한 것이나 다름없다. 필요한 것은 오로지 의지뿐이라고 믿었던 사람이 변화를 시도했다가 실패할 경우, 스스로 의지가 부족했다는 결론을 내리는 것은 어쩌면 당연해 보이고, 그 결론은 곧 포기로 이어질 수 있다. 그러나 오로지 의지에만 의존한 사람이 변화에 실패하는 것은 의지만으로는 충분치 않음을 입증할 뿐이다.

셋째 통념 : 모든 걸 다 해봤는데, 하나도 효과가 없어!

변화의 과정들, 문제를 이해하고 극복하는 데 도움이 되는 활동들에 대해서도 사람들은 이렇게 말할지도 모른다. "내가 이미 다 거쳐온 것들이야." 그러나 중요한 것은 어떤 과정을 시도했는가가 아니라, 그 과정을 충분히, 그리고 적절한 때에 시도했는가 하는 것이다.

같은 변화의 과정이라고 해도 그것을 적용하는 시기와 방법에 따라 효과는 달라진다. 심한 우울증에 시달리는 사람이 나를 찾아와서 지금 먹고 있는 항우울제가 효과가 없다고 말한다면 나는 복용을 중지하라고 말하기 전에, 이렇게 물어볼 것이다. "복용한 양은 얼마나 되죠? 언제부터 복용하기 시작했나요? 혹시 함께 드신 약이 있나요?" 의사라면 누구나 다른 약을 함께 복용할 경우 그 약의 효력에 영향을 줄 수 있다는 사실을 안다. 심리적인 변화 역시 마찬가지다. 어떤 과정을 어떤 강도로, 얼마나 오래, 그리고 어느 시점에 적용해야 가장 효과가 있는지를 알아내는 것은 지금도 계속되고 있는 우리 연구의 목표이다.

넷째 통념 : 사람은 변하지 못한다.

우리 작업은 이런 생각을 간단히 날려버렸다. 우리는 혼자 힘으로 변화에 성공한 사람을 수천 명도 넘게 연구했다. 그런데도 필라델피아 폭스체이스 암센터에서 일하는 건강심리학자 트레이시 올리언즈(Tracy Orleans) 박사는, 아직도 의사 세 명 중에서 두 명은 환자의 변화 능력에 회의적인 시각을 가지고 있다고 말한다(1986). 의사들의 이런 생각은 환자를 돕는 데 장애가 된다. 반면에, 의사들이 예방의학을 적극적으로 활용할 경우―예를 들어 환자에게 1~2분 더 할애해서 담배의 해악을 자세히 일러주는 식으로―1년이 지났을 때 담배를 피우지 않는 환자는 두 배로 증가할 수 있다는 연구 결과가 있다.

만약 모든 의사가 이렇게 한다면, 과장이 아니라 수백 만 명을 구할 수 있을 것이다. 이런 엄청난 힘을 가지고 있으면서도 의사들은 왜 그렇게 비관적일까? 무엇보다 변화에 성공한 사람 대부분이 전문가의 힘을 빌리지 않기 때문일 것이다. 이 말을 바꿔서 생각해보면, 전문가들은 스스로 변화할 의지가 없거나 능력이 없는 사람, 거의 치유 불가능해 보이는 문제를 지닌 사람을 주로 만나게 된다는 뜻이다. 의사들의 비관주의는 이런 사람의 실패를 일반화한 데서 나온 것이다.

둘째, 미국을 예로 보면 어떤 문제가 발생했을 때 늘 공식적이고 전문적인 해법부터 찾으려는 경향이 있다(대규모 프로젝트를 보면 거의 예외 없이 전문가의 연구에서부터 시작하는 것을 볼 수 있다). 그러나 소위 자기 변화라는 것은 일상적이고 상식적인 접근을 요한다. 저명한 정신과의사인 아론 벡(Aaron Beck)도 내담자가 나름대로 문제를 이해해서 내린 정의는 아랑곳하지 않고, 오로지 자기 방식으로 문제를 해결하는 심리치료사들의 잘못을 지적한 바 있다. 이럴 경우 오히려 더 정확하고 효과적일 수 있는 개개인의 개념과 방법이 피상적이거나 구체적이지 않다는 이유로 무시되고 만다.

심리치료사가 이런 태도를 보이면, 일상적인 방법으로 어려움에 대처하던 내담자는 자신감을 잃기 쉽다. 물론 개인적인 노력의 중요성을 인정하고 격려하는 사람이 없는 것은 아니지만, 이론의 벽에 갇혀 개인적인 수단과 방법을 격려하지도, 도와주지도 못하는 심리치료사 역시 적지 않다는 것은 안타까운 현실이다.

셋째, 밖에서 보는 것은 단 한 번의 성공일지 몰라도, 그 성공을 거두기까지 자기 변화자들은 같은 문제에 한 번 이상 도전하는 것이 보통이다. 성공은 오래 걸리고, 상당한 노력이 필요하다.

넷째, 심리치료사들의 경제적인 성공이나 명예, 권위는 그들이 내담자를 대하는, 다소 신비하고 베일에 싸인 듯한 태도 때문이라는 점도 무시할 수 없다. 혼자 힘으로 도전해도 얼마든지 변화할 수 있다는 증거들은 심리치료사들의 활동을 위협할 수도 있기 때문에 번번이 무시된다.

그렇다고 해서 우리가 전문적인 심리치료에 반기를 드는 것은 아니다. 우리도 현재 진료를 하고 있는 심리학자들이기 때문이다. 사실 이 책에서 소개한 우리의 연구 결과는, 매주 심리치료사를 찾아가 상담을 받는 사람들에게도 도움이 될 수 있다. 심리치료를 이용하는 사람과 혼자 힘으로 변화를 시도하는 사람 사이에는 공통점이 많고, 심리치료를 받으면서 변화의 단계와 과정을 이해한다면 시너지 효과를 기대할 수 있다. 심리학자들이 내담자에게 자기 계발 도서를 권하고, 그런 책을 읽은 사람 70퍼센트가 '큰 도움이 됐다' 고 말하는 것도 다 그래서이다.

그런 책에 담긴 조언을 따를 경우 바라던 바 성공을 예상할 수는 있지만 그렇다고 해서 모든 자기 계발 서적이 누구에게나 이로운 것은 아니다. 이런 책에도 분명한 한계가 있기 때문이다. 일례로 정신 장애가 심각한 사람에게는 어떤 책도 도움이 되기 힘들다. 에너지나 사고 능력, 현실을 받아들이는 태도에 이르기까지 큰 영향을 끼치는 정서적인 문제는 전문가의 도움을 받아야만 한다. 어떤 책도 그런 도움까지 대신할 수는 없다. 전문가의 도움을 받아야 하는 시점과 방법에 대해서는 9장에서 자세히 설명하겠다.

변화의 첫걸음, 단계 파악

변화의 첫걸음은 자신의 단계를 아는 것이다. 자신의 단계를 파악할 수 있는 자체평가가 79페이지에 마련되어 있다. 이미 알고 있더라도 정확성을 기하기 위해 다시 한번 해보자. 앞에서도 말했지만 변화는 단계에 좌우되고, 어느 지점에서 변화의 주기에 진입하느냐에 따라 적용하는 과정이 달라진다. 단계를 부정확하게 분석하면 과정을 잘못 사용하게 되고, 이는 변화 속도를 늦출 수 있다.

자체평가는 우리 프로그램에서는 무척 중요한 부분으로, 이 책에서도 여러 차례 활용된다. 변화의 단계는 변화하겠다는 노력이 성공할지 여부를 정확하게 예측할 수 있다. 이런 평가는 앞으로 18개월 동안 행동 패턴에 적용된다. 흡연자를 대상으로 한 대규모 프로젝트에서 우리는 실행 위주 프로그램을 이용한 사람들이 참가한 단계와 발전 상태의 연관관계를 조사했는데, 그 결과는 정말 놀라웠다.

〈그림3〉은 프로그램에 참가하기 전 단계가 이후 유지에 이르기까지 18개월에 걸친 변화 과정에 미치는 영향력을 보여준다. 그림에서도 확인할 수 있듯이 단계는 변화의 성공 여부를 점칠 수 있는 지표가 된다. 무관심 상태에서 실행으로 뛰어든 사람 중에서 18개월 동안 담배를 멀리한 사람은 6퍼센트에 불과했지만, 심사숙고에서 실행에 들어간 사람은 15퍼센트, 준비 단계에 있던 사람은 24퍼센트가 유지에 성공했다.

변화의 단계만큼 심리치료의 성공에 직접적으로 작용하는 변수는 없다. 멕시코계 미국인, 심장혈관계 질환을 앓고 있는 사람, 암에 걸린 사람, 중년의 핀란드 남성, 불안과 공황 장애를 지닌 환자, 뇌손상에서 회복중인 환자, 그리고 각종 심리치료를 받고 있는 사람들로 대상을 한정

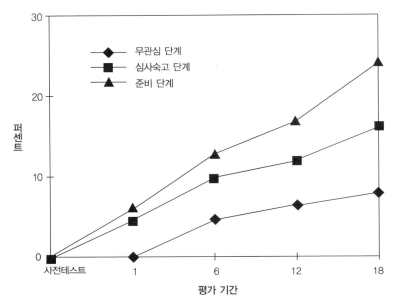

그림3 연구 초기에 각각 무관심, 심사숙고, 그리고 준비 단계로 분류된 흡연자들이 18개월 후 금연에 성공한 비율.

해 진행한 연구에서도 유사한 결과가 나왔다.

때로는 같은 문제로 고민하는 가족일지라도 변화의 주기는 크게 달랐다. 우리 연구에 참가한 사람 중에 텍사스에 사는 중년 부부가 있었는데, 두 사람은 모두 담배를 끊을 의사가 있었다. 그러나 부부가 아끼고 사랑하던 개가 폐암으로 죽자 아내는 담배를 끊었지만, 남편은 나가서 강아지를 새로 샀다.

우리를 만났을 때 두 사람은 심사숙고 단계였고, 같은 사건을 겪어 똑같은 자극을 받았지만 그 사건이 아내에게는 실행 단계로 넘어가는 촉진제가 된 반면에, 남편은 여전히 심사숙고 단계를 벗어나지 못했다. 그런 만큼 누구도 자신의 단계를 안다고 단언할 수 없다. 문제가 복합적이고 각 문제가 서로 다른 단계에 도달해 있다면—예를 들어 금연 노력은 이미 종료되어 비흡연자가 되었지만 체중 조절은 여전히 심사숙고 단계에 머물러 있거나, 우울증은 극복해서 정서가 안정되었지만 일 중독과 관련해서는 아직도 자꾸 실행 단계로 되돌아가는 식으로—각각의 문제를 분리해서 평가한다.

지 금 의   내   단 계 를   알 아 보 자

변화의 단계를 평가하는 것은 거짓말처럼 쉽다. 네 가지 질문에 대답하면 된다. 주의해야 할 점이라면, 질문에 답하기 전에 자신이 가진 문제를 극복할 해결책으로는 어떤 것들이 있는지를 알아야 한다는 것이다.

　문제를 어느 정도 개선하는 것만으로도 충분하다고 믿는 사람이 많다. 그러나 우리가 바라는 것은 단순히 문제를 개선하는 것이 아니라 문제로부터 완전히 자유로워지는 것이다. 즉 문제를 해결해야지 문제를 조금 개선하는 것에 만족해서는 안 된다는 뜻이다. 타르나 니코틴의 함량이 낮은 제품으로 담배를 바꾸거나, 흡연 양을 반으로 줄이는 것으로는 충분하지 않다. 이 문제를 해결하는 것은 담배를 끊는 것이다. 더할 필요도 없고, 덜해서도 안 된다.

　문제성 행동은, 그로 인한 위험이 전혀 없거나 또는 최소화했다고 전문가들이 동의할 경우에 해결되었다고 생각할 수 있다. 여기서 말하는 위험에는 그 문제가 야기하는 건강상의 위험과 완전한 해결에 못 미쳤을 때 재발할 위험이 모두 포함된다. 하루에 피우는 담배의 양을 반으로 줄이는 것은 위험을 감소시키기는 하겠지만, 그것을 최소화하지는 못한다. 〈표4〉는 우리 사회에 널리 퍼져 있고, 때문에 그만큼 중

표4 15가지 문제성 행동의 실행 기준

흡연	끊기
마약 남용	끊기
노름	끊기
알코올 중독	끊기
문제성 음주	이따금은 단주 또는 일주일에 14잔 이하, 그리고 한 번에 5잔 이하
섹스(고위험)	항상 콘돔 사용
우울증	언제든 2일 이상 우울한 기분이 지속되지 않는 것
공황 발작	정상적인 상황에서는 공황 발작이 일어나지 않는 것
신체적 학대	절대로 타인을 때리지도, 맞지도 않는 것
비만(건강 기준)	표준 체중 초과비가 20퍼센트 이하
식이요법(건강 기준)	지방에서 흡수되는 칼로리가 30퍼센트 이하
정주성 생활	최소 : 일 주 일 에 3회 신체적 활동, 회당 20분 최상 : 일 주 일 에 3회 활기찬 행동, 회당 20분
치아 위생	하루 2회 칫솔질과 각 치아를 치실로 닦기
머뭇거림	행동을 미룸으로써 자신이나 타인에게 해를 초래하지 않는 것
과다 일광노출	15분 이상 햇볕에 노출될 때에는 항상 선크림 사용

요한 문제성 행동 15가지의 실행 기준을 제시한 것이다.

자신의 문제가 〈표4〉의 목록에 있다면, 어느 선에 도달해야 회복이라고 하는지 확인할 수 있다. 완전한 해결에 모자라는 상태에서 만족해버리는 사람도 있다. 만약 어느 정도 문제를 개선하는 것이 최선이라면, 그것조차 하지 않는 것보다는 낫다. 그러나 목표를 너무 낮게 설정하는 것은 도움이 되지 않는다. 목표는 문제로부터 완벽하게 해방되는 것이다.

어떤 특정한 행동의 경우 전문가들조차 행동 기준에 합의하지 못한 상태라서 회복이 되었는지 평가할 적절한 방법이 없는 것도 있다. 만약 자기 문제가 〈표4〉에 포함되어 있지 않다면, 그 문제로부터 자유로워 진다는 게 어떤 의미, 어떤 상태인지는 각자 상상해봐야 한다. 일반적으로는 모험을 감수하는 수준의 성행위를 자제하는 것처럼 위험이 높거나 곤란한 상황에 빠지지 않는 것, 그리고 늘 안전띠를 매는 것처럼 예방이 되는 행동을 일관되게 하는 것을 의미한다.

일단 어떤 행동을 취해야 하는가에 대한 뚜렷한 개념이 잡혔으면, 자신의 단계를 정확히 파악하기 위해 아래 네 문장에 그렇다, 아니다로 답해보기 바란다.

1. 나는 내 문제를 여섯 달 전에 해결했다.
2. 나는 지난 여섯 달 사이에 문제 해결을 위한 행동을 취했다.
3. 나는 다음 달 안으로 실행에 들어갈 생각이다.
4. 나는 앞으로 여섯 달 안에 행동을 취할 예정이다.

만약 대답이 전부 '아니다' 라면 무관심 단계다. 심사숙고에 있는 사람이라면 4번 문장만 '그렇다' 이고, 나머지는 '아니다' 라고 대답했을 것이다. 그리고 준비 단계에 있는 사람은 3번과 4번 문장에는 '그렇다', 앞의 두 문장에는 '아니다' 라고 답했을 것이다. 만약 2번까지 '그렇다' 라고 답하고, 1번만 '아니다' 라고 했다면 실행 단계에 있는 사람이다. 만약 한 점의 거짓도 없이 답했는데도 전부 그렇다는 대답이 나왔다면 이미 유지 단계에 도달했다고 말할 수 있다.

이제 자체평가를 통해 변화의 단계를 알았고, 변화의 과정에 대해서도 기본적인 이해를 갖췄으니 지금까지의 지식을 적용해서 단계를 밟을 수 있다. 자체평가를 마쳤어도 중간을 건너뛰고 자신에게 해당하는 부분만 골라 읽고 싶은 마음을 자제하고 이 책을 끝까지 읽기 바란다. 스스로는 실행에 들어갈 준비가 끝났다고 느낄지 모르겠지만, 사실은 그에 필요한 준비가 완료되지 않았을지도 모른다. 설사 그렇다 하더라도 무관심과 심사숙고, 그리고 준비 단계를 다룬 부분도 꼼꼼히 읽어야 한다. 여기서 얻을 정보는 도움이 될 뿐만 아니라, 전속력으로 전진할 수 있다는 자신감을 준다. 그리고 전체 과정을 완벽하게 이해하는 것은 인생을 살다가 마주치게 될 또다른 문제를 해결하는 데에도 더없이 소중한 도구가 될 것이다.

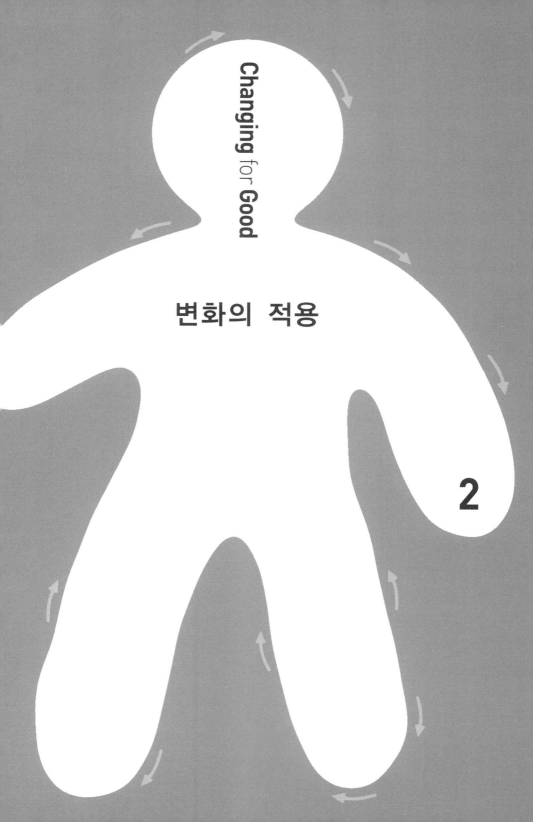

Changing for Good

변화의 적용

2

방어적인 태도는 어렵고 불편한 자기 분석을 방해한다. 스스로를 분석하려는 노력이 방해받고 있음을
알아차리는 것이야말로 방어선을 무너뜨리는 첫걸음이다.

무관심 단계-변화에 저항한다

내가 조지를 만났을 때 그는 불행하고 뚱뚱한, 마흔 살의 알코올 중독
자였다. 미움과 배신으로 얼룩진 비참한 결혼생활로 서로에게 상처만
주고 있을 때 심리치료를 처음으로 받게 되었다. 그러나 한두 번 진료
를 받고 치료를 중단해버렸다. 그의 인생을 비참하게 만든 요인은 한두
가지가 아니었다. 어머니는 그에게 사랑을 주지 않았다. 매사에 수동적
이던 아버지는 바람을 피우느라 그를 감정적으로 유기했다. 호전적인
형은 동생의 무능함을 놀리고 조롱했다. 커서 결혼을 했더니 이번에는
아내마저 그를 속였다. 그는 자신이 세상에 둘도 없는 바보처럼 생각되
었다. 설상가상으로 회사마저 경영이 악화되어, 동료나 상사들은 조지
의 문제에 관심을 가질 여력이 없었다.

그런데도 조지는 술을 끊겠다거나, 살을 빼겠다거나, 결혼생활을 개
선하겠다는 어떤 소망도 갖지 않았다. 그는 자신의 잘못이나 실패에 대

한 비난을 모두 다른 사람에게 돌리고는, 자신은 할 것이 없다고 생각했다.

　무관심 단계에 있는 대부분의 사람들처럼 조지도 자신을 제외한 다른 사람들이 변하기를 바랐다. 늘 화만 내고 자기 중심적인 아내가, 자신은 경험하지 못한 사랑스럽고 나긋나긋한 어머니로 변하는 것을 마다하지는 않겠지만, 아내가 변할 때까지 그는 술집에 앉아 친구들에게 신세한탄이나 늘어놓는 편을 택했다. 친구들은 조지가 불안정하거나, 화가 났거나, 우울할 때 어떻게 해야 그의 기분을 풀어줄 수 있는지 잘 알고 있었다. 그것은 술을 더 많이 마시게 하는 것이었다.

　그렇다면 나는 그의 기분을 풀어줄 수 없는 게 분명했다. 그의 결혼 생활, 직장 생활, 아니 그의 삶 자체가 뒤죽박죽이었다. 그냥 이런저런 말로 적당히 설명하고 넘어갈 수는 없는 형편이었다. 그래서 나는 조지에게 결혼생활을 회복할 가능성은 거의 없다고 솔직히 말했다. 그러나 두 사람이 노력할 마음만 있다면 최선을 다해서 돕겠다고 했다. 그리고 만약 인생을 되찾고 싶다면 술부터 끊어야 한다는 말도 덧붙였다. 조지는 술을 끊는 대신 심리치료를 끊었다.

　전문가들은 알코올 중독을 일러 '부정(否定)의 병'이라고 말한다. 그러나 알코올 중독뿐만 아니라 거의 모든 문제를 이렇게 말할 수 있다. 무관심 단계에 발목이 잡혀 있을 때, 우리 발목을 잡고 있는 것은 바로 부정하는 마음이다. 뭔가 잘못했을 때 책임을 부정하면 벌을 받지 않을 수도 있다는 것을 우리는 경험을 통해 배웠다. 특히 좋지 않은 행동으로 바람직하지 못한 즐거움을 누릴 땐, 이런 마음이 강해진다. 또 다른 방법은, 그런 행동을 한다는 것은 인정하지만, 그럴 듯한 이유를 붙여 합리화하는 것이다. 이는 우리가 흔히 스스로를 포기할 권리가 있다고 항변하는 이유 중에 하나이다.

그렇게 많은 사람이 떠나려 하지 않는 무관심 단계에는 어떤 매력이 있을까? 무엇보다 무관심 단계에 머물러 있으면 안전하다. 이곳에는 실패가 없다. 시간에 쫓길 일도 없다. 꼭 지금이 아니어도, 언제든 다른 때에 변할 수 있다. 그리고 죄책감에 시달리지 않아도 된다. 바람직하지 못한 습관에 대해 생각이나 고민 자체를 하지 않는데, 무슨 수로 죄책감을 느끼겠는가.

마지막으로, 무관심 단계에 있는 사람은 사회의 압력으로부터 자유롭다. 주변에서 걱정을 해도, 어색하거나 거북한 마음을 꾹 참고 그 문제를 공개적으로 얘기하고 싶지 않다는 의사를 한두 번만 밝히면 그뿐이다.

내가 마법 같은 영향력으로 조지를 감화시켜 두 사람이 결혼생활을 개선하고 행복한 삶을 살았노라 말할 수 있다면 좋겠지만, 이 책은 자기 변화에 대한 책이지 기적의 증언을 모아놓은 것이 아니다. 심리치료를 받기 시작했을 때 조지는 무관심 단계에 있었고, 도중에 치료를 중단하고 사라질 때에도 여전히 무관심 단계에서 벗어나지 못한 상태 그대로였다.

몇 년이 지난 후에, 그래도 내가 그의 마음속에 몇 가지 의문의 싹을 틔웠다는 사실을 알았을 뿐이다. 조지는 심리치료를 통해 자기의 정당성을 인정받으려 했지만, 스스로의 인생을 짓누르는 문제에 자기도 일조하고 있음을 깨달았다. 어린 시절의 경험과 아내와의 관계가 문제를 일으키는 것은 분명하지만, 그것을 핑계로 문제를 회피하고 있음을 인정하지 않을 수 없었다. 그의 방어선에 구멍이 뚫리고, 그 틈을 의식의 고양이 파고들었다.

조지가 무관심 단계를 벗어나는 데에는 이런 깨달음을 비롯한 여러 힘과 요인이 작용했다. 더 이상 그 힘에 맞서지 못하게 되었을 때, 그는 비로소 앞으로 나아갈 수 있었다.

무관심 단계의 특징

무관심 단계는 변화에 적극적으로 저항한다. 그래서 주변의 도움 없이는 무관심이라는 덫에서 빠져나올 수 없다. 사람들은 스스로의 문제를 알면 도움을 잘 받아들인다. 변화의 모든 단계에서 중요한 것은 주변의 도움이 있느냐 없느냐가 아니라, 어떤 도움이 최선인가 하는 것이다. 그러나 무관심 단계에는 과연 이들을 도울 수 있는가 하는 의문이 제기되기도 한다.

무관심 단계에 있는 사람 중에는 너무나도 의기소침한 나머지, 상황을 운명으로 받아들이고는 모든 노력을 포기하는 이도 있다. 어쩌면 전에 한두 번쯤 문제를 해결해보려다가 실패한 경험이 있을지도 모른다. 이들에게는 변화를 생각하는 것 자체가 또다시 실패할 위험을 무릅쓰는 것이 된다. 이들은 이미 패배를 인정하고, 변화를 포기했다.

마리는 키가 150센티미터인데, 체중은 90킬로그램이 넘었다. 그러나 마리는 더 이상 신경 쓰지 않았다. 결혼생활은 이미 끝났고, 일에서 승부를 보기에도 늦었다. 인생의 정점은 이미 지나갔으며, 설사 그것이 자기를 파멸로 이끄는 길이어도 즐거우면 그만이라는 생각뿐이었다.

변화를 외면할 때, 사람들은 스스로를 포기한다. 이런 사람은 변화와 관련된 통념을 무작정 받아들인다. "나도 해볼 만큼 해봤어." "그래, 나는 의지가 부족해." "원래 사람은 변할 수 없어." 실패를 경험하고 나면 절제력은 더 희박해진다. 술을 더 많이 마시고, 체중은 더 늘어나고, 불안이나 우울처럼 유쾌하지 못한 기분은 더 자주, 더 오래 지속된다. 이 사람들은 스스로를 포기함으로써 문제에 굴복한다. 그러면 그 습관들은 더욱더 그를 장악한다. 마리가 그랬듯이, 이 사람들은 인생이 이미 끝났다고 생각한다.

고등학교 시절에 나도 그랬다. 그 당시 나는 이제 내리막길만 남았다고 확신했고, 불안하고 우울했으며, 점점 냉소적이 되었다. 그러나 정서적인 고통을 이겨낸 후에는 내가 삶을 포기하지 않아 얼마나 다행인지, 안도의 숨을 내쉬며 가슴을 쓸어내렸다. 그렇지만 확실한 교훈을 얻지는 못한 모양이었다. 대학을 졸업한 후 진학한 대학원이 영 맞지 않았다. 절망감이 되살아났다. 나는 과음을 하고, 닥치는 대로 먹었으며, 잠보처럼 잠을 잤다. 그러면서도 동료들이나 교수들이 내 행동을 알아차리지 않을까 전전긍긍했다. 이렇게 외부로부터 도움받을 가능성마저 차단하니 문제는 더 심각해졌고 늘 의기소침했다.

그러다가 다행히도 친구들과 가족들 가까운 곳으로 학교를 옮길 수 있었다. 인생에서 두 번째로 맞은 고비를 넘겼을 때, 나는 왜 첫 번째 경험에서 제대로 배우지 못했을까 한탄스러웠다. 삶의 정점을 지나 이제는 아무 것도 기대할 수 없다는 느낌을 서너 번 정도 경험한 후에야, 나는 변화를 포기하지 않는 한 인생은 결코 끝나지 않는다는 사실을 깨달았다.

문 제 인 가 , 선 호 인 가

어떤 행동이 문제인지, 아니면 단순히 개인적인 선호인지는 어떻게 판단할 수 있을까? 정작 본인이 아무런 문제 의식을 갖고 있지 않은데, 그것을 문제라고 할 수 있을까? 뭐가 문제인지는 누가 결정하는 걸까? 변하고 싶어하지 않는 사람을 굳이 변화시키려 노력하는 건 과연 옳은 일일까?

무관심 단계에 있는 사람들이 스스로 못 견뎌 도움을 청할 때까지 주변에서는 개입하지 말아야 한다는 주장도 있다. 이런 주장을 내세우는 학파에서는 문제가 술이든, 과식이든, 마약이든 더 내려갈 수 없는 데까지 내려가야 변화를 준비할 수 있다는 잘못된 믿음을 퍼뜨린다. 이런 접근법에는 여러 가지 허점이 있지만, 문제가 악화되는 걸 속절없이 지켜봐야만 하는 주변 사람들의 고통도 빼놓을 수 없다.

알코올 중독자라면 결국 가족과 친구, 직장과 돈, 몸과 마음의 건강까지 전부 잃게 될지 모른다. 문제 상황의 밑바닥에 닿았을 때는 이미 의욕은 찾아볼 수 없고, 몸도 쇠약해진 나머지 변화에는 관심조차 없을지 모른다. 변화할 능력은 고사하고 어디서부터 시작해야 할지도 모를 테니까.

무관심 단계에 있는 사람을 무한정 기다리는 것은 고통스럽기도 하거니와 비효율적이고 위험하다. 만약 문제가 신체적인 것이어도 이런 방법을 택할까? 심장병이나 암의 징후를 보이는 사람을 두고도, 그 병을 부정할 수 없는 지경에 이를 때까지 아무 것도 하지 않은 채 손놓고 기다리지는 않을 것이다. 당장에 심장마비를 일으킬 것 같은 사람이 있다면, 설사 본인이 거부해도 병원에 데려갈 것이다. 문제의 정도가 심할 때보다는 약할 때, 문제 상황을 보인 지 오래 됐을 때보다는 그렇지 않았을 때 효과적인 치료가 가능하다는 연구 결과도 있다. 오래 기다리면 기다릴수록 변화는 더 어려워진다.

물론 심리적인 문제의 평가에는 가치판단이 개입한다. 과음은 문제인가, 아니면 당사자가 선호하는 라이프스타일인가? 흡연은 문제인가, 아니면 정당한 선택인가? 그것을 누가 결정하는가? 자신이 변화의 무관심 단계에 있는지, 아니면 당연한 권리로 선택한 행동을 즐기고 있는지는 어떻게 아는가?

다음 세 가지 질문에 솔직하게 답을 해본다면 어떤 행동이 문제인지 라이프스타일인지, 그 차이점을 이해할 수 있을 것이다.

자신의 행동 패턴에 대해 이야기하는가 문제 행동을 하는 사람은 대개 자신의 행동에 방어적이다. 주변 사람들에게 자기 문제나 신경 쓰라고 말하는지, 아니면 관심을 고마워하는지 곰곰이 생각해보자. 그저 라이프스타일이 그런 사람은 그렇게 방어적이지 않다. 이 사람들은 주위의 의견을 간섭이 아니라 관심으로 받아들인다.

자신의 행동에 대해 잘 알고 있는가 문제 행동을 보이지만 무관심 단계에 있는 사람은 스스로의 문제에 대해 알거나 배우기를 꺼린다. 자신의 행동을 다룬 프로그램이나 기사가 나왔을 때 채널을 돌리거나 페이지를 넘기는가, 아니면 관심을 가지고 지켜보는가? 만약 술을 마시면서도 술의 해독이나 징후에 대해 기꺼이 배우려 한다면, 또는 담배를 피우는데 흡연이 건강에 해가 된다는 사실을 인정한다면, 그 사람은 문제 행동은 보이지만 심사숙고 단계로 가는 길목에 있다고 할 수 있다.

자기의 행동으로 인한 결과에 책임질 용의가 있는가 문제 행동을 보이는 사람에게 그 행동에 따른 결과를 상상해보라고 하면 몹시 불편해 한다.

자신의 행동이 불러올 장단기적인 결과를 알고 있는가? 맥주 여섯 병을 마신 후 48시간이 지나면 어떤 기분이 드는지 알고 있는가? 분노를 억누를 경우 심장에 어떤 영향이 가는지 알고 있는가? 폐암이 진행되는 줄 뻔히 알면서도 담배를 피우는 게 자랑스러운가? 폭발하듯 화를 내는 바람에 아이들이 겁에 질리는 걸 보고도 아무렇지도 않은가? 한때 소중히 여기던 것들을 모두 잃고 난 후에도 술을 잘 마셨다고 생각하겠는가?

문제 행동을 보이면서도 무관심 단계에 있는 사람은 자신의 행동이 초래하는 부정적인 결과를 책임지려 하지 않는다. 자신이 선택한 행동이 죽음을 앞당긴다고 해도, 그 결과를 자연스럽게 받아들이겠는가? 심장병과 각종 암을 비롯해서 미국인의 사망 원인 대부분이 부분적이나마 평소의 문제 행동에서 그 원인을 찾을 수 있다는 것은 이제 기정 사실이다. 폐암이나 심장병에 걸려 때 이른 사망 선고를 받게 된다면, 그때 가서 흡연이나 과음처럼 위험한 행동을 일찍 그만두지 않은 것을 후회하겠는가?

이 세 질문에 어떻게 답했느냐에 따라 그 행동이 문제가 있는 것인지, 아니면 단순히 선호하는 것인지를 알 수 있다.

자신이 방어적이지 않고, 행동이 불러올 장기적인 영향을 잘 알고 있

으며, 그 결과가 자기 책임이라고 인정한다면 그것은 그저 선호하는 것
이라 할 수 있다. 하지만 그렇지 않다는 대답이 하나 이상 나왔다면—
대부분 그렇겠지만—이미 그것은 문제 행동이고, 무관심 단계에 있는
것이다.

자 연 발 생 적 이 고   환 경 적 인   변 화 의   압 력 들

방어적인 데다 사기도 저하된 사람이 어떻게 하면 무관심이라는 늪에
서 빠져나올까? 이 단계에 있는 사람을 돕는 방법에 대해서는 나중에
더 자세히 설명하겠지만, 그들도 가끔은 다른 사람의 도움을 받지 않고
이 단계를 벗어난다. 이는 의도하지 않은 변화인 경우이다. 무관심에서
심사숙고로 옮겨가게 하는 힘 중에는 당사자가 어떻게 할 수 없는, 환
경적이고 자연발생적인 것도 많다.

　이런 힘은 한 단계에서 다음 단계로 넘어가게 만드는 동시에 삶을 어
느 정도 변화시키는 것에 대해 깊이 생각하게 한다. 인생이 결코 영원
하지 않다는 것을 새삼 깨닫는 마흔 번째 생일이 다가오는 것도 변화를
이끄는 강력한 힘이 된다. 한 예로 흡연자들만 봐도, 마흔을 앞두고 금
연을 진지하게 생각하는 사람이 많다. 우리의 연구에서 혼자 힘으로 담
배를 끊은 사람들의 평균 연령이 서른아홉 살이었던 것도 결코 우연이
아니다.

　나이라는 인생의 이정표 외에도 변화를 생각하게 하는 자연발생적인
힘은 많다. 결혼, 출산, 승진, 병, 퇴직, 그밖에 여러 가지 의미심장한 사
건이 변화의 다음 단계로 나아갈 추진력을 제공한다. 예를 들어, 존 노
크로스는 아버지가 되기 전만 해도 수업이나 임상치료를 위한 자료들

을 집에 가지고 가곤 했다. 스스로 일 중독의 위험이 있다는 것도 알고, 아내도 제발 일 좀 줄이라고 간청했지만 잘 되지 않았다. 그러다 첫아들이 태어났다. 완전한 어른이 되는 경계에 도달한 후에야 비로소 존은 그 동안 잘 알면서도 하지 못하던 일, 즉 일을 줄이는 것을 실천에 옮길 수 있었다.

외부 환경의 변화 역시 강력한 힘을 발휘한다. 우리가 인터뷰했던 한 부부는 스무 살이 되는 아들에게 특별히 갖고 싶은 생일선물이 있느냐고 물었다. 그러자 아들은 부모님이 해줄 수 있는 가장 소중한 선물은 담배를 끊는 것이라고 대답했다. 아들의 말을 들은 부부는 금연에 대해 심사숙고하게 되었다. 이런 일화는 주변에서 얼마든지 찾아볼 수 있다.

이렇게 직접적인 요청이 없더라도 주변 환경이 예전처럼 자기의 라이프스타일을 지지하지 않는다는 사실을 알게 되는 순간이 있다. 갑자기 자신의 습관이 보상이 아니라 처벌이 돼버렸음을 깨닫는 것이다. 체중을 줄이고, 몸매를 관리하고, 스트레스를 줄이고, 술을 절제하고, 건강한 식습관을 가지고, 담배를 끊으라는 사회의 압력은 날이 갈수록 거세지며, 또 나름대로 효과를 거둔다.

강제적인 환경의 변화가 의도하지 않은 변화로 이어지기도 한다. 알코올 남용에서 회복하고 있는 언어치료사 빌(40세)은 오랫동안 음주치료 프로그램에 참가했다. 군대에 있을 때는 차 사고를 낸 후 음주교육 프로그램에 배치되었고, 음주운전 판결을 받은 후에는 면허증을 재발급받기 위해 병원에서 운영하는 재활 프로그램에 다니기도 했다. 그리고 몇 년 동안 알코올 중독자 모임에 나가다 말다를 반복했다.

자기가 원한 것은 아니었지만 빌은 오랫동안 다양한 프로그램을 겪으면서 인식 수준이 높아졌고, 그 힘을 바탕으로 혼자서 변화에 도전했다. 빌은 이렇게 말했다.

"주변의 도움을 거부했죠. 그래도 뭔가 중요한 것이 머릿속에 남아 있었던 모양이에요. 술에 취해 지내던 끝에 알게 됐죠. 술을 마시는 게 말썽을 일으켰다는 걸."

어린 시절 빌은 경찰관이 되고 싶었는데, 술 때문에 경찰관에게 잡혀가는 처지가 되고 보니 자괴감을 느끼고 인식의 균형이 깨졌다.

무관심 단계에 있는 사람들이 변화를 종용하는 자연발생적인 힘이나 환경적인 요인과 한마음이 될 수 있다면, 그 힘을 타고 더 자유롭게 심사숙고 단계로 전진할 수 있다.

나이를 예로 들어보자. 나이 드는 것은 자연스러운 일이지만 몸에 맞춰 마음까지 늙기는 쉽지 않다. 나이 드는 것을 위기로 보는가, 성장 기회로 보는가 하는 것은 우리가 그것을 자연스러운 과정으로 인식하느냐 아니면 일종의 형벌로 받아들이느냐에 따라 달라진다. 사람들은 스물한 살이 되는 날을 손꼽아 기다린다. 그 나이가 되면 어딜 가도 당당히 성인 대접을 받기 때문이다. 반면에 마흔이나 쉰이 된다는 것은 젊음을 이상으로 여기는 이 사회에서는 형벌처럼 느껴질 수 있다.

어떤 사람은 나이가 들어가는 자연발생적인 힘을 통해 해방감을 경험한다. 남편을 여의고 네 아이를 키운 한 여인은 40년 동안 줄담배를 피우다가, 손주가 태어나 할머니가 되고서야 무관심 단계를 벗어났다고 한다. 새롭게 맡은 할머니라는 역에 담배는 어울리지 않았고, 사회의 어른인 노인이라는 지위와도 맞지 않았기 때문이다.

그러나 나이가 제공하는 자연발생적인 효과를 거부한 채 자멸의 길을 걸어가는, 무관심 단계의 사람도 수없이 많다. 그들은 음주 습관을 진지하게 생각하지 않으려고, 음주가 얼마나 건강에 해로운지에 대해 부정할지도 모른다. 또 그들은 젊은이 같은 활력을 되찾기 위해 코카인 같은 자극제도 동원한다. 그리고서는 잠이 오지 않는다고 수면제를 복용한다. 그들은 성욕이 감퇴하는 조짐을 부정하려고 아무 의미도 없는 불륜에 탐닉한다.

스스로의 삶을 지배하려는 의지와 외부 영향력에 개방적인 태도를 균형 있게 견지할 때, 그리고 자율에 대한 요구와 개인적인 생활을 공동체와 가정 안에서 만족시킬 때, 그 삶은 건강하다. 이제 무관심 단계를 끝내고 심사숙고 단계로 넘어가는 데 필요한 세 과정, 의식의 고양, 주변의 도움, 그리고 사회적 해방을 다루기에 앞서, 무관심 단계의 가장 큰 걸림돌인 방어적인 태도부터 살펴보자.

무관심 단계의 방어기제

태어날 때부터 방어적인 태도를 갖는 것은 아니다. 이런 태도는 나이가 들면서 습득되는 것인데, 어떤 면에서는 다행이다. 이 '정신적인 방패'가 없었다면 실제든 상상이든, 바람직하지 않은 감정들과 외부에서 가해지는 위협의 폭격 아래 무방비로 놓일 테니까. 방어적인 태도는 맞서 대항할 수 없는 것을 일시적으로나마 피할 수 있게 하여 원만한 생활을 가능하게 한다.

그러나 좋기만 한 것은 아니어서, 우리 삶이 필요로 하는 심리적인 보호장치를 갖추려면 그 대가가 따른다. 방어적인 태도는 고통을 완화시키지만, 경험을 왜곡하고 위장한다. 방어적인 태도가 문제를 해결하는 것은 아니기 때문에 단기적으로는 기분이 나아질지 몰라도 장기적으로는 오히려 해가 된다. 무엇보다 방어적인 태도는 무관심 단계에 있는 사람의 눈을 가려서 문제를 보지 못하게 한다. 일반적으로 방어적인 태도는 어렵고 불편한 자기 분석을 방해한다.

스스로를 분석하려는 노력이 방해받고 있음을 알아차리는 것이야말로 방어선을 무너뜨리는 첫걸음이다. 사람들이 활용하는 방어기제는 25가지가 넘지만, 그 중 무관심 단계에 있는 사람들이 전문적으로 사용하는 것은 네 종류에 일곱 가지 방법이다. 그 방법들을 하나씩 살펴보는 동안 특히 익숙한 것은 없는지 생각해보자.

아 무 것 도 아 닌 것 처 럼 : 부 정 과 최 소 화

방어적인 태도 중에서도 가장 흔한 부정은 못마땅한 일을 인정하지 않아 스스로를 보호하는 방법이다. 누구나 가끔은 고통이나 위험처럼 유쾌하지 못한 현실은 아예 존재하지 않는 양 무시하며 스스로를 속인다.

상담을 받으러 나를 찾아왔던 해럴드는 돈을 너무 많이 쓴 나머지 파산 지경에 이르렀다. 엎친 데 덮친 격으로, 불과 4년 사이에 벌써 세 번째 직장을 잃기 직전이었고, 그의 격한 성격에 겁을 먹은 아이들은 곁에 얼씬거리지도 않았다. 게다가 아내는 그와 헤어지려 하고 있었다. 그런데도 그는 문제 의식을 전혀 느끼지 못한 채 온 정력을 스키에 쏟으며 직장도 가정도 돌보지 않았다. 스스로는 아무 문제 없이 인생의 스트레스에 완벽하게 대처하고 있다고 생각했다.

"스트레스에 적절히 대항하지 못하는 건 제 아내입니다."

그는 아내가 자신에게서 자유와 재미를 앗아가려 한다고 생각했다.

무관심 단계에 있는 사람들은 자기의 행동이 문제라는 증거가 산처럼 쌓여 있는데도 그 문제를 인정하지 않는다. 알코올 중독자들은 특히 더하다. 술에 취했다는 것을 온몸으로 보여주면서도 여전히 한 방울도 입에 대지 않았노라 맹세까지 하는 사람을 수없이 많이 봤다. 문제가 있는 음주자들은 최소화에도 능한데, 최소화도 부정의 한 방법이다. 이를테면 이런 식이다. "어쩌면 내가 조금 많이 마신다고도 할 수 있어. 하지만 내가 다 알아서 해." 그러나 직장을 잃고, 간을 상하고, 이혼을 당하는 사례들은 그들이 결코 '알아서 할 수 없음'을 입증한다.

부정은 변화를 가져올 만한 정보들을 걸러낸다. 그러다 보니 정말로 자신의 문제에 대해 전혀 모르는 경우도 생긴다. 캐롤이라는 서른일곱 살의 간호사는 20년간 담배를 피우면서도 담배가 생명을 앗아갈 수 있다는 사실을 도무지 믿으려 하지 않았다. 병원이라는, 건강과 직접적으로 관련된 현장에서 일하면서도 캐롤은 흡연이 미국에서만 매년 40만 명의 목숨을 앗아가는 제1의 사망 원인이라는 것을 모르고 있었다. 담배를 끊은 지 5년이 지나서야 그녀는 이렇게 말했다.

"저는 언제나 의학 전문가들이 아직도 흡연에 대해 찬반 논쟁을 벌이고 있다고 주장했어요."

좋은 변명 : 합리화

합리화란 자신의 행동을 그럴 듯하게 설명하는 것이다. 행동은 미숙하고 비이성적이지만, 우리는 이성적이고 성숙한 용어를 사용해서 그런 행동을 합리화한다. 본인은 그럴 듯하고 완벽하다고 생각할지 몰라도, 옆에서 듣기에는 허점투성이다.

모린이 매일 저녁 어린 딸을 재우는 데 거의 한 시간도 넘게 걸렸다.

한밤중에 아이가 부부 침대로 기어 올라와도 마다는 법이 없었다. 또 통학버스가 있는데도 아침저녁 직접 데리고 다녔다. 친구들이나 가족들은 너무 오냐오냐하는 것 아니냐고 걱정했지만, 그럴 때마다 그녀는 냉정하게 남의 일이니 신경 쓰지 말라고 잘라 말했다. 모린이 아이의 요구라면 뭐든지 들어주면서 제시한 이유는 이랬다.

"어렸을 때 우리 엄마는 나를 너무 냉정하게 대했고, 한 번도 내가 해달라는 것을 해준 적이 없어."

지나치게 엄격한 어머니 밑에서 자랐다는 것이 정반대의 실수에 대한 핑계는 될 수 없다.

합리화는 일상적으로 일어난다. 《새로운 탄생(The Big Chill)》이라는 영화에 나온 재미난 대화는 일상적이 되어버린 합리화를 아주 잘 표현하고 있다.

> "합리화 가지고 뭐라고 하지 마. 그게 없으면 우리가 어떻게 살겠어? 하루에 두세 번 정도 그럴 듯한 합리화를 하지 않고 사는 사람은 본 적이 없다구. 이건 섹스보다 더 중요한 거야."
>
> "말도 안 돼. 섹스보다 중요한 건 세상에 없어."
>
> "그래? 너 합리화 한 번도 안 하고 일주일 보낸 적 있어?"

합리화의 사촌쯤 되는 지성화(intellectualization)는 어떤 상황에 개인적인 중요성을 제거한 채 추상적인 분석을 사용하는 것을 말한다. 지성화는 문제에 대해 감정적인 반응을 일으키거나 고통스러운 인식과 마주하는 것을 막아준다. 담배나 술에 중독된 사람들이 들먹이는 이유에 지성화가 흔하다.

"누구에게나 한 가지 정도는 학습이 필요해. 내 경우엔 그게 바로 담배지."

흡연자들은 이렇게 말하지만, 삶에 위협이 되는 행동이 '필요' 한 사람은 없다.

"우리 삼촌은 매일 위스키 1파인트(약 47ml)를 마셨는데도 아흔 살까지 거뜬히 사셨어."

과음을 일삼는 사람들은 이렇게 얘기하지만, 알코올 중독자는 평균 수명이 12년 정도 짧다.

"암이라는 게 말야, 쥐를 가지고 시험해서 그렇지, 그게 우리 사람으로 치면 하루에 여든 갑은 피워대야 걸린다는 거야."

담배 업계에서는 상당히 설득력 있는 연구에 이런 어처구니없는 논리를 덧씌워 사람들을 오도한다.

원인을 밖으로 돌리기 : 투사와 전이

문제의 근원에 대해 솔직한 감정을 드러낼 수 없거나 드러내기 두려울 때, 그 감정을 다른 사람이나 대상에게 덮어씌울 수 있다. 방어 중에서도 이런 태도는 고통의 근원이나 대상을 자신이 아닌 다른 무엇에 전가하는 것이다. "적절한 공격은 최상의 방어"라는 말은 이런 사람들의 좌우명이다.

칼은 12년 동안 알코올과 마약에 빠져 살았다. 그의 세 번째 아내인 베스는 결혼 초에 이 문제에 대해 얘기하려 했지만, 그는 듣고 싶어하지 않았다. 그래서 사사건건 베스를 비난하기 시작했다. 지나치리만큼 비판적인 어머니 밑에서 자란 탓에 베스는 늘 완벽하려 노력했다. 그녀는 비판을 견딜 수 없었다. 칼은 있지도 않은 문제들을 끊임없이 만들어서 베스를 친친 동여맸고, 그 와중에 자신의 문제는 까맣게 잊어버렸다. 물론 그러면서 누구의 간섭도 받지 않은 채 술과 마약을 계속했다.

베스에 대한 칼의 조직적인 공격은 전이(displacement:정신분석에서 무의식적으로 자아를 위협하는 대상에 대한 감정을 덜 위협적인 대상에게로 대치하는 것을 말한다)의 좋은 예다. 희생양 찾기라고도 하는 전이는 감정을 밖으로 향하는 것으로, 주변에 있는 안전한 사람이나 대상에게 분노·우울·좌절감을 쏟아놓는다. 전이의 또 다른 방식으로는 투사(projection:자아에 대해 가지고 있는 지나치게 위협적인 감정을 무의식적으로 다른 사람에게 귀인시키는 방어기제)라는 것이 있는데, 자신이 지닌 문제를 다른 사람이 가지고 있다고 진단하는 태도를 말한다.

원 인 을 안 에 서 찾 기 : 내 면 화

투사와 전이가 감정의 근원을 외부에 돌리는 데 반해, 내면화는 감정을 안으로 향해, 고통을 불러일으킨 것은 다른 사람이 아닌 자기 자신이라고 믿는 것이다. 이렇게 계속 안으로 침잠해 들어가면서 부정적인 감정을 적절히 표출하지 못하면 그 감정들이 내면화되는데, 쉬운 말로 '꿀꺽' 삼켜버리는 것이다. 그 결과는 습관적인 자기 비난과 자기 책망, 자신감 결여, 우울증이다.

아이린의 경우가 그렇다. 5년 동안 데이트를 했지만, 그녀의 말을 빌리자면, '성공(결혼)'을 못한 까닭에 스스로를 '구제불능의 노처녀'로 생각하게 됐다. 그녀의 나이 고작 스물다섯, 밀고당기는 놀이 같은 데이트에 좌절감을 느낀 아이린은 절망에 빠져 스스로를 비난했다. 그것은 악순환의 시작이었다. 아이린은 아무도 자신을 원치 않는다고 생각했다. 그렇기 때문에 그녀는 더욱 아무렇게나 행동했고, 결국 그런 행동은 실제로 아무도 그녀에게 관심을 가질 수 없게 만들었다.

무관심 단계에 있는 사람 중에서도 자포자기하고 낙담하여 문제 해결을 위해 뭔가 해야 한다는 사실을 일찌감치 포기한 이들이 종종 내면화의 늪에 빠진다. 그들은 "나는 못해"라는 말을 입에 달고 다닌다. 보나마나 실패할 것이라는 생각은 변화에 대한 노력 자체를 막는다. 그러니 변화하지 못할 것이라는 믿음을 버리지 않는 한 그 믿음은 사실로 확인될 것이다. 이들의 방어기제는 흡사 마법인 양 효력을 발휘한다. 하지만 그건 정말 안타까운 마법이 아닐 수 없다.

무관심 단계에 있는 사람들을 도우려면

아직 결과를 얻지 못한 연구 프로그램을 진행할 때 부딪히는 난관 가운데 하나가 다음에 무엇을 연구할지 합의하기 어렵다는 것이다. 연구 기금을 제공하는 측에서는 우리가 채 준비하기도 전에 프로그램을 시행하라고 재촉한다. 국립 암센터에서는 혼자 힘으로 변화를 관철시킨 흡연자들에 대한 우리의 초기 연구에 너무나도 고무된 나머지, 데이터가 완전히 들어올 때까지 기다리지 말고 연구를 해가면서 적용 프로그램을 개발하라고 요청했다.

생각하면 그 요청은 합당한 것이다. 현재 지구상에 사는 사람 중에 5000만 명이 담배 때문에 천수를 다하지 못하고 평균 10년 일찍 죽게 되는 상황인데 여타의 자기 변화 프로그램의 효용은 극히 제한적이었다. 우리는 그런 프로그램들이 변화의 단계를 감안하지 않았기 때문임을 증명해 보였다.

예를 들어 미국 서부해안 지역의 주요 HMO(건강관리사업자:선불방식으로 보험급여를 미리 지급하는 의료보험으로 통상 보험자가 병원을 소유하거나 병원과 계약을 체결하여 가입자들에게 의료서비스를 제공한다)에 가입한 사람들 중에서 흡연자의 70퍼센트는 집에서 할 수 있는 관리 프로그램이 나오면 참가하겠다고 말했다. 그러나 실행 위주로 고안된 훌륭한 프로그램이 개발되었을 때는 흡연자 중에 단 4퍼센트만 등록했다. 그 중 3분의 1이 성공한다 해도(이 정도면 아주 넉넉하게 가정한 것이다) HMO 가입자 전체에 끼치는 영향은 지극히 미미한 수준이다.

더 나은 효과를 약속하는 변화의 단계 프로그램을 개발하라는 요청이 거세진 것도 그 때문이었다. 아직 필요한 데이터를 확보하지 못한 상태였기 때문에 진행하는 과정에서 그때마다 막힌 것은 뚫고 꼬인 것은 풀어가야 했지만, 단계에 따른 프로그램을 완성해서 적용하는 것은 그럴 만한 가치가 있다고 생각했다. 그러나 당시만 해도 변화를 거부하는 무관심 단계의 사람들을 어떻게 끌어들일지 걱정이었다. 자신의 문제를 의식하지 못하고, 방어적인 태도를 취하는 사람들에게 어떻게 접근할 수 있을까?

심사숙고 단계에 있는 사람들을 대상으로 신문 광고를 냈을 때는 200여 통의 전화를 받아 자기 계발과 관련한 자료를 수집할 수 있었고, 실행이나 준비 단계에 있는 사람들을 겨냥한 광고에서도 비슷한 정도의 반응을 얻었다. 그리고 이제는 무관심 단계를 대상으로 실험을 할 차례였다. 우리는 '변하기를 원치 않는 흡연자'를 대상으로 자기 계발 프로그램에 참가할 사람을 모집한다는 광고를 냈다. 광고 크기는 이전의 것과 똑같았는데 결과는 놀라웠다. 우리는 이 광고를 통해 무관심 단계에 있는 사람 400명을 확보했다.

이번에는 성공률을 따져보자. 뉴잉글랜드 지역의 최대 HMO에서 우리의 단계별 변화 프로그램을 사용했는데, 아직 변화할 준비가 되지 않았거나 이제 막 준비를 시작한 사람들까지 모든 이의 필요에 부응하는 이 프로그램은 약 85퍼센트의 참가율을 기록했다. 만약 그 중 20퍼센트만 성공해도(현재 진행중이기 때문에 정확한 결과는 아직 나오지 않았지만, 우리가 추산한 대로 된다면 이 정도는 거뜬히 넘을 수 있을 것 같다) 전체 인구의 15퍼센트에 영향력을 행사한다는 계산이 나오고, 기존 프로그램들과 비교했을 때 무려 1000~5000배나 되는 효과를 보이게 된다.

그때까지만 해도 전체 인구에 미치는 영향력(impact rate)에 대해서는 아무도 관심을 갖지 않았다. 참가율이 워낙 저조했기 때문이다. 절대 다수의 프로그램이 실행 준비가 완료된 극소수의 사람을 대상으로 했다는 사실을 감안한다면, 이는 놀랄 일도 아니다.

표본 조사에 따르면 문제의 종류나 성격에 관계없이 주어진 시간에 해당 문제에 대해 행동을 취할 준비가 된 사람은 전체의 20퍼센트에도 미치지 못한다.

어떤 HMO에서는 실행 위주 프로그램의 참가율을 높일 생각에 적극적인 방법을 동원했다. 의사들이 나서서 담배를 피우는 사람들에게 소름끼치는 흡연의 해악과 금연의 이점을 다룬 비디오테이프를 보여주었다. 간호사들은 전에 없이 자세하게 담배를 끊는 것만큼 좋은 약은 없다는 얘기를 들려주었다. 그런 다음 흡연자 개개인에게 전화를 걸어 프로그램 참가를 종용했다. 무관심 단계에 있던 사람들 중에 35퍼센트가 신청하기는 했지만, 실제로 나온 사람은 3퍼센트뿐이었고, 그나마 프로그램을 끝까지 이수한 것은 2퍼센트에 불과했다.

에이브러햄 매슬로(Abraham Maslow:인본주의심리학 창설을 주도한 미국 심리학자, 인간욕구의 5단계설이 유명하다)가 말했듯이, 손에 들고 있는 도구가 망치뿐이라면 모든 것을 못처럼 다룰 수밖에 없다.

우리도 그렇게 빨리 치료 프로그램을 개발할 줄은 몰랐지만, 프로그램의 놀라운 성과에는 기쁨을 감출 수 없었다. 우리 프로그램이 성공을 거둘 수 있었던 것은 무엇보다 어떤 도구가 필요한지를 먼저 파악하려고 했기 때문이다. 사실 이 도구들(변화의 과정)은 처음부터 도구함에 버젓이 들어 있었지만, 누구도 그 도구들을 어디에 어떻게 사용해야 할지 몰랐다. 이제 무관심 단계에 있는 사람들에게 가장 유용할 도구들을 살펴보자.

의식의 고양

의식적인 변화를 향한 첫걸음은 그 길을 막고 있는 장애물을 자각하는 것인데, 이 장애물은 앞에서 살폈던 자멸적인 방어기제다. 이때만큼 아는 것이 힘이 되는 경우도 흔치 않다. 프로이트는 강박적인 욕망을 극복하려면 변화에 저항하는 힘부터 분석해야 한다는 것을 처음으로 지적한 사람이다. 변화에 저항하는 힘을 눌러 이기든, 아니면 피해서 돌아가든, 일단 방어적인 태도를 자각해야 한다.

스스로 깨달았건, 아니면 외부의 영향을 받았건 간에 자각은 매우 중요하다. 자신의 문제를 명확하게 이해할 정보가 부족한 무관심 단계의 사람들에게 의식의 고양은 마치 어두운 도서관의 구석구석을 밝히는 손전등처럼 주변에 항상 있던 자료들을 쓸모 있는 정보로 만들어준다. 변화에 사용되는 모든 과정이 그렇지만, 의식을 고양시키는 데도 다양한 기법이 활용될 수 있다. 가장 간단하게는 관련된 책을 읽을 수 있고, 텔레비전 방송을 보면서도 정보를 얻을 수 있다. 친구들이나 심리치료사가 지적하는 자신의 행동을 곰곰이 생각해보는 것도 도움이 된다.

시작하기가 힘들어서 그렇지, 일단 시작만 하면 문제에 대한 자각은 매우 빠르게 진행된다. 쉰 살의 패션디자이너 앨린은 평생 뚱뚱한 몸매로 살았다. 이상적인 체중에서 무려 90킬로그램이나 초과한 상태였다. 체중을 줄일 시도를 안 해본 건 아니지만, 비만을 심각한 문제로 인식한 적은 없었다.

"남편은 늘 내게 대단히 매력적인 여성이라는 느낌을 갖게 해줬어요. 그리고 회사를 운영하다보니, 다른 사람들이 알아서 일을 처리해주기 때문에 제가 직접 몸을 움직일 일이 많지 않았죠."

그러다 의사의 말 한마디가 단초가 되었다.

"겁을 주고 싶지는 않지만…… 의사가 이렇게 운을 떼더군요."

"이런 상태라면 서서히 죽어가는 것과 같다는 것을 깨달았습니다. 혈당와 혈압은 정상치를 훨씬 웃돌았고, 발목 굵기도 어마어마했어요."

몇 주 지나지 않아 앨린은 체중을 줄이겠다고 결심했고, 2년 뒤에 그 목표를 달성했다. 일상생활에도 얼마든지 의식을 고양할 방법을 찾을 수 있다. 나도 그런 경험을 한 적이 있다.

언젠가 300명이 수강하는 대규모 강의를 맡은 적이 있었는데, 나도 모르는 사이에 한 문장을 끝낼 때마다 "그러니까 말이죠"라는 꼬리를 붙이는 버릇이 생겼다. 무슨 얘기든 시작하기 전에 꼭 "있잖아"라고 말하는 사람들과 비슷한 버릇이었는데, 예를 들면 이런 식이었다. "프로이트는 역사상 두 번째로 유명한 심리학자입니다, 그러니까 말이죠, 지금은 스키너가 첫 번째 자리를 차지했습니다, 그러니까 말이에요." 어떤 대담한 1학년 학생이 말해주지 않았다면 이런 사실을 끝까지 몰랐을지도 모른다. 나는 왜 "그러니까 말이죠"라는 말을 하게 되었는지 이유를 파헤쳐 보려고 했지만, 그 말에 담긴 깊은 의미는 발견해내지 못했다. 어쨌든 이 거슬리는 버릇을 해결하기 위해서는 의식의 고양이 필요했다. 나는 수업을 듣는 학생들에게 내가 "그러니까 말이죠"라고 할때마다 손을 들어달라고 부탁했다. 그리고 번쩍 올라간 300개의 손을 본 순간, 마침내 내 버릇을 완전히 의식할 수 있었고, 아주 짧은 시간에 그 버릇을 고쳤다.

방 어 적 인   태 도 를   인 식 한 다

의식의 고양이 늘 그렇게 빠른 결과를 얻는 것은 아니지만, 문제를 의식하는 것이 변화라는 천릿길의 첫걸음이라는 것은 예나 지금이나 변함이 없다. 변화를 방해하는 방어선을 무너뜨리기 위해서는 어떤 태도로 문제를 방어하고, 그 태도는 어떻게 작용하는지를 인식해야 한다. 주로 사용하는 방어기제를 알아볼 수 있도록 마련한 아래의 상황을 통해 자신의 경우를 따져보고, 이어 무관심 단계에 있는 사람들이 일상적으로 사용하는 방법들을 알아보자.

상황 : 당신은 지금 길가에 서서 버스를 기다리고 있다. 지난 밤에 내

린 비 때문에 길은 온통 진흙투성이에 군데군데 물이 고여 있다. 그런데 택시 한 대가 웅덩이를 지나치면서 속도를 줄이지 않아 당신 옷에 흙탕물이 잔뜩 튀었다. 이럴 때 보일 수 있는 반응으로는 다음과 같은 것들이 있다.

1. 마치 아무 일도 없었다는 듯 미소 띤 얼굴로 조용히 진흙을 닦아낸다.

2. 그러려니 한다. 도시에 살면 그런 일은 감수해야 한다.

3. 택시 운전사에게 욕을 퍼붓는다.

4. 우비를 입고 나오지 않은 자신을 책망한다.

5. 운전사에게 괜찮다고, 신경 쓰지 말라고 말한다.

6. 행인에게도 권리가 있다는 것을 운전사에게 똑똑히 알린다.

7. 되는 대로 물건을 집어던지며 택시 뒤를 쫓아간다.

8. 그런 날 길가에 서 있었던 자신을 속으로 야단친다.

1번(마치 아무 일도 없었다는 듯)과 5번(신경 쓰지 말라고) 대답은 부정과 최소화의 태도이다. 2번(도시에 살면 그런 일은 감수해야)과 6번(행인에게도 나름의 권리가 있다)은 합리화와 지성화의 예다. 이런 태도는 상황을 지적으로 합리화해 감정의 상처를 숨긴다. 3번(욕을 하는 것)과 7번(물건을 집어던지며 택시를 뒤쫓아가는 것) 대답은 외부를 향해 감정을 쏟아내는 모습을 보여준다. 마지막으로 4번(스스로를 책망한다)과 8번(자신을 속으로 야단친다)은 감정의 내면화이다.

방 어 하 려 는 마 음 을 경 계 한 다

평생을 단 한 가지 방어기제에 의존하는 사람은 없지만, 대체로 일관된 경향은 있다. 자꾸 존 노크로스를 예로 들게 되는데, 이 친구는 정말 타의 추종을 불허하는 지성화의 귀재다. 자신의 행동을 합리화할 설명이 언제라도 준비되어 있다. 그가 친구와 나누는 일상적인 대화를 옮겨보면 이렇다.

> 친구:야, 너 어째 살이 좀 붙은 것 같다.
>
> 존:응, 운동을 충분히 안 해서 그렇지 뭐. 요즘 글 쓰느라고 바빴거든.

이 정도 대꾸는 그럴 듯 하거니와 특별히 심각해 보이지도 않지만, 문제(살이 붙은 것)를 직접 거론하는 대신 비난의 화살을 다른 데(글 쓰는 일)로 돌리고 있다. 존의 생활을 들여다 보면 이런 식의 방어적인 태도가 거의 일상적으로 사용된다는 것을 알 수 있다.

> 낸시(존의 아내):당신 요즘 사무실에 너무 오래 있어서, 얼굴 보기 힘든 거 알아요?
>
> 존:그래, 시간이 너무 없네. 글 쓰고 환자 보느라고 바빠서 그래.

존은 자기의 방어적인 태도를 인식한 뒤에야 체중과다와 일 중독이라는 문제를 심사숙고 단계로 이끌어갈 수 있었다. 사실 방어기제는 우리의 생각이나 행동을 완전히 장악한다기보다, 일정한 방향으로 이끌어가는 것이라 할 수 있다. 자기가 일종의 '정신적인 농간'에 붙들려 있다는 사실을 인식할 수 있다면 그것을 통제할 힘을 갖게 된다.

표5 15가지 문제성 행동의 실행 기준

방어	대처
부정 -고통스러운 감정이나 생각의 직시를 거부 -고통스럽거나 위험한 감정을 무시	**집중** -지금 눈앞의 일을 처리하기 위해 고통스러운 생각이나 감정을 옆에 치워둔다 -적당한 시간이 허락할 때 그 감정으로 다시 돌아간다
합리화와 지성화 -문제성 행동을 '해명'으로 빠져나감 -추상적인 말로 고통스러운 감정으로부터 물러선다	**논리적 분석** -감정에 압도되는 일 없이 문제성 행동을 주의 깊게 분석한다
투사 -불쾌한 감정이나 사고의 원인을 근거 없이 다른 사람에게 돌린다	**감정이입** -상황을 다른 사람의 시선으로 본다 -다른 사람이 어떻게 느낄지 상상한다
전이 -부정적인 감정을 다른 사람에게 '쏟아낸다'	**승화** -부정적인 감정을 사회적으로 용인되는 통로를 통해 분출한다 -운동, 집안일, 레저, 회화, 음악은 모두 창조적 공격성의 일종이다
내면화 -모든 문제에 대해 자신을 비난한다	**자기 결단** -긍정적인 행동을 고취시킨다 -근거가 있을 때에는 환경이나 타인, 또는 자신이라고 고통스러운 생각이나 감정의 적절한 이유를 밝힌다

　모든 적응장애성 방어기제는 인지와 훈련을 통해 긍정적인 행동으로 바뀔 수 있다. 이 책에서는 방어적인 태도를 상황에 대처하는 적응 기제로 바꾸는 법을 설명하고 있다.

　이와 같은 탈바꿈의 몇 가지 예를 〈표5〉에 모아두었다.

의 식 의　고 양　자 체 평 가

변화의 과정을 설명할 때마다 간단한 자체평가를 실시해 그 과정을 얼마나 정확하게 적용했고, 그로 인해 변화가 얼마나 진행되었는지를 알아볼 수 있게 했다. 자체평가를 통해 확인하는 정보는 다음 단계로 넘어갈 수 있는 가능성을 크게 향상시켜, 성공적으로 종료에 이르게 할 수 있다. 그러므로 누가 확인하지 않아도 진지하고 솔직하게, 그리고 현실적으로 평가에 임하기를 권한다. 변화의 단계를 밟아 앞으로 나아가기 위해서는 이 과정들을 꼭 통과해야 한다. 자신을 호도해 잘못된 길에 들어서는 것은 결국 스스로의 발전을 막을 뿐이다.

지난 한주일 동안 문제와 씨름하면서 각각의 방법을 얼마나 자주 사용했는지를 꼼꼼히 따진 후에, 해당하는 번호를 적어 넣는다.

Checkpoint ─────────────────────────────────

1=전혀 하지 않았다 2=거의 하지 않았다 3=이따금 했다 4=자주 했다 5=반복해서 했다

빈도

____ 문제와 관련된 정보를 찾아서 읽거나 봤다.

____ 문제의 해결과 관련된 정보에 대해 다시 생각해봤다.

____ 변화에 성공한 사람들에 대한 글을 읽었다.

____ 변화의 이점에 대해 주변 사람들이 해준 말들을 생각했다.

____ =총점

───

각각의 숫자를 더해 총점을 낸다. 우리가 과정별 자체평가에서 제시하는 일종의 커트라인은 다양한 문제를 종합적으로 고려해서 나온 기준이기 때문에 모든 경우에 들어맞는다고는 할 수 없다. 자기 변화에 성공한 수천 명을 연구한 끝에 종합한 기준점이므로 엄격한 규칙으로 적용하기보다 대강의 참고로 삼기 바란다.

무관심 단계에 있는 사람은 앞의 자체평가를 실시했을 때 일반적으

로 10점 이하를 기록하는 반면에, 심사숙고 단계로 진입하는 데 성공한 사람은 10점 이상이 나온다. 그러나 특정한 문제, 이를테면 체중 조절 같은 경우에는 12점이 기준점이 되기도 한다. 요즘 사회가 특히 비만에 관심을 기울이기 때문에 아무리 무관심 단계에 있는 사람이라도 주변에 넘쳐나는 정보를 차단하기는 쉬운 일이 아니다.

이번 것을 포함해서 앞으로 과정마다 따라나오는 자체평가는 해당 과정의 수행에 큰 의미를 갖는다. 솔직히 평가했는데 총점이 낮다면, 그 과정에 더 많은 시간과 노력을 투자해야 한다. 변화에서 타이밍이 갖는 중요성은 아무리 강조해도 지나치지 않다. 안 되면 다시 하는 시행착오는 변화의 효율성을 감소시킨다. 적절한 준비가 되지 않은 상태에서 무작정 다음 단계로 넘어가 봤자 어차피 같은 길을 되풀이할 뿐이므로, 한 과정을 철저히 이용한 다음 때가 무르익었을 때 이동하는 편이 현명하다.

무관심 단계에 필요한 주변의 도움

혼자 힘으로 변화를 시도하는 사람들에게는 주변의 도움이 심리치료를 받는 사람과 상담을 해주는 전문가 사이만큼이나 중요하다. 주변의 도움은 힘이 되는 환경을 조성해 그 안에서 자연발생적으로 일어나는 요인이나 환경의 힘을 적극적으로 활용할 수 있고, 무엇보다 자신을 객관적인 시각으로 바라보게 해준다. 이렇게 되면 자연히 방어적인 태도가 약해지고 의식적인 변화를 심사숙고하게 된다.

스스로 생각하기에 물샐 틈 없어 보이는 방어기제도 다른 사람이 봤을 때는 허점투성이인 경우가 많다. 특히 가까운 사람들을 속이기는 무척 어렵다. 배우자나 자녀, 부모나 친구들이 나보다 먼저 내 문제를 알아차리는 것도 그 때문이다.

방어적인 태도가 문제를 보지 못하게 했듯이, 문제를 해결하는 데 가장 큰 힘이 되는 주변 사람들이 도리어 걸림돌이 되는 경우도 많다. 주변의 도움은 우리가 그 도움을 환영하느냐, 배척하느냐에 따라 천군만마가 될 수도 있지만 그저 위협으로만 느껴질 수도 있다.

주변의 도움이 자기 변화에서 차지하는 비중이 매우 크기 때문에 도움을 주는 방법은 매 단계에 소개할 것이다. 지금은 우선 무관심 단계의 방어벽을 무너뜨리고 그 사람을 심사숙고 단계로 이끌기 위해 주변에서 해줄 수 있는 것을 알아보자.

주변의 도움이 갖고 있는 잠재력은 얼마든지 찾아볼 수 있다. 누구에게나 어려운 시간을 견딜 수 있도록 기꺼이 힘이 되어주는 사람이 몇 명은 있을 것이다. 늘 기댈 수 있는 언덕이 되어주시는 부모님, 옆에 있다는 것만으로도 힘이 되는 절친한 친구, 소중한 가르침을 주신 선생님, 가장 깊은 비밀도 털어놓을 수 있는 동료, 그리고 사랑하는 사람까지. 때로는 잘했다, 못했다 판단하지 않는 친구나 애인의 존재만으로도 충분하다. 문제를 가진 사람들의 자조 모임이 급격하게 증가하는 요즘 추세도 주변의 도움이 얼마나 중요한가를 보여주는 증거이다.

언론계에서 일하는 마이크는 며칠 앞으로 다가온 파티가 걱정이 됐다. 알코올 중독인 형이 파티를 망치고, 가족들을 부끄럽게 만들지 않을까 염려해서였다. 그렇지만 형에게 그런 말을 할 엄두는 나지 않았다. 형은 한 번도 음주 문제를 인정한 적이 없었다. 그런 태도는 집안 내력이다. 마이크의 아버지도 결국 술 때문에 세상을 떠났지만, 누구하나 그 문제에 대해 아버지에게 말한 적이 없었다. 형은 본인의 부정 뿐만 아니라 가족의 불문율이라는 두 개의 방패를 가지고 있었다.

마이크는 이 불문율을 깨고 형과 가족, 그리고 자신을 돕고 싶었지만 자신이 없었다. 기껏해야 술을 끊으라는 말밖에 하지 못할 것 같았다. 사실 이것은 우리가 무관심 단계에 있는 사람들을 도우려다가 흔히 저지르는 실수이기도 하다. 실행 단계에 접어들려면 아직도 먼 사람에게 섣부른 행동을 재촉하는 것은 잘못이다. 아마 마이크가 그렇게 말했다면 형의 반응은 이랬을 것이다.

"나한테 이래라 저래라 하지 마. 니가 내 형이라도 돼?"

나는 마이크에게 당장 행동을 재촉하는 것보다 음주가 문제가 될 수 있다는 점을 생각하게 하라고 말해주었다. 우리는 구체적으로 무슨 말을 어떻게 할지도 미리 얘기했다. "형, 형이 술 마시는 것에 대해 얘기를 좀 했으면 좋겠어. 나는 좀 걱정이 돼." 또는 "형이 술을 마시는 것과 관련해서 내가 어떻게 하면 도움이 될 수 있을까?" 정도면 적당할 것 같았다. 하지만 마이크는 여전히 말 꺼내기를 두려워했다. 어느 가족이나 마찬가지지만, 그의 가족도 걱정하는 것을 간섭이라고 생각했다. 무관심 단계에 있는 사람들은 자신에게 피해를 주고, 스스로 자멸해갈 권리를 옹호한다. 그런 사람을 어떻게 하면 도울 수 있을까? 이래라 저래라 간섭하지 않으면서 도움이 될 수 있는 묘책은 무엇일까?

무엇보다 주변의 도움 없이 무관심 단계에 있는 사람 스스로 변할 수는 없다는 사실을 알아야 한다. 그 사람들에게 눈과 귀와 마음을 빌려주는 것이 도움이 될 수 있다. 방어적인 태도로 스스로의 눈을 가리고 있는 사람을 대신해서 눈이 돼주고, 너무나도 부끄러워 말할 수조차 없게 되어버린 사람을 위해 귀를 열고, 낙담한 나머지 자신을 돌보려 하

표6 방조하는 사람과 도움을 주는 사람의 차이

방조자	조력자
논의나 직시를 피한다	분열적이고 고통스러운 행동을 구체적으로 언급한다
사건의 중요성을 최소화함으로써 결과를 완화시킨다	부정적인 행동이 있을 때마다 일관된 결과가 수반된다는 것을 확인한다
문제성 행동을 변명하거나 감싸거나 심지어 옹호한다	무관심 단계의 사람에게 행동에 책임을 지라고 주장한다
행동 변화를 권유하는 일이 거의 없거나 간접적이다	행동 변화를 직접적으로 자주 권유한다

지 않는 사람을 돌봐주어야 한다. 천천히, 부드럽게, 우리가 사랑하는 사람이 심사숙고 단계로 옮겨가서 변화에 마음을 열 수 있도록 격려하고 용기를 북돋아야 한다.

다른 누군가를 돕는 것은 대단한 노력과 인내, 그리고 힘을 요구하는 일처럼 보일지 모른다. 그러나 인내는 참으면 되고, 여기서 말하는 힘이라는 것도 따지고 들면, 뭐가 효과가 있고 없는지를 분별해 내는 지식일 뿐이다. 도와주려는 사람이 맨 처음 할 일은 무관심 단계에 있는 사람이 자신의 문제를 생각해보도록 만드는 것이다. 변화를 돕겠다고 나선 사람이 저지르는 실수도 적지 않다. 다른 사람을 돕고자 할 때 주의해야 할 점들을 간단히 살펴보자.

행동을 재촉하지 않는다 오로지 실행하는 것만이 변화가 아니라는 사실을 잊지 말자. 가장 흔한 실수가 바로 성급한 행동을 종용하는 것이다. 무관심 단계에 있는 사람은 아직 실행할 준비는 안 됐지만, 변화를 곰곰이 생각할 준비는 돼 있을지도 모른다. 우선 이것부터 시작한다.

　잔소리는 삼간다　일거수 일투족에 따라나오는 비평은 반발심을 불러일으킨다. 더 나쁜 건 변해야 할 사람과 도와주려는 사람의 특별했던 관계를 악화시킨다는 것이다. "살을 뺄 게 아니라 이혼을 해야겠다는 생각마저 들더라니까요." 어떤 사람은 이렇게 털어놓기도 했다.

　포기하지 않는다　무관심 단계에 있는 사람은 주변에서 냉담한 반응을 보이면 자신의 문제가 심각하지 않다고 생각한다. 즉 주변에서 별 반응을 보이지 않을 경우 자신의 행동을 인정하는 것이라고 간주한다.

　문제가 되는 행동을 방조하지 않는다　행동을 방조하는 것은 아주 자연스럽다. 무관심 단계에 있는 사람을 아끼고 이해하기 때문이다. 하지만 주변에서 행동을 방조하면 당사자의 부정이나 최소화 같은 방어기제와 결탁하여 변화는 더욱 어려워진다. 고통을 줄여주고 싶은 선의에서 나온 것이지만, 부정하는 마음이 감소하기보다 오히려 강화된다. 무관심 단계에 있는 사람과 관계가 악화될까봐 염려하다 보면 이런 실수를 범하기 쉬운데, 도움을 주려는 사람이 마음을 굳게 먹고 개입해야 문제를 해결할 수 있다는 것을 기억하자.

주 변 의　도 움　활 용 하 기

무관심 단계에 있는 사람들은 자기를 아끼는 주변 사람들에게 도울 기회를 줌으로써 비약할 수 있다. 내가 못 보는 것을 그 사람들은 볼 수 있다는 사실을 인정하고, 그들의 도움을 받아 변화의 길에 올라설 수 있음을 받아들이자. 나를 도우려는 사람들을 도울 수 있는 방법에는 다음과 같은 것이 있다.

방어적인 태도를 취하면 지적해달라고 한다 믿고 의지할 수 있는 사람에게 자신이 어떤 식으로 방어하는지를 자세히 말해달라고 부탁한다. 이것은 대단히 어려운 부탁일 수도 있다. 일반적으로 사람들은 누군가 방어적인 태도를 취할 때면 그냥 모르는 척하기 마련이다. 게다가 가까운 사람이라면 이미 방어적인 태도를 인정하고 받아들이는 데 익숙해졌을 것이다. 심리치료사가 도움이 되는 것도 이 대목인데, 심리치료사들은 가까운 사람은 하지 못하는 말들을 객관적으로 거리낌없이 해줄 수 있기 때문이다.

주변 사람들에게 자신이 진지하게 부탁하는 것임을 강조하고, 그들의 말을 받아들일 준비를 하자. 서로를 잘 아는 사이라면 그렇게 힘든 일은 아닐지도 모른다. 그 사람은 내 문제가 무엇인지 잘 알고, 내가 어느 때 그것을 부정하거나 합리화하는지, 또는 다른 무엇에게로 비난의 화살을 돌리는지를 이미 다 파악하고 있다. 어느 때 방어의 조짐이 느껴지는지에 대해서도 물어본다.

이렇게 터놓고 말할 수 있다는 것 자체가 이미 자멸을 방어하려는 태도에서 벗어나고 있음을 보여준다. 뿐만 아니라 변화라는 고군분투에 지원병력을 확보했다는 것도 중요한 의미를 갖는다.

스스로의 방어 태도를 인식한다 아무리 방어를 해봤자 다른 사람을 속일 수 없다는 것을 알게 되면 자신을 속이려는 노력도 줄어든다. 주변 사람들조차 변화에 가세한 마당에 뭘 더 감추겠는가? 내 문제를 내가 가장 늦게 알게 되었다는 것은 부끄럽지만, 그렇다 할지라도 그 사람들이 여전히 나를 아끼고 사랑한다는 사실은 마음 든든하다. 어쩌면 우리는 방어를 늦추고 약점을 많이 노출할수록 그 사람을 더 아끼게 되는지도 모른다. 성인군자처럼 살기 어렵다는 건 고금의 진실이다. 더군다나 독선적인 데다가 방어적이기까지 한 성인군자라면 여간 어렵지 않을 것이다.

그 동안 익숙했던 방어적인 태도에 이제는 저항해야 한다. 주변 사람들에게 자신이 언제, 어떤 이유로 방어적이 되는지를 알려준다. 예를 들어, "나는 아직 흡연을 문제로 인정하고 싶지 않기 때문에 담배 얘기만 나오면 불편해지나 봐." "비만에 대한 얘기를 들으면 자괴감 때문인지 화제를 돌리게 되더라구." 이렇게만 얘기해도 방어적인 태도를 알아차리게 되고, 그런 태도를 무너뜨릴 수 있다.

그래도 당분간은 방어적이 되는 것을 어쩔 수 없겠지만, 최대한 빨리 그런 자신을 인정해야 한다. 얼마 지나지 않아 이렇게 말하는 자신을 발견할지도 모른다. "지금도 방어적이기 시작했는데, 이제 이런 모습은 정말 원치 않아." 이는 방어적인 태도에 좌우되는 것이 아니라, 자신을 통제할 수 있게 되었음을 의미한다. 물론 그렇다고 완전히 차단됐다고 속단하기는 이르다. 방어기제들도 나름대로 강력한 힘을 지니고 있기 때문에 당분간은 승리의 깃발을 나부낄 것이다. 마음을 열고 계속해서 그런 태도를 자각하려 노력하면 성공의 가능성은 크게 향상된다.

도우려는 사람을 돕는다 대부분 무조건 실행을 종용하는 것이 그 사람을 돕는 최선의 방법이라고 생각한다. 그러나 준비가 제대로 안 된 상태에서 행동에 들어가면 십중팔구 실패한다. 성급한 행동을 이끌어 내려는 시도는 주변의 도움이 갖는 잠재력을 허비하는 것과 같다. 더군 다나 도움이 압력으로 나타날 경우 그것에 저항하려는 반발심만 키우 기 쉽다.

그럴 때에는 마음을 열고 "방어적인 태도를 줄이려고는 하지만 아직 행동을 취할 준비는 부족하다"고 허심탄회하게 말한다. 변화를 시도하 는 사람들은 적극적으로 표현하고, 그에 대한 반응을 확인하면서 자신 이 사랑받고 있음을 느낄 수 있어야 한다. 냉정한 비판이나 개인적인 인신공격은 방어를 공고히 하는 결과만 낳을 뿐이다.

주 변 의   도 움   활 용   자 체 평 가

이번 자체평가는 주변의 도움을 얼마나 잘 활용했는지를 알아보려는 것이다. 다시 한번 강조하지만 솔직하고 현실적으로 대답해야 한다. 지 난 한 주 동안 문제와 씨름하면서 각 문항에서 설명하는 방법을 얼마나 자주 사용했는지 해당하는 번호를 적는다.

Checkpoint ―――――――――――――――――――――――――――

1=전혀 없다 2=거의 없다 3=조금 있다 4=많다 5=아주 많다

빈도

＿＿＿ 문제에 대해 함께 이야기를 나눌 사람이 있다.

＿＿＿ 최소한 한 사람에게는 문제와 관련된 경험을 털어놓을 수 있다.

＿＿＿ 문제 때문에 고통받을 때 믿고 의지할 사람이 있다.

＿＿＿ 문제를 충분히 이해해주는 사람이 있다.

＿＿＿ ＝총점

주변의 도움은 변화가 종료될 때까지 유지되어야 한다. 무관심에서 심사숙고 단계로 옮겨갈 때가 된 사람이라면 일반적으로 12점 이상을 기록한다. 그보다 낮은 점수가 나왔다면 위에서 언급한 방법들을 다시 한번 검토하고, 주변 사람들과의 관계 속에서 적용해본다. 애정과 관심을 가지고 지켜보는 사람들에게 도움을 구하는 것을 두려워할 필요는 없다. 주변의 꾸준한 도움은, 변화의 단계를 차근차근 밟아나가는 데 없어서는 안 될 버팀목이다. 그러므로 무관심 단계에서부터 그들과 함께 노력하는 습관을 들이는 것이 바람직하다.

사회적 해방

사회적 해방이라고 하면 대단한 일 같지만, 개인이 선택할 수 있는 대안을 늘리고 문제에 대한 자세한 정보를 제공하고 변하고자 하는 사람을 사회 차원에서 지원하는 것들이 모두 여기에 해당된다. 비행기, 식당, 직장 등에서 확대되고 있는 금연구역은 사람들로 하여금 담배 연기, 또는 담배에 대한 유혹으로부터 자유롭게 하기 위해 고안한 사회적 해방의 한 예다. 술이나 마약을 원치 않는 고등학생들을 위해 지역사회에서 건전한 파티문화를 후원할 수도 있고, 술을 마실 때 오늘의 책임 운전사를 지정하는 그 간단한 행동조차 사회적 해방에 포함된다.

같은 문제를 가진 사람들이 서로를 도우며 활동하는 자조 모임 역시 일종의 사회적 해방이다. 현재 미국에는 이런 모임이 100만 개 이상이 있으며 활동하는 회원은 1500만 명이 넘는다. 가장 널리 알려진 '익명의 알코올 중독자 모임(Alcoholics Anonymous)'부터 과식하는 사람들의 모임, 신경증 환자들의 모임, 공포나 공황 장애에 시달리는 사람들을 위한 자조 그룹이나 조발성 치매 가족들을 위한 모임, 그리고 비교적 최근에 활발해진 AIDS 감염자를 위한 모임에 이르기까지 종류와 성격도 무척 다양하다. 이런 모임들은 최근에 개발된 치료법과 각종 정보를 나누면서 의식의 고양을 도울 뿐 아니라, 사회 속의 외톨이로 손가락질 받을까봐 두려워할 필요 없이 자긍심을 유지한 채 변화를 모색할 수 있는 환경을 제공한다.

부끄럽고 당황스러워서 문제를 인정하지 못한 채 고립된 느낌에 시달리는 무관심 단계의 사람들에게 자조 모임은 강력한 힘이 된다. 이런 모임이 있다는 사실은 "이 문제로 고민하는 사람이 나말고도 또 있다"는 안도감을 주고, 이런 모임에 나갈 경우 "문제를 지닌 자신을 인정하고, 변화를 위해 최선을 다하도록 도와줄 사람을 만날 수 있다"는 확신을 갖게 한다.

무관심 단계에 있는 사람들이 사회적 해방의 힘을 경험한다는 데에는 이론의 여지가 없다. 하지만 구체적으로 어떤 경로를 통해 그 힘을 경험할까? 사회적 해방이 도움이 된다고 말하는 사람도 있지만, 또 다른 형태의 강압으로 받아들이는 사람도 있다. 사회적 해방에 어떻게 반응하느냐에 따라 무관심에서 심사숙고 단계로 나아갈 수도 있고, 자신의 행동을 방어하려는 태도에 머물러 시간을 허비할 수도 있다.

지금 우리 사회에는 사람들을 각종 문제로부터 해방시킬 방법을 모색하는 사회적인 힘과, 그 문제를 지닌 사람들에게서 이익을 얻으려는 상업적인 힘 사이에 거대한 싸움이 벌어지고 있다. 미국의 예를 들면, 한쪽에서는 정부가 연간 5000만 달러를 쏟아 부어가며 금연을 확산시키려 하는 반면에, 담배 업계에서는 새로운 흡연자를 창출하고 기존 흡연자를 유지하기 위해 정부 예산의 10배나 되는 거액을 투자한다.

양쪽의 공략 대상은 무관심 단계에 있는 사람들이다. 금연이나 건전 음주 캠페인들은 무관심 단계에 있는 사람들의 방어선을 효과적으로 넘어갈 수 있는 방법으로 메시지를 전달한다. 예를 들어 음주운전으로 젊디젊은 목숨을 잃는 상황을 묘사한 공익광고는, 대체로 그런 정보를 잘 차단해온 무관심 단계의 시청자들을 자극하여 음주의 위험성을 강렬하게 전달한다.

반면에 상업 광고는 방어를 더욱 공고히 할 궁리를 한다. "스타일을 바꾸느니 맞서 싸우겠다"는 식의 노골적인 내용에서부터 시작해 날이 갈수록 교묘하게 치장된 광고들이 선을 보인다. 일반적으로 변화에 대한 압력이라고 생각되지 않는 금연구역이나 술을 마시지 않는 파티, 자조 모임 결성도, 무관심 단계에 있는 사람들과 자기 파괴적 행동의 도구를 판매하는 것에서 이익을 취하는 상업적인 힘에는 위협으로 받아들여진다.

담배 업계에서는 금연 캠페인을 자유에 대한 심각한 도발로 묘사하는 광고를 주기적으로 제작한다. 이런 광고에서 사람들은 세 부류로 나뉜다. 담배를 피우는 사람과 피우지 않는 사람, 그리고 담배에 적대적인 이른바 '안티' 세력. 담배 업계에서는 앞의 두 부류는 기본적으로 같다고 주장한다. 담배를 피우거나 피우지 않을 권리를 존중하고 자유를 사랑하는 사람들이기 때문이라는 것이다. 반면에 안티-담배 세력은 담배를 피울 권리를 제한하려는 반민주 세력으로 그려진다. 그러므로 금연 캠페인은 담배를 피우고 싶어하는 무관심 단계의 흡연자들뿐만 아니라 자유를 사랑하는 사람들이라면 담배를 피우지 않거나 심지어 담배를 끊으려고 하는 사람들마저도 합세해서 저항해야 하는 대상으로 변한다. 그렇지 않아도 저항적인 무관심 단계에 있는 사람들에게 이런 광고의 효과는 더 말할 필요도 없다.

그러나 어리석은 자유와 책임 있는 자유는 엄연히 다르다. 이 두 가지를 구분하기 어려운 사람이라면, 변화의 단계를 밟아나가기에 앞서 그 차이를 설명해놓은 〈부록 1〉을 먼저 읽기 바란다.

사 회 적   해 방 을   변 화 의   발 판 으 로   삼 으 려 면

사회적 해방을 효과적으로 활용하는 방법은 뭘까? 담배를 끊고 싶어하는 사람이라면 금연구역을 활용하는 것이 큰 도움이 된다. 그러나 이렇게 간단한 방법이 있는 반면에 훨씬 복잡한 상황도 있다.

내게서 심리치료를 받고 있는 사람의 남편이 한밤중에 전화를 했다. 아내가 안절부절못한다는 것이다. 그 여자는 비서였는데, 곧 해고될 처지에 놓였다는 것이었다. 문제가 된 것은 업무 능력이 아니었다. 그녀는 제법 유능한 비서였다. 발단은 그녀가 정신과 치료를 받은 적이 있다는 소문이 사무실에 퍼진 것이었다. 막강한 힘을 발휘하던 고참 비서가 정신과 치료를 받았던 사람과는 함께 일을 못하겠노라 나섰고, 그녀의 상사도 그 분위기에 굴복하고 말았다.

우리는 한밤중에 만났다. 그녀는 직장을 잃을 것이라는 생각에, 아니 내 집 마련이라는 평생의 꿈이 좌절된 것에 펑펑 눈물을 쏟았다(그 부부는 은행 융자를 받아 집을 구입하려던 차였는데, 그녀의 수입이 없으면 불가능한 일이었다). 분노는 사람을 비이성적으로 만든다. 그녀는 일을 꾸민 고참 비서를 갈기갈기 찢어놓고 싶어했지만, 그럴 수 없다는 것은 본인이 더 잘 알고 있었다. 우리는 머리를 맞대고 계획을 짰다. 우선 장애인 보호법에 따라 자신의 권리를 보호받을 방법을 알아보기로 했다. 이 법에 따르면 신체, 또는 정신 장애를 이유로 직원을 해고할 수 없다. 그녀의 차분한 대응은 효과가 있었다. 상사는 결정을 철회했고, 그녀는 자신이 지닌 가치와 힘을 확인함으로써 자긍심을 가지고 생활할 수 있었다.

사회적 해방을 활용하려면 대안을 알고 있어야 하고, 변화에 적대적인 세력에 적극적으로 저항해야 하며, 사회에서 제공하는 대안을 강압이 아닌 성장 기회로 인식해야 한다. 의식적인 변화를 촉진하고 상업 세력의 광고 공세에 적절히 맞설 수 있는 사회적 해방의 기법 세 가지를 소개한다.

누가 내 편인지 따져본다   변화를 수월하게 해줄 사회적인 힘을 인식한다. 사회가 음주나 과식, 흡연, 도박, 스트레스 등 바람직하지 않은 행동을 극복할 수 있도록 돕는 이유는 뭘까? 사람들을 건강하게 변화시켜서 사회가 얻는 이익은 뭘까? 그들은 사람들에게서 자유를 빼앗으려는 걸까? 아니면 사회와 사람들을 더욱 건강하게 만들려는 걸까? 그들은 사람들을 통제하고 싶은 걸까? 아니면 사람들이 스스로의 행동을 통제할 수 있도록 도우려는 걸까?

그 다음으로 생각해볼 것은 문제성 행동을 지속시키려는 세력이다. 그들의 동기는 뭘까? 그들은 건강한 사람들과 건강한 사회를 만들려고 하는 걸까? 아니면 사람들의 습관으로부터 이익을 얻고자 하는 걸까? 사람들이 변화할 경우 그들이 잃는 것을 뭘까? 그들은 사람들이 자신의 행동을 스스로 통제하기를 바랄까? 아니면 그런 행동을 통해 사람들을 통제하고 싶은 걸까?

자신은 어느 편인지 생각해본다 만약 사람들을 흡연이나 과식, 또는 과음으로부터 해방시킬 능력이 있다면 나는 그 힘을 기꺼이 사용할까? 또, 사람들을 흡연이나 과식, 또는 과음이라는 습관에 묶어놓을 수 있다면 그 힘을 사용할까? 만약 기부할 돈이 있다면 국립 암 협회나 심장 협회, 그리고 담배 업계나 주류 상인 연합 중에서 어느 쪽을 선택할까? 내 습관은 바꾸기 싫어도, 문제를 일으키는 행동의 변화를 돕고자 하는 단체와 그 행동을 강화할 방법을 모색하는 단체 중에서 어느 쪽에 지지와 박수를 보낼까?

외부의 힘을 인식하고 기꺼이 받아들인다 변화의 노력을 뒷받침하려는 사람들에 대해 방어적인 자세를 취하거나 애써 배척할 필요는 없다. 지금이야 자신의 라이프스타일이 마음에 들지만 마음 한 구석에는 '변화할 경우 어쩌면 더 나은 삶을 살게 될지 모른다'는 일말의 의구심이 싹트고 있을 수도 있다.

자신의 행동과 그 행동이 불러올 결과에 대한 모든 정보를 이미 다 알고 있다면 굳이 외부 영향력에 개방적이어야 할 이유가 없겠지만 무관심 단계에서 모든 정보를 습득하고 있는 사람은 없다. 그러므로 내가 못 보는 맹점을 대신 살펴서 알려주려는 사람들이 있다면 기꺼운 마음으로 환영해야 한다. 내 문제에 대해 나보다 더 많이 알고 있는 사람에게서 격려와 지지를 받는다고 내가 그 사람보다 모자란 인간이 되는 것은 아니다. 만에 하나라도 조종되고 있다는 느낌이 든다면, 상대방에게 약간 뒤로 물러나 달라고 말한다. 그러나 그 사람의 진정한 동기와 전달하고자 하는 의미가 가슴에 닿는다면 그 힘에 실려 움직이는 것도 좋다. 방어적인 태도를 조금만 늦춘다면 진정한 자유를 누릴 힘을 얻을 것이다. 너무 늦기 전에.

사 회 적 해 방 자 체 평 가

사회적 해방을 얼마나 효과적으로 활용했는지 알아볼 수 있는 자체평
가이다. 지난 한주일 동안 문제와 씨름하면서 사회적 해방을 얼마나 자
주 사용했는지, 정확하고 솔직하게 점수를 매겨보자.

이제 각 문항의 점수를 더해서 나온 총점을 보자. 흡연이나 체중 문
제로 고민하던 사람들이 이 과정에서 얻은 점수가 14점이다. 알코올 중
독이나 불안, 또는 우울증이 문제인 사람들은 9~10점은 되어야 심사
숙고 단계로 넘어갈 수 있다.

만약 이보다 낮은 점수가 나왔다면 여전히 사회의 영향력에 지나치
게 저항하고 있으며, 변화를 도와줄 사회의 힘과 대안에 충분히 마음을
열지 않고 있다는 신호이다. 다음 단계로 넘어가기 전에 우선 이런 힘
과 대안을 인정하려 노력해보자. 그리고 어느 경우든 심사숙고 단계로

넘어가기 전에 〈부록 1〉에서 설명한 책임 있는 자유를 실천하고, 어리석은 자유를 배척하려는 마음의 자세를 기르자.

조지의 사례 : 인식의 확대

의식의 고양은 앞에서 이미 등장한 바 있는 조지의 변화에 큰 발판이 되었다. 무관심 단계에서 심리치료를 중단해버리기는 했지만, 우리가 나눈 대화가 그의 방어적인 의식에 균열을 일으킨 것이 틀림없었다. 그에게 전혀 도움이 되지 못했다고 생각했는데, 몇 년 후에 알코올 중독자 몇 명이 조지에게 소개를 받았다며 나를 찾아왔다. 궁금한 마음에 나는 그에게 전화를 걸었고, 심리치료를 중단하고 사라진 후에 어떤 일이 일어났는지 들었다.

조지는 마흔 살이 되면서 서서히 변화하기 시작했다. 술기운 없이 맑은 그의 정신에 '마흔'이라는 말과 '뚱보' '대머리'라는 말이 뒤섞여 들어왔다. 어느 순간, 인생이 이미 끝나버린 건 아닐까 두려워졌다. 만약 이게 인생에서 얻을 수 있는 최선이라면 까짓 것 술에 취해 흘려보낸들 무슨 상관일까 싶기도 했다. 그렇다면 적어도 실망이 주는 고통은 잊을 수 있을 테니까.

그러나 이미 스스로 '말기성 실패'라는 진단을 내린 그의 의식을 술로 잠재울 수는 없었다. 자신의 문제가 실패한 결혼, 아내, 그리고 직장 상사 때문이라는 확신은 점점 힘을 잃었다. 어느 정도는 그럴지도 모르지만, 적잖은 부분이 자기 방어였다. 그를 패배시키고 있는 것은 자기 자신이었고, 점점 그 사실이 참기 힘들어졌다.

어느 날 친구들이 연극을 보러 가자고 했다. 유진 오닐의 〈얼음장수 오다(The Iceman Cometh)〉라는 작품이었다. 연극을 좋아하지도 않고 그나마 희극을 주로 보는 그였지만, 이번에는 친구들을 따라나섰다. 술집에서 일어나는 일이라는 줄거리를 대충은 알고 있었다. 즐겨보는 텔레비전 연속극과 설정은 비슷한데 내용만 조금 묵직하겠지, 그는 이렇게 짐작했다. 그러나 그의 예상은 턱없이 빗나갔다.

오닐의 작품은 방어기제의 덫에 걸려 있는 주인공들이 술을 마시면서 언젠가는 변할 수 있겠지, 언젠가는 행동에 옮길 수 있겠지, 언젠가는 맥주병을 통하지 않고 세상을 마주볼 수 있겠지, 이런 허무한 공상으로 스스로를 속여가며 하루하루를 보내는 내용이었다. 조지는 연극에 등장하는 주인공들이 안 돼서, 또 그만큼 자기 자신의 삶이 아파서 눈물을 참을 수 없었다. 그리고는 나가서 취하도록 술을 마셨다.

얼마 지나지 않아 조지는 술이 사람을 어떻게 바꾸는지 자세히 알고 싶어졌다. 그는 농담처럼 이렇게 덧붙였다. "다른 취미에 대해서는 알 만큼 알았거든요. 그러니까 이젠 음주에 대해서도 전문가가 돼보자 싶었죠. 멍청한 주정뱅이보다 더 보기 흉한 건 없잖아요?"

조지는 친구들과 어울려 마시던 맥주가 적정 수준을 서너 배나 초과한 양이었다는 사실에 경악했다. 더 끔찍했던 건 과도한 알코올 섭취가 뇌세포를 죽게 한다는 사실을 알았을 때다. 몸이 뚱뚱해지는 것만으로 모자라서, 뇌세포에마저 기름기가 덕지덕지 달라붙는다고 생각하니 소름이 끼쳤다. 조지는 머리가 좋았고, 다른 건 몰라도 그것만큼은 늘 자랑스러워하던 터였다.

이런 자각과 때를 같이 해서 주변의 도움이 그의 마음을 움직였다. 주인공은 그의 아이들이었다. 어린 딸이 이렇게 애원하던 밤을 그는 평생 잊지 못할 것이다.

"아빠, 나가지 마세요. 집에서 저희와 같이 있으면 좋겠어요."

이 말을 듣고도 그는 나가서 술을 마셨지만, 생전 처음으로 술을 마신다는 사실에 죄책감을 느꼈다. 농담을 해도 재미가 없고, 겉으로는 웃지만 속으로는 운다는 게 무슨 뜻인지 알 수 있었다. 그렇지만 조지는 계속 술을 마셨고 결국 이혼했다. 화가 난 그는 말로, 몸으로 다른 사람들에게 상처를 주었다. 그러나 안에서는 변화에 대한 심사숙고가 이미 시작되고 있었다. 의식의 자각은 그를 흔들었다. 일단 방어선이 무너지고 문제를 자각하게 되면, 그 물살을 되돌리기는 불가능하다.

자신의 방어적인 태도를 인식하고, 문제나 외부의 영향력 앞에 더욱 개방적이 되고, 주변의 도움과 사회적 해방의 힘을 받아들일 자세가 되었다면 심사숙고 단계로 넘어갈 수 있다. 아직 준비가 덜 되었더라도 끝까지 읽기 바란다. 머지않아 마주치게 될 상황들을 미리 살펴볼 수 있고, 인생의 걸림돌이 되는 문제에 당당히 맞설 준비를 하는 것만으로도 얼마나 큰 보상이 되는가를 알 수 있을 것이다.

변화는 개인의 정체성을 위협하고, 그 동안의 존재 방식을 포기하라고 종용한다. 아무리 건강하고 건전한 변화라 해도 삶의 안정성을 뒤흔들기 때문에, 당장은 안정을 희구하는 것이 인지상정이다. 이런 모호함을 인식한다면 심사숙고 단계에 도사린 수많은 덫을 피할 수 있다.

심사숙고 단계-변화가 보인다

래리는 7년 동안 틈만 나면 안락의자에 앉아 아무 것도 하지 않는 시간을 즐겼다. 그에게는 안락의자만이 세상에서 유일하게 안전하고 안정된 장소인 듯했다. 그러던 것이 어느 날 변했다. 자의식이 강하고, 쉽게 불안해 하면서 주변 사람들에게 화를 잘 내는 것은 여전했지만, 자신이 수동적이면서도 공격적임을 인식하기 시작하면서 그 생활이 흔들렸다. 부모의 부정적인 평가가 자신도 모르는 사이에 습득되어 세상과 타인에 대한 신뢰를 잃어버렸음을 깨닫고, 정말 부정적인 사람은 자기의 부모였음을 알게 된 것이다. 부모의 가혹한 말들이 부지불식간에 내면화됐고, 그것이 지금껏 자신의 발목을 휘감고 있었음을 생각하니 기가 막혔다. 래리가 이런 이야기를 하기 시작했을 때, 그의 10대 자녀들은 놀랐다. 그러나 래리는 이제 의자에서 일어나 삶으로 되돌아갈 준비가 됐다고 말할 수 있었다.

래리는 심사숙고 단계에 도달했다. 그는 수동성과 우울증이라는 문제를 인식했고, 문제의 원인과 치료법을 이해하려 노력했으며, 완전한 해결을 진지하게 고민했다. 새롭게 얻은 깨달음에 흥분한 래리는 그 동안의 방어적인 태도를 버리고 다른 사람들의 개입을 환영하면서, 머지 않아 실행에 진입할 수 있을 것이라고 확신했다. 심사숙고 단계가 강력했던 만큼 그는 곧 준비 단계로 이동할 수 있을 것이다.

그러나 심사숙고 단계를 그렇게 쉽게 벗어날 수 있는 것만은 아니다. 대부분 이곳에서 긴 시간을 보내고, 때로는 몇 년씩 머무르는 사람도 있다. 이렇게 고착되어 있는 경우를 만성화된 심사숙고라고 부른다. 이런 만성적인 상태에 빠진 사람들은 오로지 생각만 거듭하면서 '언젠가는' 이라는 단서를 붙여 행동을 뒤로 미룬다. 그들의 좌우명은 "조금이라도 의심이 들 때는 그대로 두자"라는 것이다.

사뮤엘 베케트(Samuel Beckett)의 유명한 연극, 〈고도를 기다리며 (Waiting for Godot)〉를 보면 등장인물 두 명이 오지 않는 고도를 기다리며 모든 결정을 뒤로 미룬다. 그러나 고도는 끝내 오지 않는다. 만성적인 심사숙고를 이것보다 더 완벽하게 묘사한 것은 없을 것이다. 두 주인공은 언제까지 고도만 기다린다. 다툼과 문제는 늘 고도가 온 다음으로 미뤄지고, 아무 것도 결정하지 않으며, 행동은 회피한다. 고도는 신을 의미하며 만성적인 심사숙고 단계에 붙들려 있는 사람들은 신의 개입을 기다리고 있는 것이라고 해석하는 사람들이 있는가 하면, 고도(godot)가 목이 긴 장화를 가리키는 프랑스어에서 나왔기 때문에 한번 걷어차주는 것이 이 사람들을 움직이게 할 유일한 방법이라고 주장하는 사람도 있다.

시간을 끌려는 경향과 상관없이, 일단 심사숙고 단계에 있는 사람이라면 자신의 문제를 기꺼이 이야기하고 주변의 이해를 통해 문제를 극복할 수 있음을 확인하려 한다. 또한 이들은 무관심 단계와는 달리 외부 정보에 개방적이고, 자신의 문제와 관련된 것이라면 더 열심이다. 그러나 적극적으로 정보를 구하고 문제에 대해 말하고 생각하면서도, 더 자세하고 정확한 이해가 선행되기 전에는 행동에 들어가려 하지 않는다. 그렇기 때문에 심사숙고 단계에도 무관심 단계 못지 않게 의식의 고양이 중요하다.

심사숙고 단계에 이른 사람들은 확실히 변화를 원한다. 그러나 이 열망 뒤에는 자신도 모르는 저항이 도사리고 있다. 이들의 모호한 태도는 충분히 이해가 가고도 남는다. 일단 행동을 시작하면 온몸이 뻣뻣이 굳을 만큼 엄청난, 실패에 대한 두려움에 맞서야 하기 때문이다. 게다가 그 동안 익숙했던 삶을 희생해야 한다는 것과 변화를 완료할 경우 만나게 될 '새로운 자아'에 대한 우려까지 감안한다면 왜 그렇게 많은 사람이 심사숙고 단계를 떠나지 못하는지 이해 못할 것도 없다. 변화로 인해 나아질 자아보다는 당장 지금 익숙한 자아를 선호하기 때문에 불안을 회피하고 실패의 가능성을 뒤로 미루는 것이다.

변화에 수반되는 불안을 우습게 생각하면 안 된다. 유명한 실존주의 심리학자 제임스 부젠털(James Bugental)은 변화의 두려움을 '죽음보다 더 가혹한 운명'이라고 불렀다. 변화는 개인의 정체성을 위협하고, 그 동안의 존재 방식을 포기하라고 종용한다. 아무리 건강하고 건전한 변화라 해도 삶의 안정성을 뒤흔들기 때문에, 당장은 안정을 희구하는 것이 인지상정이다. 그 안정이 때로는 자멸에 이르는 길이라 해도 말이다. 이런 모호함을 인식한다면 심사숙고 단계에 도사린 수많은 덫을 피할 수 있다. 그 중 몇 가지를 알아보자.

절대적인 확신을 원한다 알프레드는 어떻게, 심지어 무엇을 변화시켜야 하는지 확신할 만큼 문제를 이해하고 있는 것 같지 않았다. 엔지니어여서인지는 몰라도, 알프레드는 심리학을 신봉하지 않았다. 어쩐지 심리학은 행동에 대해 흔들리지 않는 정보를 제공할 수 있는 '진정한' 과학이라는 생각이 들지 않았다. 그래도 심리학을 열심히 탐구하기는 했다. 이것도 직업 탓이었는지 모른다. 그는 뭐든 의혹은 한 점도 남김없이 파고드는 접근법에 익숙했다. 그는 자신이 수동적이고 부끄러워하는 성격이 된 원인을 분석하느라 5년을 보냈다. 과거로 돌아갈수록 분석할 것은 더 많아졌고, 끝이 날 것 같지 않았다. 그는 기억과 심리라는 미로 속에서 길을 잃었다.

심사숙고 단계가 한없이 늘어질 수 있는 성격이 있다. 알프레드처럼 집착하는 스타일은 근원이라고 확신할 만한 결정적인 단서를 손에 넣기까지 문제를 모든 측면에서 탐구하려 한다. 이렇게 탐구하는 와중에 문제가 사라질지 모른다고, 그렇게까지는 안 되더라도 그림을 완성할 더 많은 조각을 찾으면 변화가 더 수월해질 것이라고 이들은 희망한다.

그러나 직접 맞서 도전하는 대신 걱정과 두려움으로 문제에 집착하는 이들은 심리치료사를 바꾸고, 책을 갈아치우며 몇 년을 허송한다. 이들이 한없이 기다리는 것은 변화에 대한 완벽한 접근법이다. 이들은 한 점 의심도 없는 확신을 원한다. 문제가 있는 사람들만 이러는 게 아니다. 심리치료사 중에도 내담자가 문제를 완벽하게 이해할 때까지 행동을 권하지 않는 사람들도 있다. 이들은 자기도 모르는 사이에 만성적인 심사숙고를 유도하며, 내담자의 발전에 장애물을 설치한다.

안타깝게도 문제성 행동의 원인이나 치료법은 완전무결한 확신이 가능한 영역이 아닐지도 모른다. 뒤에 설명하겠지만, 자신의 이해나 의도,

행동에 의심의 여지가 다분하더라도 결정을 내려야만 하는 때가 있다.

　　마법의 순간을 기다린다　데보라는 친구들이 질릴 때까지 결혼생활의 문제점들을 늘어놓았다. 친구들이 기억하기에 데보라는 늘 똑같은 생활을 하면서, 비참한 삶에 대해 끝없이 넋두리를 해댔다. 친구들은 데보라의 남편이 술 때문에 문제가 있다는 것도, 남편의 노이로제가 그녀를 괴롭힌다는 것도 잘 알고 있었다. 친구들은 너나 할 것 없이 데보라에게 남편과 헤어지라고 충고했다. 데보라도 친구들이 옳다고 생각했다. 그런데도 늘 행동을 뒤로 미룰 핑계를 찾아냈다. "언젠가는, 머지않아"라고 말하며 행동을 뒤로 미루는 한 그 순간은 오지 않고 그녀는 말만 되풀이하고 있을 뿐이었다.

　　신기하달 수밖에 없는 믿음을 갖고 있는 사람이 많다. 변화를 단행하기에 절대적으로 완벽한, 이를테면 마법과 같은 순간이 언젠가 어떤 식으로든 나타날 것이라고 믿는다. 데보라처럼 심사숙고 단계를 만성화하면서 "적당한 때만 오면" 변할 거라고 혼잣말처럼 되뇌인다.

　　그러나 적당한 때는 과연 언제인가? "내가 완벽하게 준비가 됐을 때"라고 이들은 말한다. 그렇다면 어떻게 해야 준비가 되는데? "상황이 조금 누그러지면."

　　이 사람들이 모르는 게 하나 있다. 상황은 절대 저절로 누그러지지 않는다.

　　소망적 사고　심사숙고에서 준비나 실행으로 전진하는 것을 막는 최대의 방해꾼은 어쩌면 이것일지 모른다. 여기 케이크가 하나 있다. 케이크를 먹으면 모양도 일그러지고 양도 준다. 그런데 맛있게 케이크를 먹기도 하고, 처음 모양 그대로 간직하기도 하려는 헛된 욕심을 품는 사람들이 있다. 지금처럼 살되, 다른 결과가 나오기를 바란다. 이런 소망적 사고는 일상에서 얼마든지 목격할 수 있다. 아래 열거한 몇 가지 사례 중에서 혹시 익숙한 것이 있는지 살펴보자.

- 마음대로 먹으면서도 살이 찌지 않았으면……
- 술을 아무리 마셔도 정신이 말짱했으면……
- 일주일에 70시간을 일해도 아이들과 같이 놀아줄 시간이 있었으면……
- 폐암을 극복할 획기적인 치료법이 개발됐으면……

마음속으로 변화를 소망하는 것은 몸으로 변화를 실천하는 것보다 쉽다. 생활비를 벌기 위해 일을 하는 것보다 복권 당첨이 더 쉬운 것이나 마찬가지다. 그러나 피동적인 접근법이 성공하는 경우는 거의 없다. 멀리 갈 것도 없이 자신의 경험을 돌아보라. 단지 소망하는 것만으로 바라는 그 중요한 변화가 일어난 적이 있는지.

기도는 소망일 수도 있고 희망일 수도 있지만, 현명한 사람은 기도를 하면서도 "신은 스스로 돕는 자를 돕는다"는 말을 잊지 않는다. 이 금언은 소망과 희망의 미묘한 차이를 드러내고 있다.《사랑, 묘약, 그리고 기적(Love, Medicine, and Miracles)》이라는 책을 쓴 버니 시겔(Bernie Siegel)은 소망적 사고는 수동적이며 외면적이라고 말한다. 기적이나 마법을 기대하며 '별을 보고 소원을 비는 것'과 같다고 했다. 반면에 희망은 적극적이고 현실적이다. 희망은 성공을 마음속으로 그리고, 그것을 향해 노력하는 자세다. 희망하는 자는 존재의 힘을 실어 노력함으로써, 희망을 실현할 기회를 현실로 만든다.

성급한 행동의 강요   우리 워크숍에 결혼한 지 얼마 안 된 중년 여성이 참석했다. 그녀는 남편 프레드에게 15년째 피워온 시가를 끊으라고 하면서, 기회만 있으면 시가가 건강에 끼치는 위험을 상기시켰다. 프레드는 그렇지 않아도 변화를 심사숙고하던 터였고, 계속되는 '사랑의 잔소리'는 권유를 넘어 강요 수준에 이르렀다. 더 이상 미루기 힘들어지자 금연 프로그램에 등록했다. 그러나 두어 번 나간 다음에 그만두고는 아내에게 이렇게 쏘아붙였다. "거봐, 내가 할 수 없을 거라 그랬지! 이제 됐어? 만족하느냐고?" 그는 강요에 떠밀려 조급한 행동을 취했는데, 이번에 실패하면 다음 시도를 완전히 차단하지는 않더라도 최소한 방해가 될 수 있다는 것은 알고 있었다. 그러나 아내는 성급하게 행동을 강요해 남편의 실패를 자초했다.

심사숙고 단계에 있는 사람에게서 이런 반응을 자주 보게 된다. 가족이나 친구들은 '변하든지 끝내든지' 양단간에 선택을 강요한다. 때론 은근하고 때론 노골적인, 이런 협박을 받으면 반발심이 동해 미온적인 변화를 시도한다. 그리고 실패한다. 무의식적이기는 하지만, 이들은 이렇게 함으로써 변화에 저항적인 태도를 합리화하는 동시에 변화를 강요하는 사람들에게서 죄책감을 불러일으킨다.

성급한 행동은 새해 첫날, 노동절, 생일 등 으레 행동을 취해야 할 것 같은 무언의 분위기가 형성되는 때에 주로 발생한다. 이런 날이 되면 준비가 되었는지 따져보지도 않고 무작정 행동을 시작한다. 성급한 행동에서 얻는 이점은 약간의 죄책감과 사회적인 압력을 완화해준다는 것이다. 당연히 뒤따라오는 실패에 함축시켜 주위에 퍼뜨리는 메시지는 이런 것이다.

"이제 얼토당토않은 변화 얘기는 작작하고, 참견 좀 하지 마!"

절대적인 확신을 원하고, 마법의 순간을 기다리고, 소망을 품고, 성급한 행동을 취하는 것은 '부정적인 과정'이며 변화를 늦추는 요인이다. 그러나 이런 덫에도 불구하고 심사숙고의 시기는 지속적이고 의미 있는 변화를 위해 거쳐야 하는 필수 단계다.

　실행하기에 앞서 우선 문제와 해법에 대한 자각이 일정 수준에 도달해야 한다. 심사숙고에서 이런 자각을 하지 않으면—그리고 이어지는 준비 단계에서 전념하겠다고 다짐하지 않으면—변화를 유지하기는 매우 어렵다. 혼자 힘으로 성공적인 변화를 성취한 사람도 행동에 앞서 자각이 있었음을 확인해주었고, 심리치료를 받은 사람들 역시 문제를 교정하기 전에 그것을 자각하고 인식하는 것을 선호한다. 최근에 영국에서 실시한 임상 연구를 보면, 내담자들은 자각→행동변화로 이어지는 심리치료는 매우 편안하게 받아들인 반면에, 행동변화→자각으로 이어지는 치료는 순서가 잘못되었다고 느낀다는 걸 알 수 있었다.

　이로써 성급한 행동이 실패와 절대적으로 관련이 있다는 것뿐만 아니라, 자각을 무시한 채 행동만 다루는 프로그램은 불완전하다는 것을 알 수 있다. 시중에 변화를 주제로 한 자기 계발 책은 수없이 많지만, 무조건 행동만 독려할 뿐 문제를 자각하는 데는 조금도 도움을 주지 못한다. 자각이 뒷받침되지 않는다면 아무리 좋은 방법도 실질적인 영향을 줄 수 없고, 변화를 지속시키지 못한다.

　자각은 심사숙고 단계에서 이루어지지만, 대단한 연구나 심도 깊은 심리분석을 동원할 필요는 없다. 다만 솔직한 자기 평가, 그리고 지금쯤이면 익숙해졌을 의식의 고양을 활용한 자기 평가에 몇 주만 투자하면 된다. 여기에 스스로 겁을 주는 방법, 역사가 그 효과를 증명해주는 카타르시스나 정서적 각성과 같은 방법을 함께 사용하는 것도 도움이 된다.

정서적 각성

정서적 에너지는 아주 강력하다. 이것을 잘 활용하면 변화하겠다는 결정을 내리는 데 필요한 힘과 결단력을 얻을 수 있다. 인생을 살다 보면 늘 이성적인 것만 원하는 것은 아니다. 그러나 정서는 자꾸만 뒤로 미루려는 마음을 다잡고, 최선의 결정을 내릴 수 있는 강력한 힘이 되어준다. 감정을 자극하는 정서적 각성이라는 기법은 제대로 사용하면, 아드레날린을 분비시켜서 심사숙고 단계를 뛰어넘어 준비 단계를 거쳐 실행에 이르게 도와줄 수 있다.

명백한 사실의 확인만으로 행동을 변화시키기에 충분한 경우도 있지만, 대부분은 극적이라고 할 만큼 감정적인 사건을 필요로 한다. 정서적 각성은 단순히 두려움을 자극하는 것과는 성격이 다르다. 금연 확산을 위해 담배에 손상된 폐 사진을 보여주자고 제의하는 사람이 많다. 이해가 되는 생각이지만, 효과를 거두는 경우는 드물다. 두려움을 자극하는 것은 사람들의 방어망을 뚫지 못한다.

"저건 나한테는 절대 일어나지 않을 일이야." "이건 극단적인 예에 불과해." "나는 이 사람처럼 오래 담배를 피우지는 않았어."

그런 사진이 흡연자들에게 불러일으키는 반응은 고작 이 정도이다.

이미 변화를 진지하게 고려하기 시작한 심사숙고 단계에서는 정서적 각성이 효과적이다. 그러나 정서의 동요와 변화를 혼동하면 안 된다. 변화에 있어서 정서의 활용은 수술할 때 꼭 필요한 수혈처럼 불가피하고 필수적이지만 그것이 목적이 될 수는 없다. 정서는 변화를 향한 모든 노력에 관여하고, 다음 단계로 전진하기 위해 활용된다. 이렇게 유용한 정서적 각성의 기법들을 살펴보자.

영화를 본다   애국심에 호소하는 전쟁 영화에서부터 손수건 세 개는 족히 적시고도 남을 최루성 영화에 이르기까지 영화처럼 효과적으로 감정을 뒤흔드는 것은 없다. 영화는 변화할 마음을 굳히고 있는 사람의 정서를 각성시키는 좋은 방법이다. 지구 위 사람들이 지닌 문제 가운데 상업영화, 다큐멘터리 필름, 텔레비전 특집극이 다루지 않은 것은 거의 없다.

이런 자료를 최대한 활용하려면 우선 방어적인 마음부터 버려야 한다. 그리고 자기의 문제를 집중적으로 다룬 영화를 찾는다. 교육이나 자료용 비디오도 나쁘지는 않지만, 일반적인 충고나 방법과 관련된 기본적인 정보 제공에 그치는 경우가 많다. 극적인 구성을 갖추고 정서적인 내용을 전달하는 것이 더 효과가 크다. 잭 레먼(Jack Lemmon)이 알코올 중독자로 나오는 〈호랑이 구하기(Saving the Tiger)〉는 감동을 받지 않을 수 없으며, 율 브리너(Yul Brynner)가 폐암과 흡연을 이야기하는 마지막 인터뷰 역시 가슴을 뒤흔든다. 〈재생자(Clean and Sober:코카인 사용 실태를 그린 영화로 모건 프리먼, 마이클 키튼이 출연했다)〉 같은 영화는 코카인 중독자들이 겪는 부정과 재발, 그리고 회복 과정을 실감나게 그리고 있다.

비디오 대여점에 가서 물어봐도 적당한 테이프를 구할 수 있고, 방송국에 부탁하면 특집으로 다뤘던 뉴스 필름을 구입할 수도 있으니 찾으려고만 하면 자료는 얼마든지 있다. 그것을 구해서 그 안에 담긴 메시지에 마음을 연다면, 변화의 결심을 굳히는 데 큰 도움이 될 것이다.

자신만의 공익광고를 만든다   영화가 아드레날린을 분출하는 데 별로 효과적이지 않다면 나만의 시나리오를 만들어보는 것도 좋다. 생각만 해도 진저리가 쳐질 만큼 혐오스럽고, 실망과 고통에 빠져들 캠페인을 제작하는 것이다. 방법은 여러 가지가 있다.

흰 손수건에 담배 연기를 내뿜어보면 담배가 유발하는 해독이 그대로 보인다. 담배를 깊이 빨지 말고, 그냥 입으로 뻐끔거린 후 연기를 뿜으면 담배에 있는 타르나 각종 찌꺼기가 그대로 손수건에 묻는다. 흰 손수건에 묻은 그것들이 하루에도 스무 번, 마흔 번, 어쩌면 예순 번씩 내 입과 폐 속으로 들어갔다고 생각해보라. 하루종일 피운 담배꽁초와 재를 유리병에 담아서 물을 약간 섞어 가지고 다니는 것도 담배를 피우는 게 얼마나 더럽고 추한 일인지 자신에게 각인시키는 방법이다.

술이 문제라면 술에 취했을 때의 모습을 비디오로 찍어달라고 친구에게 부탁해둔다. 혀가 꼬여서 알아들을 수도 없는 발음과 제멋대로 움직이는 몸, 술에 취해서 횡설수설 앞뒤도 맞지 않는 말을 늘어놓는 자기를 화면으로 직접 확인하는 것만큼 효과적인 일은 없다. 알코올 중독자의 특기인 부정하는 태도도 이런 비디오 앞에서는 꼼짝 못한다. 술 마신 다음 날 아침에 보면 더 강력한데, 아직 남아 있는 숙취에 섞여 술에 대한 혐오감이 더 심할 것이다.

모든 종류, 모든 성격의 문제에 비슷한 전술을 사용할 수 있다. 비만인 사람은 거울을 사용한다. 헬스 클럽이나 운동 센터의 벽면이 온통 거울로 뒤덮인 것은 결코 우연이 아니다.

이런 기법을 사용할 때는 두 가지를 유념해야 한다. 우선, 이 기법의 목적은 감당할 수 없을 정도의 혐오감과 실망을 불러일으키는 것이 아니라, 정서적 각성을 통해 변화를 용이하게 만드는 것임을 잊어서는 안된다. 낙담해서 자포자기하거나 자기 비난에 빠져들어서는 곤란하다. 둘째, 시점에 신경을 써야 한다. 심사숙고 단계에서는 문제의 부정적인 측면을 상기하는 것이 도움이 되고, 또 중요하다. 그러나 준비나 실행에 들어간 이후에도 여전히 부정적인 면에 집중하는 태도는 해결보다는 문제 자체에 골몰하게 함으로써 더 이상의 발전을 방해하는 요인이 될 수 있다.

상상력을 동원한다　비디오 대여나 자기만의 공익광고를 만드는 것이 어렵다면, 상상력만으로 정서를 각성시킬 수 있다. 그것은 바로 '상상 속의 영화'이다. 우선 자신이 가진 문제의 부정적인 측면에 정신을 집중하고, 그 문제만 나오면 취하는 방어적인 태도를 직시한다. 고통스러운 장면과 상황을 억지로라도 상상해보는데, 이것은 이완과는 정반대의 방법이다. 이 방법의 목적은 부정적 이미지를 통해 자신의 문제성 행동에 잠재된 위험과 폐단을 감각적으로 인식하려는 데 있다.

몇 년 후, 만약 변화하지 않고 지금 상태를 유지하면 어떤 상태에 있을지 상상해본다. 고지혈증에 동맥은 기름기로 조여들고, 가쁜 숨을 몰아쉴 땐 가슴에 찌릿한 통증이 잡힌다. 공황 상태에 빠지는 일이 잦고, 결국 내가 돌보지 않은 심장은 나를 버린다. 삶을 대하는 수동적인 태도와 우울증을 고치지 못해 고립된 섬과 같은 안락의자에 파묻혀 있는 자신은 어떤가. 아이들은 더 이상 가까이 오지 않고, 친구들은 더 활동적인 사람 주변에 모여 있다. 배우자는 헤어지자고 요구한다.

언제나 자기만 옳다고 고집하면 주변 사람들과 소원해진다. 내 주장만 앞세우는 고집불통 같은 태도에 사람들은 화를 내고 분개한다. 다들 자신의 생각이나 의견이 휴지조각처럼 버려질까봐 멀리 한다. 물론 방어기제가 발동하면, 그런 태도를 책임감 있는 미덕으로 합리화할 수도 있다. 그러나 주변 사람들을 어린애 다루듯 할 때 그 사람들이 느낄 열등감이나 왜소함을 경험해보라.

지금은 소망적 사고에 빠져 있을 때가 아니다. 방어기제를 활용하여 잘못을 감추고, 문제 있는 행동을 선호라고 주장할 때가 아니다. 이 시기는 마법의 순간을 기다리다가 맞을 곤란한 결과를 마음의 눈으로 그려볼 때다. 심령술사가 아니어도 부정적인 행동을 방치할 경우 이르게 될 미래가 어떤지는 누구나 그려볼 수 있다.

대개 문제 행동이 가져올 나쁜 결과는 나중에야 일어날 일이라 생각하는데, 바로 이런 생각이 변화에 장애가 된다. 미래를 현재 시점으로 바꿔보는 상상력을 동원한다면, 정서적 각성을 통해 이 장애를 효과적으로 극복하고 실행에 돌입할 수 있다.

정 서 적   각 성   자 체 평 가

정서적 각성을 통해 변화의 주기를 얼마나 이동해왔는지 점검해보는 진단법이다. 지난 한주일 동안 문제를 해결하기 위해 노력하면서 정서적 각성을 얼마나 자주 활용했는지, 최대한 현실적으로 판단해서 해당하는 번호를 적는다.

Checkpoint ───────────────────────────────────

1=전혀 하지 않았다 2=거의 하지 않았다 3=이따금 했다 4=자주 했다 5=반복해서 했다

빈도

_____ 문제를 극적으로 그려봤더니 감정에 동요가 있었다.

_____ 문제에 잠재된 결과를 생각하니 감정적으로 흔들렸다.

_____ 문제가 야기할 질병에 관한 기사를 생각하자 당황스러웠다.

_____ 문제의 폐해를 지적한 경고에 감정이 격해졌다.

_____ =총점

이번 자체평가의 총점은 그 동안 문제에 대한 묘사와 경고, 위험에
대해 얼마나 각성하고 있는지를 말해준다. 점수가 10점 이상이면 이제
준비 단계로 진입할 때가 되었고, 9점 이하의 점수가 나왔다면 정서적
각성에 대한 노력을 배가할 필요가 있다.

다시 의식을 고양시켜야

무관심 단계를 거쳐 심사숙고 단계에 이르렀다면, 이미 의식의 고양을
통해 방어와 저항적인 태도에 대해 잘 알고 있을 것이다. 이 과정은 애
써 방어하려 했던 그 문제에 대해 더 많은 지식과 정보를 습득하는 데
여전히 중요하다. 이제는 방어의 강도가 훨씬 약해졌으므로 문제성 행
동에 대한 일반적인 정보, 그리고 특히 나 자신에게는 어떤 영향을 끼
치는지 더 정확하게 분석할 수 있다.

　문제에 대한 최소한의 정보만 가지고 섣부르게 해결을 시도하는 사
람이 많지만, 그 결과는 참담할 뿐이다. 이런 태도는 기름은 주유소에
서 넣고 열쇠를 꽂아 돌리면 시동이 걸린다는 정도만 아는 사람이 자동
차를 고치겠다고 나서는 것과 다를 바 없다. 밤에는 잠으로 휴식을 취

하고 하루에 몇 번 음식물을 공급해주어야 한다는 것 외에는 몸에 대해 아는 것이 없으면서 변화하겠다고 달려드는 것도 무모하기는 마찬가지다. 몸에 이상이 있으면 누구나 의사에게 가서 치료를 받는다. 그런데 심리적인 이상, 즉 부조화 상태가 일어날 경우에는 필요한 정보를 수집하려는 노력조차 하지 않은 채 대부분 스스로 해결하려 한다.

다행히 심리적인 부조화를 직접 고치는 데 큰 도움이 되는 의식의 고양 기법이 몇 가지 있다. 혼자 힘으로 성공적인 변화를 이끌어낸 사람들에게서 특히 그 효과가 확인된 방법들이다.

올바른 질문은 올바른 해결의 지름길 아인슈타인(Albert Einstein)도 문제 해결의 관건은 올바른 질문이라고 했다. 힘이 될 지식을 탐구할 때에도 질문을 제대로 해야 한다. 살을 뺀다고 최신 유행 다이어트를 소개한 책만 사 모으는 사람들처럼 영양이나 칼로리, 운동 같은 실질적인 정보는 도외시한 채 기적의 치료법이나 마법의 정보를 찾는 것은 곤란하다.

이런저런 문제를 해결하는 데 도움이 될 만한 질문 몇 가지를 추려보았다. 이것들을 참고 삼아 각자의 상황에 맞는 질문을 만들어보자. 질문을 할 때는 방어적인 태도를 취하지 않는 것이 중요하다.

- 40세 남성, 또는 여성의 일일 권장 칼로리는 얼마인가?
- 0.5킬로그램을 빼려면 조깅을 얼마나 해야 하나?
- 다이어트를 할 경우 칼로리를 보존하기 위해 몸은 어떤 식으로 적응하는가?
- 니코틴과 금단 현상은 몸과 행동에 어떤 영향을 끼치는가?
- 니코틴에 중독되었는지는 어떻게 알 수 있나?

• 과음 이틀 뒤에 경험하게 될 기분의 변화에는 어떤 것이 있나?

• 음주가 문제를 일으키는 수준에 이르렀는지는 어떻게 알 수 있나?

• 알코올은 뇌와 행동에 어떤 영향을 끼치나?

이런 질문들에 답을 구하다 보면 변화에 도움이 될 중요한 정보를 손에 넣을 수 있다. 그리고 그런 정보들로 무장한다면 원치 않는 곳을 부풀리는 비만이나 쌓이는 술병, 이런저런 문제들과 일전을 치를 태세를 완벽하게 갖추게 될 것이다.

목표를 정의한다 '더 나은 사람이 되고 싶다' 거나 '기분이 나아지기를 바란다' 는 식의 모호한 목표는 변화의 노력도 모호하게 만든다. 루이스 캐롤(Lewis Caroll)은 이 점을 《이상한 나라의 앨리스》에서 잘 표현했다.

> 앨리스:내가 여기서 어디로 가야 하는지 좀 알려주시겠어요?
>
> 체서 고양이:그건 네가 어디로 가고 싶으냐에 달렸지.

인식의 수준을 높이기 위한 첫걸음은 구체적인 목표 설정이다. 예를 들면 내가 변화하기를 바라는 행동은 구체적으로 어떤 것인가, 변화의 진행 정도를 측량할 수 있는 방법에는 어떤 것이 있나, 하는 것이다. 만약 진행 정도를 측량할 방법이 생각나지 않는다면, 목표가 너무 모호하기 때문일 개연성이 크다.

나에게 중요한 것을 다른 사람이 지시해주기를 기대해서는 안 된다. 많은 사람이 종종 빠지는 함정도 바로 이것이다. 각자의 목표는 그 사람의 행동과 관련 있을 뿐 다른 사람들이 중요하게 생각하는지의 여부와는 전혀 상관이 없을 수도 있다.

예를 들어 몇 년 전에 내가 치실을 꾸준히 사용하는 것이 어렵다고 했더니, 존 노크로스가 나에게 쓸데없는 걱정을 한다면서 그런 건 전혀 "중요하지 않다"고 말했다. 그리고 얼마 후 존은 치과에 갔다가 치실을 사용하지 않으면 치주염으로 이를 뽑게 될 수도 있다는 말을 들었다. 이 일은 우리 두 사람 모두에게 소중한 교훈이 되었다. 그 교훈은 다른 사람이 뭐라고 말하건, 어떻게 생각하건, 내 목표는 내가 정의해야 한다는 것이다.

정확한 데이터를 수집한다　심사숙고 단계에서부터는 유지 단계에 이를 때까지 문제의 추이를 계속 측정하고 체크해야 한다. 대부분은 철저하지 않은 대강의 측정에 그친다. 이를테면 그날 마신 술의 양이나 칼로리를 계산하고 마는 것이다. 정확한 방법으로 행동을 점검해서 문제 의식을 녹슬지 않게 보존하는 것은 변화에 성공하는 절대적인 방법이다. 대강대강 측정하는 것은 판단 착오로 이어질 소지가 다분하다. 특히 과식이나 음주, 또는 흡연 등은 의식적으로 속이려는 마음은 없다고 해도 섭취량을 낮춰 계산하기 쉽다.

예전에 상담했던 예순두 살의 외과의사는 하루에 마티니를 딱 두 잔밖에 마시지 않는다고 말했다. 몇 년째 그 양을 지켜오고 있다는 것이었다. 하지만 구체적으로 음주량을 측정한 결과, 직접 만들어 마시는 마티니 두 잔이 보통 잔으로 따지면 여섯에서 여덟 잔 분량이라는 사실을 확인하고는 놀라움을 금치 못했다. 그러므로 섭취량을 대강 따져서 어느 정도겠거니 가정하지 말고 정확히 측정해야 한다.

일주일 정도만 스스로의 행동을 측정해도 실행 단계 이후에 진행 상황을 평가할 기준이 마련되고, 구체적으로 뭘 변화시켜야 하는지도 확실하게 인식할 수 있다.

문제가 다르면 측정 기준도 달라진다. 과식이나 음주, 흡연, 또는 낭비벽처럼 소비의 문제라면 얼마를 소비하고 지출했는지를 잰다. 살을 빼려는 경우라면 그저 매일 체중을 재는 것보다 그날 그날의 음식 섭취량과 칼로리를 계산하는 것이 더욱 신중하고 자세한 측정법이다. 사실 칼로리 섭취량을 하루 2000에서 1500으로 줄인다면 25퍼센트를 개선한 것이 되지만, 실행에 들어간 지 한 주나 두 주 만에 체중을 1퍼센트 이상 줄이기는 불가능하다. 섭취량을 상당한 수준으로 줄여도 정작 체중은 별로 줄어들지 않는 경우가 많다.

감정이 문제인 경우에는 빈도와 지속시간, 그리고 강도를 복합적으로 측정한다.

화가 나면 아내에게 일주일에 몇 번이건 욕설과 폭행을 퍼붓는 서른여섯 살의 프로 골프선수는 분노를 자제하려 노력하고 있다. 우선 분노가 격정적으로 분출될 때의 강도에 초점을 맞춘 그는 시작한 지 두 달 후에도 분노의 강도에 변화가 없어 낙담했다. 그러나 실상을 보면, 분노의 강도에는 변함이 없지만 일주일에 여러 번이던 빈도가 일주일에 한 번으로 감소했음을 알 수 있다.

대부분의 문제성 행동은 강도가 약화되기 전에 우선 횟수가 줄어든다. 어떤 것에 초점을 맞춰 측정하느냐에 따라 진행 상황에 대한 감정적인 반응에 차이가 있다. 욕을 하거나 침을 뱉거나 손톱을 물어뜯는 습관이라면 빈도를 따지는 것만으로 충분하다.

행동 연구에서는 여러 가지를 함께 측정하는 것이 한 가지만 측정하는 것보다 낫다는 게 일반적인 견해다. 그러므로 잘 모르겠거나 확신이 서지 않을 때는 여러 가지를 측정한다.

기능적인 분석 : 전후를 따진다 행동의 표면적인 측정과 더불어 해야 할 것은 문제성 행동이 일어나기 전이나 후에 어떤 상황이 벌어지는가를 관찰하는 것이다. 술이 문제라면 언제 술을 마시는지를 따진다. 화가 날 때, 외로울 때, 아니면 행복에 겨울 때 술잔을 기울이는지를 살핀다. 화가 나서 한바탕 퍼붓고 난 후에는 어떤 상황인가? 다른 사람들이 슬금슬금 피하는지, 나가서 술을 마시는지, 아무도 없는 곳에서 혼자 시간을 보내는지, 자신의 행동 양태를 파악한다. 케이크 한 조각의 유혹을 뿌리치지 못하는 때는 언제인가? 금지된 식욕을 충족시키고 있을 때는 어떤 느낌이 드는가?

이런 '기능 분석'은 자기의 통제에서 벗어나 있는 것 같은 행동을 통제하는 것이 과연 무엇인가를 조명해준다. 말 그대로 앞뒤, 전후를 따져보는 일이라고 할 수 있다. 문제성 행동을 촉발하는 것은 무엇이고, 그 행동을 강화하는 것은 무엇인가. 해당되는 문제가 얼마나 적응장애적인 행동인지는 중요하지 않다. 모든 인간의 행동은 목표 지향적이라는 것이 심리학의 원리다. 기능 분석은 그 문제가 어떤 목표를 충족시키기 위해 일어나는지를 파악할 수 있게 해준다.

마흔네 살의 한 교사는 기능 분석을 통해 자신의 니코틴 중독을 구체적으로 파악할 수 있었다. 그가 니코틴에 탐닉하는 때는 정신없이 분주해 기진맥진하거나 스트레스를 받을 때, 또는 불편한 사회적 환경에 처할 때였다. 담배를 필요로 하는 진정한 원인과 결과를 파악한 그는 지금까지 주장해오던 것처럼 '맛이 좋아서' 담배를 피우는 게 아님을

표7 기능 분석의 예

선행 원인 →	행동 →	수반 결과
스트레스 피로 대인환경 불안	흡연	긴장 완화 침착함

깨달았다. 그에게는 담배가 일종의 안정제였던 셈이다.

문제 하나를 골라서 선행하는 원인(antecedent)과 수반되는 결과 (consequences)를 적어보자.

〈표7〉은 담배를 피우는 사람의 기능 분석을 예로 들고 있다. 효과를 극대화하려면, 문제성 행동의 전후에 겉으로 드러나는 사건뿐만 아니라 안에서 그 행동을 좌우하는 듯 보이는 심리적인 측면에도 관심을 가져야 한다. 바람직하지 않은 행동에 탐닉하기 전에 속으로 무슨 말을 하는지 귀를 기울여보자. 케이크 한 조각을 먹기 전에 "이걸 먹으면 틀림없이 기분이 좋아질 거야"라고 말하는가? 주말마다 술자리를 벌여서 엉망으로 취하기 전에 "주말이 뭐 하라는 주말이겠어"라고 외치는가? 우울에 휩싸이기 전에 "나는 정말 바보가 아닐까"라고 되뇌이는가? 남편에게 격하게 화를 내기 전에 "저 사람은 꼭 내 아버지 같아"라고 생각하는가?

문제성 행동을 일으키는 이런 말들은 거의 자동적으로, 또는 무의식적으로 나오기도 한다. 인식의 수준을 높이기 위해서는 다음과 같은 질문을 던져보자.

"나 자신에게 무슨 말을 한 것이 이런 행동으로 이어지는가? 바람직하지 않은 행동을 무의식적으로 허락하고 있는 것은 아닌가?"

대부분 직장에서는 아무 문제 없이 생활하다가도 저녁이 되어 집에

오기만 하면 낮 동안의 통제가 온데간데없이 사라진다. 하루종일 분별 있게 식사를 하고서도 밤만 되면 게걸스럽기가 이루 말할 수 없다. 어떤 내심의 선언이 이런 통제불능 상태를 정당화하는 것일까?

- 집에 왔으니까 뭐든 내가 원하는 대로 할 수 있어.
- 하루종일 다른 사람들 뒤치다꺼리를 했으니 이젠 응석을 좀 부려도 돼.
- 누구나 현실로부터 도피할 뭔가가 필요해.
- 온종일 참고 견딘 걸 생각하면, 이 정도는 누릴 자격이 있어.

문제성 행동을 정당화하려는 이런 선언들을 쭉 적어보자. 아마 스스로도 놀랄지 모른다. 이런 심리를 눈으로 확인한다면 머지않아 행동에 돌입할 수 있을 것이다.

그렇다면 탐닉에 따른 보상은 무엇인가? 당연히 만족감이 그 첫째다. 이 밖에도 소비적인 자기 탐닉에서 얻을 수 있는 강화 요인에는 여러 가지가 있다. 첫째는 즐거움이다. "음, 너무 맛있어!"

그 다음으로는 스트레스의 감소를 들 수 있다. 생활을 지배하는 자아의 통제에서 벗어난다는 것만으로도 혼전이 거듭되는 일상생활에서부터 휴가를 얻은 듯한 느낌이 든다. 뿐만 아니라 악습에 탐닉하는 것은 아슬아슬한 쾌감을 준다. 마지막으로, 원하는 것을 한다는 자유로움이다. 이런 자유를 누릴 수 있는데 결과야 아무러면 어떤가.

문제에 빠져도 큰 대가를 치르지 않는다면야 얼마나 좋을까마는, 자기 탐닉의 청구서는 머지않아 정확히 배달되고 그 청구서를 받아든 사람은 이렇게 탄식한다.

"그렇게 퍼먹지 말았어야 해." "그렇게 물 쓰듯 긁어대지 말았어야 해." "담배를 피우지 말았어야 해." "그렇게 불안해 하지 말았어야 해."

이 모든 탄식은 이런 문장으로 정리할 수 있다.

"나의 일부가 나의 전체를 통제하도록 방치하지 말았어야 해. 그 일부는 이제 어떻게 해볼 수 없는 악마가 되고 말았어."

기능 분석에는 두 가지 문제가 따라나온다. 행동에 선행하는 무의식적인 원인과 결과를 알기 위해서는 얼마나 깊이 파고들어야 하나? 행동을 촉발하는 원인과 그에 따른 대가를 분석하기 위해서는 언제까지 시간을 거슬러 올라가야 하나? 정신분석에서는 무의식의 핵심에 접근해야 하며, 그 여정은 아주 어린 시절의 경험으로 이어질 수도 있다고 말한다. 반면에 행동주의 쪽에서는 행동의 전후를 감싸고 있는 즉각적인 환경을 집중 연구해야 한다고 주장한다.

혼자 힘으로 변화에 도전하는 사람들은 어떤 접근법을 취해야 할까? 이데올로기의 무게에 짓눌릴 필요가 없는 자기 변화자들은 할 수 있는 만큼 무의식을 분석하고, 스스로 생각하기에 관련이 있다고 판단되는 시점까지 사고의 범위를 넓히는데, 이들의 개인적인 탐구는 때로 대단히 멀리까지 광범위하게 이뤄지기도 한다.

마흔여덟 살인 어느 가정주부는 자신이 가끔 남편을 아버지처럼 대한다는 것을 알고 있었다. 남편 역시 그 사실을 알았고, 때때로 이렇게 말했다. "나는 당신 아버지가 아니야. 나를 당신 아버지 대하듯 하는 것 좀 그만둘 수 없어?" 그렇게 몇 년이 지난 후에야, 그녀는 자신의 무의식 깊은 곳에 자리잡고 있는 아버지에 대한 분노를 남편에게 투사하고 있음을 깨달았다. 그녀는 아버지와 해소되지 못한 갈등을 해결해야만 원만한 결혼생활을 기대할 수 있다는 사실을 조금씩 인정하게 됐다. 마침내 그녀는 아버지가 묻혀 있는 묘지에 가서 주먹으로 땅을 치며 아버지의 감정적인 유기에 대한 분노를 발산했다.

그러나 대다수의 사람들은 문제의 직전과 직후에 나타나는 사건들, 그리고 그런 사건들에 대한 내부의 반응에만 주목한다. 우리도 주로 현재에 집중하는 기능 분석을 권하는 편이다. 하지만 무의식적인 생각과 감정을 파악할 자신이 있다면, 그 방법도 나쁘지 않다.

지금까지 살펴봤듯이, 의식의 고양은 심사숙고 단계에서 전체적으로 중요한 위치를 차지한다. 이 과정의 목적은 문제성 행동에 대한 한 차원 높은 인식을 확보하는 것이며, 스스로의 생각과 감정이 문제의 유지에 어떤 구실을 하는지를 파악하고 변화가 자신에게 주는 이점을 확실하게 믿는 것이다. 이런 목적을 달성한다면, 더 많은 정보와 더 높은 인식과 더 강한 동기를 확보해 다음 단계인 '준비'로 넘어갈 태세를 갖추었다고 할 수 있다.

조지의 사례 : 자아상의 변화

조지는 의식의 고양이 강렬한 나머지, 알코올에 대해 너무 많이 알게 되었노라고 너스레를 떨었다. 전체 교통 사고 중에서 50퍼센트 이상이 음주와 관련이 있다는 사실을 알기 전까지만 해도, 그는 자신의 사고를 중간에 끼여든 다른 운전자 탓으로 돌렸다. 폭력 사건 대다수가 음주와 관련이 있다는 기사를 읽기 전까지만 해도 그는 자신의 폭력성을 공연히 참견하는 주변 사람 탓으로 돌렸다. 그리고 음주가 이혼과 실직의 근본적인 원인이었다는 사실도 깨달았다. 새로 얻은 시각에 예리한 지성이 더해지고 방어적인 태도는 약해지면서, 자신이 문제성 음주자라는 사실을 더 이상 부정할 수 없게 되었다.

물론 그런 다음에도 '알코올 중독자'라는 표현은 받아들이려 하지 않았다. 알코올 중독자는 아침부터 술을 마시지만 조지는 점심까지는 기다릴 수 있었고, 알코올 중독자는 의식이 없어질 때까지 술을 마시지만 조지는 한 번도 의식을 잃어본 적이 없다. 알코올 중독자는 독주를 마시지만 조지는 맥주만 마신다. 알코올 중독자는 말 그대로 중독 상태지만, 조지는 하루 정도는 술을 한 방울도 입에 대지 않을 수도 있고 생각 같아서는 일주일도 버틸 수 있다. 알코올 중독자는 술을 통제할 능력을 잃었지만, 조지는 비록 음주가 문제이기는 해도 통제력은 잃지 않았다고 자신했다.

그러나 알코올 남용이 불러오는 결과에 대한 인식의 향상은 그의 태도를 꾸준히 변화시켰다. 이런 인식을 얻기 전까지는 음주로 인한 득이 실을 압도했다. 술을 마시는 것은 그가 가장 즐기는 사교 행위였고, 아일랜드계 선조들로부터 물려받은 자랑스러운 기질이었고, 스트레스를 즉각적으로 해소시켜주었으며, 집안 모임에 윤활유가 되었고, 사업상의 만남이나 친구들과 어울릴 때에도 빼놓을 수 없는 부분이었으며, 터프하다는 이미지에 일조했고, 흥이 나서 떠벌릴 일화들을 만들어주었다. 술을 마신다는 것은, 너무나도 자연스러운 나머지 조지에게는 마치 공기와도 같았다. 그러나 이제 그는 공기가 심각하게 오염되었음을 깨달았다.

친구들과 어울려서 술 마시는 것을 너무 사랑한 탓에 아내를 잃었고, 직장을 잃었고, 자동차 보험까지 잃었다. 그렇게 마신 술은 뇌와 폐도 상하게 했다. 당장의 스트레스를 해소하는 대가로 장기적인 삶의 안정을 잃어버렸다. 그는 행복한 주당에서 쓸쓸한 술꾼이 되었고, 늘 일전

불사의 공격성을 유지했다. 알코올 남용에 대한 기사를 읽으면 불안과 우울이 커졌다. 그는 우울을 가중시키는 술을 마시면서 우울을 치료하고자 하는 스스로를 비웃었다.

그러던 조지가 의식의 고양과 정서적 각성을 통해 음주에 대한 생각을 바꿨다. 쉬운 일은 아니었다. "이놈의 젠장할 자각!" 이런 악담을 퍼부은 것이 한두 번이 아니었다. 그는 정확한 정보와 모호한 태도, 갈등을 수면 아래에 감추고 있었지만, 술 기운이 사라지고 말짱한 정신이 되면 자기 자신을 직면해야 했다. 더 힘든 건 아이들을 대하는 것이었다. 아이들은 아버지를 자랑스러워하지 않았지만, 누가 그 애들을 탓할 수 있단 말인가? 그는 자신의 삶을 파탄 지경으로 몰고 갔을 뿐만 아니라, 아이들의 미래마저 위태롭게 만들고 있었다. 조지에게는 이제 비난을 전가할 아내도, 상사도 없었다. 아내는 그를 떠났고, 상사는 그를 해고했다.

조지가 자신의 행동에 혐오감을 느끼는 지점에 도달한 것은 분명했다. 그 생활에 진저리가 났고, 그 생활에 진저리를 치는 데에도 넌더리가 날 지경이었다. 그는 술이라는 약물을 남용하며 살고 있는 자신을 견딜 수 없었다. 아이들에게 거짓말을 하기도 지쳤고, 아버지로서 친구로서 부족한 자신을 변명하며 핑계를 만들어내는 데에도 지쳤다. 그의 내부에서 변화의 준비가 갖춰지고 있었다. 그에게 남은 일은 긍정적인 재평가를 통해 변화를 완료한 이후의 새로운 자아를 그려보는 것뿐이었다.

자기 재평가

심사숙고에서 준비 단계로 이동하기 위해 활용할 또 하나의 중요한 과정이 있다. 자기 재평가라는 이번 과정은 스스로를 정확하게 분석해 자기 자신과 문제에 대해 감정적이고 인지적인 평가를 내리는 것이다. 이 과정에는 자신의 본질적인 가치와 문제성 행동이 충돌하고 있음이 적나라하게 드러날 것이다. 자기 재평가에 성공한다면, 이런 행동들이 제거될 경우 삶의 수준이 대단히 향상되리라는 생각과 확신을 갖게 된다.

자기 재평가는 의식의 고양에 자연스럽게 따라온다. 자신의 행동과 그 결과에 대한 인식이 자리잡고 나면, 과연 그 행동을 지속해도 스스로를 높이 평가할 수 있을지 진지하게 고민하게 된다. 자기 재평가 과정에는 이런 질문을 던지게 된다.

"이런데도 계속 담배를 피운다면, 나 자신을 이성적인 사람이라고 생각할 수 있을까?" "이런데도 계속해서 과음을 한다면, 책임 있는 사람이라고 말할 수 있을까?" "만약 체중이 줄어든다면 나 자신에 대한 자긍심이 높아질까?" "일주일에 70시간씩 일하고도 가정적인 사람이라고 할 수 있을까?" "스트레스를 이겨내지 못한다면 사회생활에 성공할 수 있을까?"

이 정도는 자기 재평가 과정에 나오는 질문 중에서도 쉬운 축에 속한다. 대부분의 사람들은 더 이성적이고, 책임감 있고, 건강하면서, 성공을 거두기를 바란다. 그렇기 때문에 이렇게 정답이 나와 있는 것말고, 더 어려운 질문을 던지기도 한다. 문제가 되는 행동을 포기한다면, 그로 인해 또 어떤 것을 잃게 될까? 변화하기 위해서는 어느 정도의 시간과 정력과 즐거움, 또는 환상을 희생해야 할까?

만약 변화가 오로지 긍정적인 이익만을 약속해준다면, 변화를 주저할 사람은 아무도 없을 것이다. 만약 그렇다면, 앞에서 거론했던 소망적 사고가 문제가 될 이유도 없을 것이다. "지금 당장 힘 안 들이고 저절로 변할 수 있으면 좋겠다." 이런 환상을 키우면서 최면 한 시간이면—몇 주나 몇 달 동안 있는 힘을 다해서 노력하는 대신—담배를 끊을 수 있다고 주장하는 사람들, 허벅지나 배에 이상한 기계 하나만 차면 살을 뺄 수 있다고 말하는 사람들, 자는 동안 '기적'의 테이프를 틀어놓으면 우울증이 저절로 해결된다고 믿는 사람들도 있다. 이런 것들을 구입하는 것은 제 힘으로 노력하는 것보다야 쉽겠지만, 진정한 행동변화에는 별 도움이 되지 않는다. 변화하기 위해서는 돈보다 더 값진 것을 지불해야만 한다.

　자기 재평가는 손쉬운 지름길에 대한 희망을 버리고, 어려운 문제를 정면으로 응시하게 한다. 더 나은 자아를 위해 어디까지 희생할 각오가 되어 있는가? 술을 포기하는 것은 친구들과 어울리는 시간이 줄어든다는 것을 의미한다. 단호한 태도로 자기 생각을 또박또박 말한다면 그동안 순종적이고 유순한 모습에 익숙했던 친구들은 충격을 받을 것이다. 정서적 고통이 감소하면 우울할 때마다 도움을 주던 주변 사람들의 관심도 줄어들 것이다.

　변화는 스스로에 대해 갖고 있는 이미지에도 균열을 일으킬 수 있다. 어떤 성악가는 몸무게가 136킬로그램이나 나가서 무대에만 서면 셰익스피어의 〈헨리 4세〉에 나오는 쾌활하고 재치있는 뚱보 기사 폴스타프(Falstaff) 같았다. 그가 걸어가면 사람들은 알아서 길을 비켜주었다. 그러다가 60킬로그램 가까이 뺐더니 자아의 이미지마저 위축되고 우울해졌다. 실행에 들어가기 전에 문제를 적절하게 평가하는 노력을 게을리 했기 때문에 발생한 부작용이었다.

자 기 재 평 가 의   기 법 들

혼자 힘으로 변화를 시도하는 개인이나 심리치료사를 찾아오는 내담자 모두에게서 우리는 자기 재평가에 서로 보완적인 두 가지 방법이 있음을 확인했다. 하나는 현재를 평가하는 것인데, 문제가 되는 행동에 의해 자신이 억눌리고 통제되고 있으며 변화를 거부할 경우 스스로를 패배로 몰고 간다는 부정적인 시각이다. 이런 시각은 자신의 행동이나 습관을 얼마나 혐오하는지로 표현되는 경우가 잦다. 동전을 뒤집으면 긍정적인 재평가가 기다리고 있다. 이 방법은 시간을 앞질러 가서 변화 이후에 훨씬 건강하고 행복하고 자유로워진 자신을 평가하는 것이다.

이 두 가지 접근법을 현명하게 결합시켜서 부정적인 현재를 압력으로 활용하는 동시에, 긍정적인 미래를 견인차로 사용하는 것이 가장 효과적인 자기 재평가 방법이다. 한쪽 극단에만 지나치게 의존할 경우, 특히 스스로를 혐오스럽고 역겹게 그리는 사람들에게는 패배의식을 자극할 수 있다. 지나친 자기비하는 정서적인 고통이나 자책으로 이어진다. 어떤 경우든 변화를 고무하기보다는 방해한다.

자기 재평가에도 유용하게 활용할 수 있는 기법이 여러 가지가 있다. 준비 단계를 눈앞에 두고 있는 사람들이 자주 사용하는 세 가지를 살펴보자.

무작정 행동하기보다는 한번쯤 생각한다 모든 문제에 활용할 수 있지만, 특히 과식이나 음주, 흡연처럼 소비적인 행동에 효과가 있다. 습관은 시간이 흐르다 보면 거의 무의식적이고 자연발생적이 된다. 자신이 뭘, 왜 하는지 따져볼 새도 없이 술을 마시고, 담배를 피우고, 음식을 먹고, 돈을 쓰고, 화를 내거나 겁을 먹거나 우울증에 빠지게 된다.

그러나 반사적으로 행동에 들어가기 전에 잠시 흐름을 끊고, 그 행동에 어떤 의미가 있는지를 생각해보는 것은 대단히 큰 도움이 된다. 예를 들어 음식을 입으로 가져가기 전에, 내가 왜 이걸 먹는지, 정말로 배가 고픈지 따져본다. 이유를 생각해본 다음에도 여전히 먹고 싶다면, 그때는 먹는다. 일주일 정도만 이렇게 행동에 돌입하기 전에 잠시 멈추고 이유를 따져보면, 습관적인 행동을 통제할 힘이 생긴다.

스스로에게 물어보는 질문이야 여러 가지겠지만, 의도는 하나이다. 바로 '왜'를 따지는 것이다. "나는 왜 이 담배를 원하는가?" "나는 왜 지금 이런 식으로 반응하는가?" "나는 왜 이 음식을 먹고 싶어하는가?" 이런 질문을 던져보면 왜 그런 행동을 하는지 알 뿐 아니라 단지 습관적으로 그 행동을 하는 것인지도 확인할 수 있다. 예를 들어 지금 당장의 만족을 위한 것인지, 아니면 자신의 이미지를 멋지게 투영하거나 상황을 통제하거나 분위기를 맞추려고 하는 행동인지 알 수 있다. 습관적인 행동이 신체적인 욕구 —담배나 술, 음식에 탐닉하는 것— 때문임을 믿는다 해도, 빈번하게 발생하는 배경에는 지루함과 불안, 현재 자신이 처한 상황이 도사리고 있음을 발견할 것이다.

새로운 자아상을 창조한다   제조업체들은 제품 이미지를 높이기 위해 엄청난 돈을 광고에 투자하고 소비자들은 그 이미지를 구입하기 위해 그보다 더 많은 돈을 소비한다. 이미지가 소비되고, 설득력 있게 유통되는 이유는 다양한 의식의 층위에 자리잡은 사고와 감정을 적절히 혼합해서, 실제 현실과는 상관없이 환상을 직접 희구하기 때문이다. 울퉁불퉁한 근육질 사내가 되어 평원을 방랑하고픈 환상을 가지고 있는 사람이라면 어떤 담배를 구입해야 하는지 알고 있고, 세련된 이미지로 술을 홀짝거리고 싶다면 그런 이름의 위스키가 나와 있다. 스포츠맨이라는 이미지에 자신을 투영하려는 사람이라면 몇 달이건, 몇 년이건 더 열심히 일해서 그 이미지에 맞는 차를 구입하려 할 것이다.

광고에는 술을 마시는 사람이 다양하게 그려진다. 일도, 노는 것도, 술 마시는 것도 열심인 사람에서부터 긴장을 풀고 여유를 즐기기 위해 술을 마시는 사람까지 여러 모습이 등장한다. 흡연도 마찬가지다. 광고에 나오는 그들은 생의 즐거움을 만끽하고, 매력적이며 섹시하다.

그리 놀랄 일도 아니지만, 광고 속에서 철저히 무시되는 것은 자동차를 박살내고 경력을 물거품으로 만들고 아이들의 미래까지 망쳐놓는 음주자들의 냉혹한 현실이다. 물론 흡연이 건강에 끼치는 영향 역시 무시된다. 몇 년 전에 한 비영리 단체에서는 담배를 피우는 카우보이를 아주 현실적으로 그린 영상을 준비했다. 첫 장면은 서부 영화에 나옴직한 목가적인 풍경이다. 날씬한 카우보이가 담배를 물고 있는, 광고를 통해 너무나도 익숙해진 바로 그 풍경이다. 그러나 그 카우보이가 조금씩 가까워지면서 강인해 보이던 그 인물과는 전혀 딴판이라는 게 확연해진다. 쿨럭쿨럭 기침을 해대고, 숨을 쉭쉭거리는 것이 골초 그 자체였고, 살 날도 얼마 남지 않은 것 같았다. 예상했던 대로 상영 중지 가처분 신청이 받아들여져 사람들은 이 필름을 볼 수 없었다.

그러나 개인들도 광고업계에서 난다긴다 하는 프로들만큼이나 쉽고 간단하게 자신의 이미지를 만들어볼 수 있다. 우선 변화하지 않는다는 시나리오를 생각해보자. 건강을 비롯한 인생의 여러 측면이 변화되지 않은 문제 때문에 갈수록 악화된다. 이번에는 변화에 성공한 시나리오이다. 스스로에 대한 생각과 느낌이 어떻게 달라질지 상상해보자. 안도감이 들까? 자유로워질까? 훨씬 더 건강하다는 게 실감날까? 아이들이 본받고 싶어할까? 변화에 만족할까? 다른 사람들도 달라진 나에게 만족할까? 왠지 더 어른이 된 듯한 느낌이 들지 않을까? 이런 질문에 대한 대답은 너무나도 자명하다.

결정을 내린다 결정을 내리는 것은 심사숙고에서 실행을 준비하는 단계로 넘어가기 위한 건널목이나 마찬가지다. 그러나 가까운 시일 내에 실행에 들어가겠다는 결정을 내리기 전에 문제 행동의 장단점을 따져봐야 한다. 다음 네 가지 범주를 고려하면 결단의 저울(decisional balance)에서 눈금이 어디를 가리키는지 정확하게 읽을 수 있다.*

- 자기 자신에게 미치는 변화의 결과
- 다른 사람들에게 미치는 변화의 결과
- 변화의 결과에 대한 자신의 반응
- 변화의 결과에 대한 다른 사람들의 반응

이 네 가지 범주 옆에 변화의 긍정적인 측면과 부정적인 측면을 적어본다. 〈표8〉은 술을 끊으려는 여성이 작성한 결단의 저울이다. 이 저울을 완성하려면 스스로에 대한 가혹한 시험과 솔직함이 필요하다. 〈표8〉의 예가 된 제인은 술을 끊는 것이 어떻게 건강과 행복과 성공

---

* 결단의 저울이라는 개념은 어빙 제니스(Irving Janis)와 리언 만(Leon Mann)이 쓴 《의사 결정 (Decision Making)》이라는 책에서 자세히 기술하고 있다(New York:Free Press, 1977).

표8 결단의 저울의 예

	장점	단점
1. 자신에게 미치는 결과	−건강 개선 −행복 증진 −돈 절약 −성공적인 결혼생활	−일부 친구를 잃음 −친척들과의 관계 소원 − '기분 상승 묘약' 의 상실 −다른 할 거리를 찾아야 함
2. 다른 사람에게 미치는 결과	−자녀들이 나를 믿을 수 있다 −남편이 더 행복해질 것이다 −상사의 신뢰가 증가할 것이다	−어떤 친구나 친척들은 위협감을 느낄 것이다 −가족들이 내 기분 변화에 익숙하지 않고 그 기분을 다루는 방법을 배워야 한다
3. 자신의 반응	−결단력 있어 보인다 −책임감이 증가했다고 보인다 −버팀목이 필요 없어 보인다	−재미가 줄어든다 −시무룩하다 −자신이 타인처럼 느껴진다 −더 나이 들어 보인다
4. 다른 사람의 반응	−아이들이 자랑스러워할 것이다 −남편도 즐거워할 것이다 −다른 사람들이 다시 나를 믿을 만한 사람으로 볼 것이다	−대부분의 친구들은 뭐라고 말할까? −아마 술 마시기를 두려워하고, 사교성이 덜하고, "달라졌다"고 말할 것이다

을 가져다주고, 자유와 자긍심을 높여줄지에 대해 생각하고 있다. 그리고 자신의 금주가 아이들이나 남편, 그리고 직장 상사 등에게 어떤 영향을 끼치게 될지에 대해서도 생각하고 있다. 무엇보다 가족들이 자기의 알코올성 문제로부터 자유로워진다는 것은 그녀로 하여금 금주를 생각하게 한 가장 긍정적인 요인이다.

하지만 부정적인 생각도 만만치 않다. 술로 끈끈한 관계를 이어온 친구들을 잃게 된다는 것, 술을 많이 마시는 일가친척들과 멀어진다는 것, 술을 마시는 대신에 할 일을 찾아야 한다는 것 등은 금주 결심을 방해하는 요인들이다. 다가올 장래에 남편과 아이들이 누릴 행복은 저울의 긍정적인 쪽에 놓이지만, 침울한 기분을 견뎌야 한다는 사실이 당분간은 결단의 저울을 부정적인 쪽으로 기울게 할지도 모른다.

어떤 결정이든 의식의 고양을 통해 드러난 증거와 논리에 크게 좌우된다. 결단의 저울 위에 놓인 것들을 살펴보면 무엇이 바른 선택인지 분명히 알 수 있다. 심사숙고 단계에 도달한 모든 사람에게 이혼이 올바른 선택이 되는 것은 아니다. 그러나 금연은 누구에게나 올바른 선택이며, 그 목표를 향해 나아가는 것은 불가피하다. 이 시점에서는 실행에 들어가겠다고 결정하기가 어렵다. (물론 이것이 논리적이고 필연적인 과정이라는 것은 아니다. 앞에서 설명했듯이 전념은 변화의 과정 중 하나일 뿐이다.)

결단의 저울을 작성할 때는 최선을 다해 포괄적으로 따져야 한다. 문제의 부정적인 측면만 강조하는 것은 잘못이다. 어떤 문제라도 긍정적인 측면이 공존하기 마련이다. 장점이 하나도 없는 습관이라면 이미 예전에 사라졌을 것이다. 그러니 문제 행동이라 생각하여 개선하려는 마음이 있다고 해서 그 동안의 이점이나 장점을 인정하지 않는다면 변화의 타이밍을 제대로 맞출 수 없고, 적절한 준비를 통해 실행에 들어가기는 불가능하다. 장기적으로는 나쁜 습관이 주었던 궁극적인 보상을 포기할 필요가 없다. 대부분의 문제성 습관은 여유와 자신감을 얻기 위해 만들어진, 간접적이면서도 정교한 방법이다. 실행과 유지 단계에서는 더 건강한 대안을 통해 그 보상을 되찾을 방법을 연구하게 된다.

결단의 저울을 통해 변화의 장단점을 따졌으면, 문제성 습관의 자산과 부채 항목을 비교하면서 재평가한다. 부채가 자산보다 훨씬 많아 보인다면 마침내 준비 단계로 이동할 때가 무르익은 것이다. 더 많은 정보를 찾아보고, 문제성 습관의 부채 부분에 초점을 맞춘다. 실행 준비에 들어가기 가장 좋은 시점은 문제 행동의 좋은 점보다 나쁜 점이 약간 더 많아 보일 때다. 이런 시각은 실행 쪽으로 저울을 기울게 하고, 전념할 수 있게 한다.

자 기 재 평 가 자 체 평 가

자기 재평가가 얼마나 효과적으로 진행되었는지를 점검하는 간단한 자체평가를 마련했다. 다시 말하지만 대답은 솔직하고 현실적이어야 한다. 지난 한 주 동안 문제를 극복하기 위해 자기 재평가 방법을 얼마나 빈번하게 활용했는지를 잘 따져서 해당하는 번호를 적는다.

Checkpoint

1=전혀 하지 않았다 2=거의 하지 않았다 3=이따금 했다 4=자주 했다 5=반복해서 했다

빈도

_____ 문제를 극복하면 가족과 친구들의 삶도 나아질 것이라고 생각한다.

_____ 문제성 습관에 굴복하는 경향은 실망스럽다.

_____ 스스로에게 만족하려면 지금의 문제를 변화시켜야 한다고 판단한다.

_____ 문제에 무릎 꿇은 것을 생각하면 화가 난다.

_____ =총점

점수를 더해서 14점이 넘었다면 자기 재평가 과정을 제대로 활용했으며, 이제 심사숙고를 마치고 준비 단계로 나아갈 수 있다는 신호이다. 13점 이하라면 극복하려고 하는 문제와 관련된 자신을 인지적이고 감정적인 차원에서 다시 평가할 필요가 있다. 재평가 과정을 확실하게 완료하지 않을 경우, 앞으로 나아간다고 해도 재발 가능성이 매우 높다. 나중에 이 과정을 두 번, 세 번 반복하느니, 지금 확실히 해두는 편

이 낫지 않을까.

게일의 사례 : 다이어트 전문가

게일이 체중 조절의 장단점을 따져보기 시작했을 때, 그녀의 체중은 정상에서 20킬로그램을 초과한 상태였고, 고등학교 졸업 후 30번째 동창회가 6개월 앞으로 다가와 있었다. 게일의 사례 역시 조지와 마찬가지로 여러 차례에 걸쳐 다루게 될 아주 놀라운 변화의 이야기다. 나이 50을 바라보고 있던 성공적인 중견 간부 게일은 자신이 어머니의 전철을 그대로 밟을 운명에 처했다고 확신했다. 게일을 낳기 전까지만 해도 날씬하고 매력적이던 어머니는 이후 30년 동안 살과 전쟁을 치렀지만, 결국 패퇴한 채 비만의 상태로 우울한 여생을 살았다.

살을 빼준다고 '장담'하는 체중관리 프로그램을 안 다녀본 것도 아니다. 살이 빠지는 듯하다가도 다시 찌기를 다섯 번이나 반복했더니 (그녀가 뺀 몸무게를 모두 더하면 100킬로그램 가까이 되고, 다시 찐 것은 108킬로그램이 넘는다), 이만한 돈을 들일 가치가 있는지 회의가 들었다. 어머니가 왜 노력을 포기했는지 이해할 수 있었다.

그러나 자신과 어머니의 문제가 정확히 일치하지 않는다는 것도 알고 있었다. 어머니는 아이들이 대학에 들어간 후로는 별로 할 일이 없던 가정주부였지만, 자신은 광고회사 부사장이라는 직업과 일에 보람을 느끼는 전문직 여성이었다. 게일은 어머니를 닮아 운동에 소질이 있었다. 둘 다 수영과 스키에 일가견이 있었고, 골프와 테니스도 잘했다. 그러나 어머니와는 달리 게일은 아이들이 학교에 들어간 후에도 운동을 계속했다. 다행히 남편 댄은 아버지보다는 훨씬 적극적으로 자녀 교육을 도와주었다.

어머니는 비만하다는 것 외에도 나이가 들면서 폐경, 빈둥지증후군(empty nest syndrome), 적응장애, 미래가 쇠락해 간다는 느낌에 시달렸다. 그러나 게일의 미래는 훨씬 밝고 창창했다. 그녀는 사장도 될 수 있었다. 출장이든 휴가든 여행도 많이 할 테고, 앞으로도 몇 년은 더 테니스 시합을 즐길 수 있었다. 결혼생활도 행복하고, 착한 아이들은 밝은 미래를 위해 노력했다.

그녀는 체중 걱정을 하고 싶지 않았다. 비만이 된 것은 30대 이후지만, 어릴 때부터 체중 문제에 민감하던 그녀였다. 뚱보 남자애가 여자애들에게 어떤 대우를 받는지도 봤다. 비만인 여자애는 남자들에게 인기가 없다는 것도 알고 있었다. 어머니는 당신의 비만 때문에라도 더 그랬겠지만, 게일이 사춘기나 월경 등 신체의 변화를 겪을 때는 물론, 임신을 했을 때도 몸이 어떻게 변하는지 관심을 기울였다.

게일은 체중에 지나치게 몰두하는 것은 이기적이며 '허영'이라고 생각했다. 하지만 그녀도 젊었을 때는 날씬한 다리와 군살 없는 몸매에 자부심을 가졌었다(남편도 그녀만큼 그녀의 몸매를 자랑스러워했다). "자기 발을 내려다볼 수 없다면, 제대로 살고 있다고 할 수 없어." 그녀는 이렇게 말하곤 했다.

그런데 그 말이 이제는 자신에게 되돌아와 그녀를 괴롭혔다. 더군다나 고등학교 동창회가 멀지 않았다. 초과된 체중을 빼줄 뭔가 극적인 방법을 진지하게 생각하기 시작했다. 근처 병원에서 운영하는 단식 프로그램에 들어가는 것도 생각해봤다. 게일은 그 프로그램의 장단점을 표로 만들어 비교했다〈표9〉. 비교 결과는 또 한 번 그녀를 낙담하게

표9 게일의 첫번째 결단의 저울

	장점	단점
1. 자신에게 미치는 결과	1. 허용 요소가 마침내 만족된다 2. 내 건강이 개선될 것이다	1. 체중이 줄었다 늘었다 하는 것은 건강에 좋지 않다 2. 이번 새 다이어트는 돈이 많이 들 것이다 3. 언제까지나 굶을 수는 없다
2. 다른 사람에게 미치는 결과		4. 다른 사람들과 함께 식사를 못한다
3. 자신의 반응	3. 나 자신에 대해 더 좋은 느낌을 갖게 될 것이다	5. 실패하면 민망할 것이다 6. 내 체중이 건강의 문제인지 확신이 서지 않는다. 혹시 유전적인 것은 아닐까? 7. 패션 매체들의 노예가 된 듯한 느낌일 것이다
4. 다른 사람의 반응	4. 아이들이 나를 부끄러워 할 필요가 없어진다 5. 남편은 내가 더 섹시해졌다고 생각할 것이다	8. 여성운동가들은 찬성하지 않을 것이다 9. 가족들은 내가 어떻든 나를 사랑한다고 말한다 10. 남편은 자기 뱃살을 빼기 위해 나와 함께 단식할 마음이 없다

만들었다.

원래 게일은 긍정적인 사람이었지만, 마이너스 항목이 플러스 항목보다 두 배 이상 긴 것을 보고는 충격을 받았다. 실행에 들어갈 동기부여가 부족하다고 생각한 건 어쩌면 당연했다. 그녀가 작성한 결단의 저울에는 체중을 줄이기 위해 극단적인 방법을 실천하는 것에 대한 의구심이 그대로 드러나 있었다. 차라리 적극적인 페미니스트가 되어 상업광고들이 여자들에게 교묘히 떠안기는 미화된 거식증이라는 이상을 거부하는 건 어떨까? 쉰을 바라보는 마당에 지방도 자신의 일부라고 받아들인들 뭐가 어떨까? 또다시 극단적이고 무의미한 칼로리 전쟁에

표10 게일의 두 번째 결단의 저울

	저지방 다이어트의 장점	저지방 다이어트의 단점
1. 자신에게 미치는 결과	1. 유방암을 예방할 수 있다 2. 결장암을 예방할 수 있다 3. 골다공증을 예방할 수 있다 4. 심장마비를 예방할 수 있다 5. 뇌졸중을 예방할 수 있다 6. 콜레스테롤이 낮아진다 7. 체중이 줄어든다 8. 식이섬유 섭취가 늘어난다	1. 좋아하는 음식을 포기해야 한다 2. 남편 끼니까지 챙겨야 하니 음식 준비에 손이 더 많이 간다
2. 다른 사람에게 미치는 결과	9. 다른 사람과 식사를 함께 할 수 있다 10. 책임감 있게 산다는 느낌이 든다	
3. 자신의 반응	11. 늘어진 느낌이 덜하다 12. 현대적이 된 느낌이 든다	3. 실패하면 민망할 것이다
4. 다른 사람의 반응	13. 남편은 내가 그와 함께 식사할 수 있게 되면 좋아할 것이다	

	운동의 장점	운동의 단점
1. 자신에게 미치는 결과	1. 테니스 실력이 좋아진다 2. 에너지가 증가한다 3. 기분이 좋아진다 4. 심장혈관계 질환을 예방할 수 있다 5. 암을 예방할 수 있다 6. 체중이 줄어든다 7. 근육이 탄탄해진다	1. 시간이 든다 2. 헬스클럽 등록비가 비싸다
2. 다른 사람에게 미치는 결과	8. 책임 있는 삶을 살 수 있다	
3. 자신의 반응	9. 자긍심이 높아진다 10. 더 젊어진 느낌이 들 것이다 11. 스트레스가 줄어들 것이다	3. 실패하면 민망할 것이다
4. 다른 사람의 반응	12. 다들 나를 더 건강하게 볼 것이다	

뛰어들어 지극히 자연스러운 생물학적 현상에 저항하며 건강을 해칠 필요가 있을까?

이런 고민에 휩싸여 있던 중에 그녀는 의식의 고양을 노린 내 글을 몇 편 읽었고, 체중 감소가 행동이 아닌 결과임을 깨달았다. 행동은 칼로리를 계산하고 칼로리 섭취를 감소시키는 것이며, 그런 행동으로 인한 결과가 건강한지의 여부는 따로 생각할 문제였다. 그러므로 최종 결과에 집착해서 걱정하지 말고, 마구 먹었다가 가끔씩 금식하는 것보다 건강한 대안을 선택한다면 '필승'의 해법이 가능했다.

어떤 행동이 몸에 좋은지에 대해서는 이견의 여지가 별로 없다. 저지방 식단에 운동 계획을 짜고 대신 폭식 습관을 포기하자, 게일은 이제 페미니스트들과 견해 차이로 싸울 필요가 없어졌다. 건강에 좋은지 좋지 않은지를 따질 필요도 없고, 칼로리를 계산하느라 머리 아플 일도 없으며, 개인적인 허영이라는 생각에 죄책감을 느낄 일도 없었다.

〈표10〉에서 확인할 수 있듯이 이제 게일의 저울은 장점 부분이 훨씬 더 길고 건강해졌다.

마침내 2 대 1로 금식을 반대하던 결단의 저울은 4 대 1로 저지방 식단과 유산소 운동을 찬성하는 쪽으로 급선회했다. 다이어트의 장단점을 놓고 의기소침해지거나 의구심을 버릴 수 없던 날들은 이제 끝났다. 그녀는 자신이 '필승'의 계획을 개발하고 있음을 확신했다. 체중 감소가 주목적이 아니라(체중 감소는 24가지 이점 중에서 단 두 가지와 관련이 있을 뿐이다), 건강하고 행복한 자아가 결국 날씬한 자아로 이어질 수 있다는 희망에 충분한 근거가 있었다.

게일은 활동적이고 운동을 좋아하던 자신을 되찾을 수 있다고 생각했다. 결코 어머니처럼 수동적인 사람은 되고 싶지 않았다.

그녀는 현대를 사는 여성이고, 최신식 다이어트를 실시한다. 지나친 지방 섭취는 담배를 피우는 것만큼이나 나쁘다. 전문가들은 한 목소리로 고지방 식단의 폐해를 지적한다. 지방은 동맥의 흐름을 막고, 암을 유발하며, 심장혈관계 질환의 원인이 되고, 여러 만성적인 문제를 낳는다.

더 많은 정보를 알아갈수록 게일은 자신이 변한다는 생각에 마음이 흡족했다. 결국 그녀는 날씬해졌고, 체지방도 많이 줄었다. 나이가 들어도 신체적으로나 사회적으로 활동성을 잃지 않는 것이 건강을 유지하는 최고의 비결이다. 신체 활동이 활발한 사람은 성적인 활력도 더 오래 유지한다.

변화의 장점이 훨씬 우세하다는 것이 너무나도 분명했기 때문에 게일은 실행 준비를 갖추기 위해 앞으로 나아가야겠다고 느꼈다.

심사숙고 단계에 필요한 주변의 도움

혼자의 힘으로 자기 변화에 성공한 사람들은 심사숙고와 준비, 그리고 실행 단계에 이르러서도 주변의 도움이 가장 소중했다고 말한다. 주변의 도움이 줄 수 있는 효과를 극대화하는 방법으로는 감정이입, 따뜻한 관심, 의견 제시 세 가지가 있는데, 심사숙고 단계에서 특히 그 중요성이 부각되는 앞의 두 방법은 대인전략을 연구해 온 저명한 심리학자, 칼 로저스(Carl Rogers)가 처음 정리한 개념이다.

감정이입   이는 다른 사람의 상황을 감정적으로, 그리고 인지적으로 이해하는 능력을 의미하는데, 쉬운 말로 하면 그 사람이 되어보는 것이다. 심사숙고 단계에 있는 사람은 대부분 상대방의 감정이입을 적극적으로 받아들이며, 누군가 자신과 비슷한 고민을 지녔다는 사실을 반긴다. 양가적인 모호함을 지녔다고 해서 반드시 실행의 마비 증세로 이어질 필요는 없다. 어떤 문제를 변화시키는 것을 놓고 긍정적인 생각과 부정적인 생각이 공존할 수 있으며, 설혹 의구심이 있더라도 결국 실행을 향해 전진할 수 있다고 확신하는 것이 중요하다.

주변의 조력자들로부터 얻는 감정이입의 효과를 극대화하려면 그 사람들에게 내가 변화의 주기 어디쯤에 도달해 있는지를 알려주어야 한다. 무관심 단계를 거쳐 인식이 고조된 상태이기는 하지만, 아직 실행에 들어갈 준비는 완료되지 않았다는 것을 분명히 일러주어야 한다. 그리고 실행만이 변화의 전부가 아니며, 누구나 자기만의 방법과 자기에게 가장 적당한 속도로 변화한다는 것을 이해시켜야 한다. 그리고 의욕이 지나쳐 성급하게 실행을 종용하지 말라고 주의를 주어야 한다.

모든 인간 관계가 다 그렇지만, 도움을 주려는 주변 사람들에게 구체적으로 어떤 것이 필요한지 알리는 것은 자기 책임이다. 심사숙고 단계에서는 주변 사람들이 마음으로 응원하고, 얘기할 때 귀를 기울이고, 반응을 보이기를 원한다. 그런데 도움을 주려는 사람들은 대부분 당연한 말과 성급한 해법을 제공하려는 성향이 강하다. 그렇다면 그 사람들에게 지금은 조언이나 충고보다 이해와 지지가 더 필요하다는 것을 분명히 밝혀야 한다.

"지금은 그냥 내 말을 들어줬으면 좋겠어. 몇 주 후라면 그런 방법이 도움이 되겠지만, 지금은 나 자신과 문제를 이해하는 게 먼저거든."

이 정도로만 얘기해도 친구들이나 가족들은 자동적으로 나오는 규격

화된 반응이 아닌, 변화 당사자가 원하는 구체적인 도움이 무엇인지 분명히 알 수 있을 것이다.

따뜻한 관심   주변의 도움이 변화를 강화할 수 있는 또 다른 방법은 따뜻한 관심을 기울이는 것이다. 칼 로저스는 이것을, 상대를 소유하려 하지 않고, 조건을 달지 않은 채 그 사람을 존중하는 것이라고 설명했다. 여기서는 조건을 달지 않는다는 말에 주목해야 하는데, 사람들은 친절을 베풀 때 단서를 다는 경향이 있기 때문이다. "너의 변화를 도와주고 싶지만 만약 변하지 않는다면 너와 헤어지겠어." "당신이 술을 끊으면(과식하는 버릇을 없애면, 담배를 끊으면, 사사건건 시비하는 버릇을 없애면), 그때 당신을 도와주겠어요." 이런 조건적인 '지지'는 성급한 실행을 부추기고 분별력 있는 변화를 저해한다.

심사숙고 단계에서 어떻게 하면 주변의 따뜻한 관심을 얻을 수 있을까? 가장 간단한 방법은 자기 자신부터 관심을 보이고, 따뜻한 태도를 갖는 것이다. 따뜻함은 따뜻함을 낳는다. 모욕적인 언사나 위협하는 태도는 누구에게도 이익이 되지 않으니 주변의 소중한 사람들에게 문제를 비난하기보다 애정이 담긴 시선으로 관심을 표현해달라고 부탁한다. "아니, 또 그러고 있잖아. 나도 이제는 더 못 참아!" 이렇게 말하는 것보다 같은 걱정이라도 온건한 관심으로 표현할 수 있다. "지금 당장 변화하는 게 얼마나 힘든지 잘 알아." 사람들은 누구나 두 번째 말에 훨씬 긍정적으로 반응한다.

물론 무턱대고 칭찬을 늘어놓고 찬사를 하는 것도 곤란하다. 진실하지 못하고 상투적인 의견은 오히려 역효과를 낳는다. 상대를 있는 그대로 받아들이고 아끼는 태도를 보여주는 것이 중요하다. 스트레스 해소법에 대한 초창기 연구에서도 "나는 네가 최선을 다하리라는 걸 알아. 어떤 결과가 나오든 내가 너를 아끼는 마음에는 변함이 없어"라는 말이 가장 큰 도움이 된다는 발표가 있었다. 반면에 가장 도움이 되지 않는 말은 거짓된 자신감을 표현하는 말이었다. "당연하지. 너는 할 수 있어." 이런 말에는 가치판단의 조건이 함축되어 있고, 이행의 불안을 야기한다(Mechanic, 1962).

의견의 요청　무관심 단계의 핵심은 적응장애적 방어 태도를 극복하는 것이기에 주변 사람들에게 방어적인 태도를 보일 경우 지적해달라고 부탁했다. 심사숙고에서는 더 많은 정보를 얻고, 인식의 수준을 향상시키고, 동기부여를 강화할 수 있도록 주변의 도움을 요청해야 한다.

조력자들은 그 동안 지켜본 바와 개인적인 경험, 각종 매체를 통해 습득한 정보를 차분하게 일러줌으로써 변화하는 사람의 인식 수준을 향상시킬 수 있다. 특히 가족이라면 문제성 행동의 전후에 어떤 일들이 벌어지는가를 정확하게 말해줄 수 있다. 예를 들어 체중 문제로 고민하는 존 노크로스는 왜 과식을 하게 되는지 따져보라는 아내의 반복된 권고에 따라 습관적인 과식에 선행하는 이유를 이성적으로 생각해볼 수 있었다.

문제의 원인과 결과를 인식하는 데 주변 사람들이 도움이 되기는 하지만, 그들의 의견을 기꺼이 청할 만큼 안정적이고 개방적인 사람은 그렇게 많지 않다. 우선 사랑하는 사람들에게 마음을 열어야 한다. 이 정도 위험은 감수할 만하다. 그리고 여기서 얻은 인식은 준비 단계로 이동하는 데 도움을 줄 것이다. 이제 보게 되겠지만, 준비 단계는 긍정적인 예상으로 가득 찬 신나는 시기다.

이제 스스로에 대한 평가는 미래의 모습으로 초점을 옮겼고, 과거로 고개를 돌리는 횟수는 줄어들었다. 심사숙고에서는 문제에 대한 정보를 수집했지만, 이제는 그 문제를 극복할 적절한 방법을 모색하는 데 전념한다.

준비 단계-출발선에 서다

잘 알다시피 보이스카우트의 모토는 '준비(Get ready)' 다. 준비를 갖추면 실행에 들어갈 수 있는 것은 물론이고 예상치 못한 도전에 순발력 있게 대처할 수 있다. 인생에 걸림돌이 되는 문제에 효과적으로 대처할 수단과 방법을 손에 넣는 것이 중요하다는 데에는 반론이 있을 수 없다. 장기적인 프로젝트의 성공은 얼마나 치밀하게 준비했는가에 크게 좌우된다. 성공적인 자기 변화 프로젝트 역시 간단하면서도 세심한 준비 단계에 따라 성패가 갈릴 수 있다.

사람들이 늘 준비 사이렌에 귀를 기울이는 것은 아니다. 해마다 6월이면 허리케인을 맞는 멕시코 만 주민들만 봐도 그렇다. 뉴스에서는 매일 밤 아프리카 연안에서 형성되고 있는 폭풍의 진행 상황을 보도한다. 그러다 허리케인의 위협이 체감되기 시작하면 마실 물이며 통조림, 건전지와 손전등, 라디오 같은 것을 준비해놓으라고 되풀이해 방송한다.

그러나 사람들은 본격적인 경고가 나올 때까지 이를 대수롭지 않게 생각하는 경향이 있다. 경고 신호가 본격적으로 울리기 시작한 후라도 폭풍 경로가 아직 불확실하거나, 도착하기까지 24시간 이상 여유가 있을 때에는 여전히 아무런 행동도 취하지 않는다. 그러다 폭풍이 강타할 개연성이 확실해지면 비로소 슈퍼마켓과 철물점은 사람들로 장사진을 이룬다. 뒤늦게 물건을 구입하려는 움직임이지만 이미 그 물건들은 바닥이 난 뒤고, 그들은 엄청난 폭풍을 무방비 상태에서 맞게 되었다는 사실에 직면한다.

이렇게 막판에 슈퍼마켓으로 달려가는 사람들처럼 준비를 게을리 한다면, 변화의 노력이 수포로 돌아갈 것은 불을 보듯 뻔하다. 준비는 효과적인 실행을 위한 초석이며, 변화에 전념할 토대를 제공한다. 실제로 전념하겠다는 마음가짐은 준비 단계에서 획득하는 가장 중요한 소득이자 과정이다. 결심을 손상시키는 모호한 태도는 이 단계에서 확실히 해소해야 한다.

준 비 란   무 엇 인 가

준비는 심사숙고 단계에서 내린 결정으로부터 실행 단계 동안 문제를 해결하기 위해 사용할 구체적인 수단으로 넘어가는 일종의 교량이다. 연구를 처음 시작할 때에는 준비와 심사숙고 단계를 구분하지 않았다. 이 둘의 차이는 대단히 미묘하기 때문이다. 그러나 연구를 진행하면서 적절한 준비야말로 성공적인 변화에 절대적이라는 결론을 내리게 되었다. 준비 단계에 들어와서도 자신과 문제에 대한 재평가 작업은 계속되지만, 이미 변화하겠다는 결정에 대한 확신은 크게 증가한 상태다.

이제 스스로에 대한 평가는 미래의 모습으로 초점을 옮겼고, 과거로 고개를 돌리는 횟수는 줄어들었다. 심사숙고에서는 문제에 대한 정보를 수집했지만, 이제는 그 문제를 극복할 적절한 방법을 모색하는 데 전념한다.

라나는 남편 릭이 사업 때문이라며 저녁 먹는 것을 달가워하지 않았다. 릭은 술을 지나치게 마셨고, 잔뜩 취하거나 혀가 꼬여서 집에 돌아왔다. 릭도 술을 몇 잔 마셨다는 것은 인정했지만 "고객들과 친해지려면 어쩔 수가 없어. 그러지 않고야 어떻게 사업을 해?"라면서 그래도 최소한 저녁은 먹고 마셨으니 문제가 없다고 주장했다. 릭은 독실한 침례교 신자인 아내가 워낙 보수적이라, 자신이 술을 마시는 것에 지나치게 민감한 반응을 보인다고 생각했다.

그날도 저녁 식사를 마친 뒤 운전을 하고 집에 오다가 경찰의 음주 단속에 걸렸다. 정신이 말짱하다고 자신만만했던 그는 기꺼이 테스트를 받겠다고 했다. 결과는 혈중 알코올 농도 0.18. 법정 허용치를 두 배 가까이 초과한 수치였다. 그는 그 자리에서 음주운전으로 구속되었다. 릭도 그 상황만큼은 합리화하기가 어려웠다. 그 동안 인정하던 것보다 문제가 훨씬 심각할지도 모른다는 생각이 들었다.

구속된 후 릭의 자신만만하던 태도는 우려와 걱정으로 변했고, 그 동안 술 때문에 많은 것을 잃었다는 사실을 깨달았다. 또 아버지에게도 음주 문제가 있었다는 것을 생전 처음 알았다. 열두 살 난 아들과 아내는 몹시 당황했다. 릭은 지금이야말로 이 악순환의 고리를 끊을 때임을 알았다. 그는 법원의 강제 프로그램을 활용하는 것이 행동을 취하는 데 도움이 되리라 판단했다.

릭은 변화의 준비 단계에 진입했다. 얼마 후 그는 문제를 인정하지 못하게 가로막던 장애물을 뛰어넘어 여러 가지 가능성을 타진한 다음, 실행에 들어가기로 결정했다. 자세한 계획과 긍정적인 자기 재평가, 그리고 전념하겠다는 다짐. 바로 이것이 그가 결정을 이행하기 위해 조심스레 내디딘 첫걸음이었다.

준비 단계에도 여러 과정이 포함된다. 강제 프로그램을 활용하겠다는 릭의 결정은 실행을 예비하는 사전 작업의 좋은 예다. 담배의 양을 줄이거나 지출을 줄이고, 자조 모임의 전화번호를 손 닿는 곳에 적어두고, 건강하지 못한 습관을 건강한 활동으로 대체하는 것 등이 모두 이런 사전 작업이다. 밖에서 보기에는 준비 단계의 이런 활동들이 실행을 위한 예행 연습 같다.

그러나 준비 단계에는 종종 지루함 때문에 문제가 발생하기도 한다. 심사숙고 단계를 마무리할 때 이미 문제의 심각성을 인정하고 변화를 결심함으로써 실행의 문턱까지 도달했다. 준비 단계에 오기까지, 어려울 뿐만 아니라 용감하다고 말할 수 있는 노력을 했다. 그런데 문제를 인정하는 것만으로 변화가 이루어지길 소망하는 사람이 많다. 이들은 마법이 일어나기를 기다리면서 소망적 사고에 빠져 헤어나지 못한다.

준비 단계를 지름길로 가로질러서 빨리 실행에 들어가고 싶어하는 조급한 마음도 흔히 볼 수 있다. 지금 당장 실행해도 될 것 같은데 더 기다려야 한다는 사실에 좀이 쑤실 지경이지만, 성급한 실행은 변화의 능률을 떨어뜨릴 뿐이다.

성 급 한   실 행

하루, 또 하루가 지나도 조지는 음주 문제 해결을 생각하고 있었다. 몇 주가 지나도록 그는 행동을 뒤로 미루기만 했다. 마법과 같은 순간이 나타나기를 기다리는 동안 몇 주는 금세 몇 달이 됐다. 기다리다 지친 조지는 갑작스럽게 실행에 돌입하기로 결심했다. 술로부터 자유로워진 자기를 언제까지 생각만 하고 있을 수는 없었다. 어쩐지 오늘의 연극에 나왔던 등장인물들이 떠올라 마음이 편치 않았다.

조지는 아이들을 불러놓고, 술을 완전히 끊지는 않겠지만 음주와 관련된 행동을 조절하겠다고 선언했다. 아이들도 기뻐했다. 음주를 조절할 수만 있어도 알코올 남용으로 인한 결과를 최소화하면서 사회 활동의 주무대이자 스트레스를 해소해주는 친구들과의 관계도 유지하고, 강인한 이미지와 아일랜드 기질을 지켜나갈 수 있을 것 같았다.

컴퓨터를 이용해서 음주 패턴을 조사했을 때, 그는 자신이 일주일에 55~75잔을 마신다는 사실을 알고 놀라움을 금치 못했다. 일주일에 술값으로 나가는 돈이 50~100달러였다. 직장을 잃은 후, 얼마 되지 않는 유산으로 생활하고 있지만 그나마 계속 줄어들고 있었다. 얼마 전에 새로 시작한 사업이 기반을 잡지 못하면 거리에 나앉을 판국이었다.

그는 하루에 세 병 이상 마시지 않겠다는 목표를 세우고, 목표 달성을 도울 간단한 컴퓨터 프로그램을 만들었다. 프로그램 이름은 위험한 음주를 막는다는 의미로 DADD(Defenses Against Dangerous Drinking)라고 명명했다. 장보기 목록을 출력할 때는 지금까지 마시던 맥주를 자동적으로 무알코올 맥주로 대체하도록 했다. 그날 마신 맥주 양을 입력했을 때 세 병 이하면 컴퓨터에 이런 칭찬 문구가 떴다. "참 잘했어요." "바로 그거야, 넌 할 수 있어." 반면에 세 병을 넘어간 날엔 컴퓨터에 이런 문구가 떴다. "조지, 오늘은 미끄러졌구나. 빨리 제 궤도에 올라서야 해." "이렇게 실수하고 있을 때가 아니야. 아이들은 너를 믿는단 말이야." 조지는 친한 바텐더에게 저알코올 맥주를 줄 것과 세 병을 넘어가면 무알코올 맥주로 바꿔달라고 부탁했다. 그리고 친구들에게는 결심을 알리지 않았으니 아무도 눈치채지 못하게 살짝 달라는 말도 덧붙였다. 무알코올 맥주도 색깔이나 냄새가 같았고, 몇 잔 마시고 난 다음에는 맛도 같았다. 단지 기분이 조금 다를 뿐인데, 내 인생을 내가 조절한다는 느낌은 짜릿했다.

조지는 몇 달 동안 순항했다. 최대의 위기는 친구들과 친척들이었다. 아이들과 바텐더만 알고 있기로 했던 사실이 머지않아 친구들에게 발각되었고, 친구들은 '여자들이나 마시는 맥주'는 저리 치우고 진짜 맥주를 마시라고 강요했다. 친구들은 조지가 그들과 술자리를 같이 한다는 것에 만족하지 않았다. 조지는 그들과 함께 '취해야' 했다.

친구나 친척들이 그를 진정으로 사랑하지 않는다거나, 그가 음주 문제를 해결하기로 했다는 결심에 위협을 느꼈다면 정말 안타까운 노릇이 아닐 수 없다. 사실 조지가 음주 문제를 조절하게 된다면 그들도 매일 저녁 술을 마실 핑계가 없어지는 셈이었다. 결국 친구들이 승리했다. 조지는 다시 술을 마시기 시작했다. 아직 실행에 들어갈 준비가 충분치 않았던 것이다.

계속되는 자기 재평가

심사숙고 단계에서는 자신과 자신의 문제를 재평가하는 과정을 통해 문제를 해결하는 방법을 모색하며, 스스로의 이미지를 재창조하고, 현재의 자기와 변화 이후의 자기를 어떻게 조화시킬지 등을 알아봤다. 자기 재평가는 변화하겠다고 굳게 결심하는 데 도움이 된다. 준비 단계에서는 자기 재평가를 통해 앞으로 변화할 자아에 초점을 맞춤으로써 성공 확률을 높일 수 있다. 변화 이후의 삶이 어떻게 달라질 것인가에 대한 희망적인 예상이 가장 큰 동기부여가 된다. 변화의 장점을 일목요연하게 정리해서 눈에 잘 띄는 곳에 붙여놓자.

카를로 디클레멘트는 코카인 중독자를 대상으로 한 심리치료 모임을 운영하면서 변화한 모습을 상상하는 것이 얼마나 큰 힘이 되는지 확인했다. 그 모임에 나온 사람들은 저마다 회복 단계가 달랐다. 심사숙고 단계에 있는 사람은 마약을 상용하던 시절의 전쟁 같던 일상을 즐겨 이야기했다. 마약을 손에 넣기 위해 저질렀던 끔찍한 행동들과 마약의 무시무시한 중독증상 같은 얘기였다. 중독의 부정적인 측면을 강조하는 얘기들이지만, 마약을 사용하던 때의 흥분이나 위험을 다시 느낄 수 있게 해주었다.

심사숙고 단계에 있는 사람들은 결정을 굳히는 중이기 때문에 이런 얘기들을 주고받는 것이 적절했다. 그러나 준비나 실행 단계에 들어선 사람들에게 이런 이야기는 눈앞의 노력에 집중하는 것을 방해하고, 마약을 하던 시절로 되돌아가고픈 충동마저 일으킬 수 있다는 것이 확인되었다. 이 사람들만 따로 분리시켜서 배우자와 더 가까워지고, 아이들과 더 많은 시간을 보낼 수 있고, 업무 효율이 높아지고, 마약을 끊었다는 성취감에 자부심을 느끼는 등 코카인 없는 생활의 긍정적인 측면을 강조하자 이전에 여러 단계의 사람들과 섞여 있을 때보다 훨씬 발전된 양상을 보여주었다. 준비 단계에 들어선 사람들은 새로운 자아에 대한 예상으로부터 힘을 얻고, 변화에 전념하겠다는 마음을 다진다. 준비 단계에서 활용할 수 있는 자기 재평가 방법 두 가지를 알아보자.

지난날의 습관은 과거의 것으로 남겨둔다   과거는 흘러갔다. 이제는 눈을 미래로 돌릴 때다. 과거를 완전히 놓아버리기는 어렵고, 미래는 여전히 불확실하다. 그러나 공중그네를 타는 사람들을 보라. 그들은 동료를 믿기 때문에 잡고 있던 그네를 놓고 공중으로 몸을 날린다. 낡은 습관을 버리는 것은 두려운 일이다. 그러나 새로운 자아가 그 자리에서 우리를 반갑게 맞아줄 것이다.

과거를 잊을 경우 방향 감각을 상실할 수도 있다. 아무리 문제가 있는 행동이라도 이미 뿌리 깊은 습관이고, 생활에 중요한 일부분이었다. 긍정적인 습관을 깨기 어려운 것처럼—어느 날 갑자기 이를 닦지 않으려고 노력한다고 생각해보라 — 문제가 되는 습관도 마찬가지다. 이런 습관에도 생활을 이롭게 하는 요소가 있음을 기억해야 한다. 체중을 줄일 경우 성적인 대상으로 비칠까봐 걱정하는 여성도 있다. 초과된 체중은 그 동안 원치 않는 주변의 성적 관심으로부터 그를 보호하는 방패였던 셈이다.

미래에 새롭게 바뀌어 있을 자아를 그려보는 것은 과거를 잊는 데 도움이 된다. 이런 질문을 던져보자. 내가 변한다면 나의 잠재력은 어떻게 달라질까? 문제로부터 자유로워지면 무엇을 어디까지 성취할 수 있을까? 삶은 얼마나 개선될까?

변화를 최우선순위로 삼는다   현대인은 숨가쁠 정도로 바쁜 일상을 살기 때문에 집중력을 요하는 자기 변화는 해야 할 일 가운데서 눈에 띄지 않는 한, 달성하기 힘든 목표이다. 결심은 했지만 변화에 대한 노력을 모호한 상태로 유지하는 사람을 숱하게 봤다. 이런 사람들에게는 변화의 우선순위가 머리 자르기와 시장 보기 중간쯤 어디로 밀려난다.

이런 근시안적인 태도로는 인생의 중대한 목표를 이룰 수 없다.

  이것저것 많은 것을 이루려는 사람이라면 누가 보기에도 어려운 일, 예를 들면 자신의 삶을 변화시키는 일은 뒤로 미루고 비교적 쉽고 간단한 일부터 처리할지 모른다. 누군가 다른 사람이 정해주는 대로 목표를 세운다면 개인적인 변화는 늘 뒷전으로 밀릴 것이다. 스스로 목표를 세우기 싫은 사람이라면 무엇인가가 변화를 강요할 때까지 기다려야 할 것이다. 심사숙고 단계를 마무리하며 문제가 되는 행동을 바꾸기로 결심했다면 준비 단계에서는 이 변화를 삶의 최우선순위로 끌어올리려 노력해야 한다. 변화는 에너지와 노력과 집중이 필요하다. 변화가 삶에 제1순위가 되지 않는 한, 실행 단계로 넘어갈 준비가 되었다고 할 수 없다.

전념

여기서 말하는 전념은, 문제를 극복하기 위한 행동을 취하겠다는 의지뿐만 아니라 변화할 수 있다는 믿음까지 포함하는데, 이 믿음은 다시 의지를 강화하는 선순환을 한다. 준비 단계에서 시작되는 전념 과정은 실행과 유지 단계까지 계속된다. 전념 과정의 핵심은 역시 정신력, 또는 의지라 불리는 그것이다. 자신의 의지를 굳건히 믿고 그 믿음에 따라 행동을 취할 때 강한 힘을 느끼게 된다.

  태아에게 미칠 니코틴의 폐해를 걱정한 로즈매리는 임신한 후에는 담배를 한 개비도 피우지 않았다. 그러나 수유를 중단한 다음 날 다시 담배를 피워 물었다. 예상했던 대로 일주일이 가기 무섭게, 하루에 한 갑씩 피우던 옛 습관이 고스란히 되돌아왔다. 아이가 있는 곳에서는 피우지 않았지만 하루에도 몇 번씩 밖에 나가 줄담배를 피웠다.

딸 모니카는 18개월이 되자 부산하게 돌아다니며 일을 저질렀다. 로즈매리는 한순간도 아이에게서 눈을 뗄 수 없었다. 하루는 잠시 숨을 돌리며 담배를 피우는데, 모니카가 뛰어와 그만 담뱃불에 손을 데고 말았다. 로즈매리는 화가 나서 견딜 수가 없었다. 담배는 자신에게도, 아이에게도 좋지 않았다. 그때까지는 모니카가 조금 더 크면 끊을 생각이었다. 그렇지만 이제는 당장에 끊고 싶어졌다.

로즈매리는 남아 있던 담배를 치우고 담배와 관련된 모든 것을 집안에서 치워버렸다. 금연을 시도하는 사람들에게 자료를 제공하고 조언해주는 곳의 전화 번호를 가까운 곳에 적어두고, 만약의 경우에는 바로 전화를 걸 수 있게 했다. 다행히 남편은 담배를 피우지 않았기 때문에 그녀를 도울 수 있었다. 로즈매리는 담배를 끊을 수 있을 것이라고 확신했다. 어쨌거나 임신중에는 담배를 끊었으니까.

잘못해서 아이 손을 담뱃불로 지진 사건은 변화에 전념하는 계기가 되었다. 이런 종류의 전념은 스스로에 대한 믿음에서 나온다. 전념은 심사숙고 단계에서 성취한 모든 것에 믿음을 갖는 것에서 시작된다. 얼마 전까지만 해도 문제를 인식도 못하고 아무런 정보의 뒷받침도 없이 암중모색하던 처지였다. 그러나 이제는 변화의 장단점에 대한 자신의 평가와, 이제 막 실행에 들어가려는 행동들로 인해 삶의 수준이 향상되리라는 것을 진정으로 믿게 되었다.

전념의 길에 놓인 걸림돌은 수도 없이 많다. 그러니만큼 스스로의 의지를 강화하고 북돋우려는 노력을 게을리 해서는 안 된다. 실행을 너무 오래 미루다 보면 그 와중에 의지가 약화되기도 한다. 그러나 오로지 의지에만 의존하는 것도 스스로에게 지나친 부담으로 작용한다. 만약 술을 마셔서 불안을 잠재우려 한다면, 불안한 마음이야 풀어질지 몰라도 마음이 가진 힘마저 함께 약화된다는 것을 잊지 말아야 한다. 성급한 실행 역시 변화의 능력에 대한 믿음을 흔들어 놓을 우려가 있다. 이런 수많은 장애물을 어떻게 효과적으로 넘어 변화에 전념할 수 있을지, 그 방법들을 알아보자.

어 렵 지 만 선 택 해 야

때로는 해당 문제에 대한 정보가 너무 많은 나머지, 준비 단계에까지 온 사람이라면 실행에 들어가지 않는 것이 오히려 어려울 때도 있다. 비근한 예로, 흡연의 경우 부정적인 측면이 담배를 피워서 얻는 이점을 언제나 능가한다는 데에 이견을 달 여지가 없다. 금연이 올바른 선택이라는 것은 자명하다.

　그러나 그렇지 않은 경우도 많다. 심사숙고 단계에서 아무리 노력을 하고, 많은 것을 성취했어도 여전히 문제와 변화의 장단점에 모호함이 있거나 선택에 확신을 가질 만큼 정보가 충분하지 못할 수도 있다. 자녀가 있는데 부부 관계가 나빠졌다면 이혼을 해야 할까, 아니면 어떤 어려움도 무릅쓰고 가정을 지켜야 할까? 결혼생활이 얼만큼 힘들고 고달프면 이혼이 정당하고 옳은 선택이 될까? 이런 문제에 대해서는 '적절한' 정보를 얻기가 쉽지 않다. 선택을 한다는 것은 더 어렵다. 성공적인 실행이라는 것은 보장할 수 있는 것이 아니라 일단 결심을 한 후에는 대단한 전념을 요하기 때문이다.

　앤은 아직 학생이지만 결혼을 해서 아이를 가졌다. 그런데 부모에게

임신 사실을 알린 후 자꾸 불안해졌다. 남편과 앤은 아이가 생긴 것을 기뻐했지만, 부모는 낙태를 권했다. 아직 어린 앤이 벌써 아이를 낳으면 더 이상의 미래를 기대할 수 없다는 이유였다. 앤 부부는 젊은 대학생이었고, 앤의 부모에게 경제적으로 의존하고 있는 상태였다. 그런데 부모님은 앤이 아이를 낳겠다고 고집하면 의절하겠다고 할 만큼 강경했다. 20년을 사는 동안 앤은 한 번도 부모에게 저항한 적이 없었다. 부모가 자신의 삶을 좌우했지만, 오히려 보호받고 있다고 생각했다. 심리 치료를 받으면서 앤은 불안한 이유가 독립된 삶과 부모의 보호 사이에서 선택을 해야 한다는 느낌 때문임을 깨달았다. 그녀는 자신을 전념의 대상으로 선택했다.

다행히도 주어진 대안에 전념하는 것 자체가 성공 가능성을 증대시킨다. 새롭게 채택한 행동에 몰입할수록, 그 행동이 최선이었음을 증명할 가능성은 커진다. 어쨌든, 전념을 하려면 실행에 옮기겠다고 선택한 행동을 성공으로 이끌 수 있다는 자신감과 믿음을 가져야 한다.

전념에 따른 불안

심사숙고 단계에서 한 일은 변화의 가능성 여부를 결정짓는다. 준비 단계에서의 전념은 성공 가능성을 더욱 크게 한다. 그러나 전념의 힘에도 한계는 있다. 익명의 알코올 중독자 모임 회원이라면 누구나 알고 있는 '평온을 구하는 기도' 역시 그 한계를 인정하고 있다. 이 기도문은 이렇게 갈구한다. "변화할 수 없는 것은 받아들이는 평온함을 주시고, 변화할 수 있는 것은 변화시키는 용기를 주시며, 그 둘의 차이를 분별하는 지혜를 주시옵소서."

어떤 변화든 시작할 때 성공이 보장되는 경우는 없다. 강도 높은 전념에도 불구하고 실패로 돌아갈지 모른다는 불안감을 받아들여야 한다. 실행 시점이 다가오면 거의 모두가 불안을 경험한다. 대단히 위협적으로 느낄 수도 있다. 이런 위협적인 불안감은 회피와 지연, 내일이든 언제든 '더 좋은 때'가 나타나길 기다리겠다는 핑계를 낳는다. 실행에 들어가더라도 그것을 숨기려 할 수도 있다. 실행했다는 사실 자체를 숨기면 만에 하나 실패를 해도 아무도 모를 것이라는 생각 때문이다. 불안은 또한 의지를 약화할 수 있는 행동, 예를 들어 술을 마시는 것과 같은 일탈을 부추긴다.

불안을 정복하기는 힘들지만, 이해하고 대처할 수는 있다. 이런 노력도 전념의 일부이다. 불안에 효과적으로 맞설 수 있는 방법 다섯 가지를 소개한다.

티끌 모아 태산이라는 마음가짐 허리케인에 대비해서 필수품을 비축하듯이, 신체와 감정을 위한 필수 요소들을 미리 점검하고 비축하는 것도 실행을 위한 준비 단계에서 해야 할 중요한 일이다. 준비 단계란, 이렇게 작지만 본질적인 일련의 디딤돌을 밟아 실행으로 도약하는 과정이다. 이런 요소들의 중요성을 가볍게 봐서는 안 된다.

일일 섭취량을 엄격하게 따지는 다이어트를 할 생각이라면 체중계부터 구입해야 한다. 회식 자리에서 술을 마시지 않겠다고 결심했다면 미리 탄산수나 청량음료를 주문하는 습관을 들여야 한다. 여기에 동료들의 야유에 대처할 방법도 마련해두어야 한다. 충동적인 소비를 바로 잡으려면 아예 신용카드를 잘라야 할지도 모른다. 이런 모든 것이 실행으로 이어지는 디딤돌이다.

일정을 짠다 시간표를 정하는 것은 행동변화에 필수 요소이다. 시작 날짜를 정해두면 성급한 시도나 끝없는 지연을 막을 수 있고, 최대한 수월하게 실행에 착수할 수 있게 돕는다. 날짜는 현실적으로 정해야 하지만 가능한 한 이른 것이 좋은데, 뒤로 미룰수록 추진력이 떨어지기 때문이다. 실행 준비가 완전히 끝났다고 생각되면, 다음 달 안으로 날짜를 정한다. 시점을 자꾸 미루면 예측하지 못했던 돌발 상황이 일어날 위험이 그만큼 커진다. 날짜를 늦추겠다고 결심하는 것 자체가 아직도 심사숙고 단계에서 벗어나지 못했음을 의미한다.

일단 실행할 날짜를 정한 다음에는, 다시 뒤로 미룰 핑계나 이유를 찾는 마음을 경계해야 한다. 이런 마음은 의지를 약하게 한다. 마법의 순간을 기다리는 게 아니라 필요한 준비를 완벽하게 갖추겠다는 계획을 세우고 일단 정한 날짜에 행동을 시작하겠다는 의무감을 스스로에게 부여한다. 당장에 처리해야 할 일의 성격을 판단한다. 변화에 도전하는 일을 과소평가하는 것도 당치 않은 자만심을 낳을 수 있다. 변화하기 위해 어떤 노력을 기울여야 할지 예견하지 못한 채 그저 수월하겠거니 소망적 사고를 품는 것은 대번에 실망감으로 이어지고, 이런 실망감은 실행 능률을 떨어뜨릴 수 있다.

실행에 완전무결한 환경을 제공하는 시간이라는 건 있을 수 없지만, 비교적 좋은 시간은 분명히 있다. 여름 휴가철처럼 마음을 다잡기보다 조금은 풀어지기 쉬운 때는 변화를 시도하기에 적절치 않다. 외부적 환경의 힘이 고조될 때, 이를테면 새해 새아침이라거나 생일이 지난 후에 변화를 결심하는 것이 좋다. 삶의 가치를 재평가하고 고양시킬 행동에 들어가기에 더없이 좋은 시간을 찾아보자.

결심을 공개한다 전념하겠다는 의지를 비밀로 하는 것은 어리석다. 물론 앞으로 어떻게 바뀌겠노라고 주변에 알리는 것은 불안감을 가중시킨다. 실패 가능성을 완전히 배제할 수 없는 상태에서는 실패가 알려졌을 때의 곤혹스러움도 생각하지 않을 수 없다. 그러나 전념하겠다는 의지를 공개하는 것은 어떤 개인과 개인 간 서약보다도 훨씬 강력한 힘을 발휘한다. 뿐만 아니라 이렇게 변화하겠다는 의지를 사람들에게 공개하면, 그 사람들의 공감과 이해를 불러낼 수도 있다.

가족들만 아는 것으로는 충분하지 않다. 직장 동료들에게 얘기하고, 이웃에게 알리고, 친구들에게도 편지를 쓰고, 친척들에게는 전화를 건다. 한 발 더 나아가 신문에 광고를 내서 어느 날 어느 때까지 담배를 끊거나 체중을 줄이겠으며 당분간은 기분의 변화에 책임을 질 수 없으니 양해를 바란다고 만천하에 알리는 사람도 있다.

이렇게 결심을 공개하기 위해서는 용기가 필요하다. 진정한 용기는 두려움이 없는 상태가 아니라 두려움을 직시하면서 그것에 대처하는 능력임을 잊지 말자.

대수술에 대비한다 생사를 가름하는 수술이 병원 수술대 위에서만 이뤄지는 건 아니다. 수많은 변화의 노력들, 담배나 술을 끊고 체중을 줄이고 안락의자에서 일어나 활동적인 삶을 시도하는 것 역시 그만큼 중요하고 심각한, 심리적인 수술이다. 변화를 시작하기로 한 날짜는 관상동맥측관 수술이나 화학치료를 받는 날만큼이나 중요하다. 변화는 강력하고 실질적이다. 문제를 극복하려면 몸 전체를 던져야 하고, 회복하기까지는 시간이 필요하고 감정적인 에너지가 소요된다는 사실을 이해해야 한다.

심리적인 수술을 앞두고 준비해야 할 것은, 본인은 물론 주변의 조력자 모두 지금의 이 수술보다 더 중요한 일은 아무 것도 없다고 생각하는 것이다. 기분이 침체되거나, 업무 능률이 떨어지거나, 그 밖에 어떤 소소한 변화들도 머지않아 삶을 고양시켜줄 중요한 수술 결과로 받아들여야 한다. 정리되지 않은 이런 상태는 몇 주, 또는 그 이상 계속될지도 모른다. 그러나 지금 중요한 것은 문제를 일으키는 습관성 행동을 제거하는 것이다. 바람직하지 못한 습관을 제거하는 수술을 받아 회복하는 동안 삶의 다른 부분들은 작으나마 타격을 감수할 수밖에 없다.

독자적인 활동 방안을 마련한다 심사숙고 단계에서 습득한 모든 정보와 지식을 총동원하는 실행 계획에는 이미 비슷한 변화를 시도해서 성공한 사람들에게 전해듣는 비결도 있다. 또 친구들의 충고에도 귀를 기울인다(그러나 다른 사람이 성공을 거뒀다고 해서 당연히 나도 같은 결과를 얻으리라고 단정해서는 안 된다). 책이나 자료를 더 찾아보고, 관련 단체에서는 어떤 도움을 제공하는지도 알아본다. 실행을 위주로 한 계획들은 우리 주변에 넘치고, 귀중한 정보를 담은 것도 많다. 그러나 전념을 최대화하려면 자신만의 계획을 짜야 한다.
비슷한 문제를 비슷한 방법으로 극복하는 터에, 나만의 독자적인 계획이 뭐가 그렇게 중요하다는 것일까?
언젠가 처방전을 가지고 약국에 갔다. 판매대에는 저마다 '효과적인' 방법을 약속하는 금연 제품이 여섯 개나 진열되어 있었다. 씹는 껌도 있고, 오디오테이프가 달린 책도 있고, 니코틴을 줄이는 필터가 줄줄이 이어진 것도 있었다. 하나같이 바로 그 방법을 이용해서 금연에 성공했다는 사람들의 증언을 싣고 있었다. 이 사람들이 거짓말하는 게 아니라면, 이 방법들이 다 똑같이 효과가 있는 걸까?

의심 많은 사람들은 이렇게 말할지도 모른다. "그런 건 하나도 쓸 데가 없어." 실제로 시중에는 돌팔이들이 팔아대는 엉터리 물건들도 있다. 그러나 탄탄한 이론과 연구, 경험과 관찰을 바탕으로 한 프로그램들은 나름대로 변화를 성공시킨다. 그 모든 방법이 저마다 어떤 효과를 어떻게 발휘하는지 늘 명확하게 밝혀지는 것은 아니지만, 분명한 것은 그 프로그램을 사용하는 사람의 믿음이 큰 몫을 한다는 사실이다. 스스로 성공을 확신하는 계획을 이용해야 하는 까닭이 여기에 있다. 그러니만큼 자신이 직접 계획을 수립한다면 훨씬 강한 믿음을 가지고 실행에 들어갈 수 있다.

계획은 짧을 수도 있고 길 수도 있지만, 어쨌든 구체적이어야 한다. 이제 무관심 단계를 거쳐 심사숙고 단계까지 완료했으니 실행을 위한 계획에는 장애물을 효과적으로 넘을 수 있는 다양한 방법이 포함되어야 한다. 이전에 변화를 시도해봤다면 어떤 노력을 했고, 어떤 난관에 부딪혔는지 꼼꼼히 되짚어본다. 여기에서 다른 사람은 모르는 나만의 장애물이 표시된 귀중한 지도가 완성된다. 스트레스나 과도한 활동, 직장에서 겪은 어려움 같은 외부 환경과 자신의 내부적인 상태에 신경을 쓴다. 특히 내부적인 상태는 자신감이 부족하거나 부정적인 사고를 드러낼지도 모른다. 이런 모든 난관을 미리 점검하고, 그것들을 뛰어넘거나 피하거나 우회할 수 있는 기법을 계획에 포함시킨다.

실행 계획 중에서도 제법 간단한 예를 한 가지 소개하겠다. 몇 년 전, 담배를 끊기로 결심한 카를로는 학기말을 거사일로 잡았다. 학생들을 가르치는 신분이어서 학기가 끝나는 때가 가장 적절한 시점이었기 때문이다. 그는 흡연에 대한 혐오감을 극단적으로 증가시키겠다는 마음에 몇 주를 남겨놓고는 평소보다 담배를 많이 피웠다. 그리고 입이 궁금해질 것을 대비해서 껌과 박하사탕을 잔뜩 사놓았다. 아주 단순하면서도 세심한 부분까지 신경 쓴 카를로의 계획은 전념의 의지와 문제에 대한 완벽한 이해, 그리고 비흡연자가 된 미래 등이 어우러져 성공으로 이어질 수 있었다.

10장에서는 일상적인 문제를 극복하기 위한 구체적인 전략을 다룰 예정이다. 그러나 어떤 자료, 어떤 전략을 참고로 하든 가장 좋은 방법은 역시 당사자의 세심한 계획이다.

전념 자체평가 이번에는 실행을 앞두고 얼마나 진지하고 적극적으로 전념했는지 간단한 자체평가를 통해 알아보자. 늘 강조하지만, 누구에게 보이려는 것이 아니니 솔직하고 현실적으로 답해야 한다. 지난 한 주 동안 다음에서 설명하는 방법을 얼마나 자주 사용했는지 해당하는 번호를 적는다.

Checkpoint

1=전혀 하지 않았다 2=거의 하지 않았다 3=이따금 했다 4=자주 했다 5=반복해서 했다

빈도

____ 열심히 노력한다면 문제를 변화시킬 수 있다고 스스로에게 말했다.

____ 문제에 굴복하지 않겠다고 다짐했다.

____ 다시금 습관에 빠지려는 것을 의지로 참아냈다.

____ 일도양단, 변화든 아니든 선택을 할 수 있다고 스스로에게 말했다.

____ =총점

효과적인 실행에 들어갈 수 있다고 확신하려면 최소한 14점은 넘어

야 한다. 만약 이 기준점에 모자란다면, 전념의 마음가짐을 좀더 다져야 성공적으로 전진할 수 있다.

게일의 사례 : 변화를 준비하다

저지방 식단과 운동을 위주로 한 계획을 짜는 것은 게일에게는 새삼스러울 것도 없는 일이었다. 그러나 그 계획을 실행에 옮길 시간을 마련하는 것은 그다지 쉽지 않았다. 하지만 그녀는 최선을 다해 계획에 전념해야 한다는 것은 알고 있었다. 지금 미온적으로 대처하면 나중에 허약한 심장을 안고 후회할 것이라고 속으로 다짐했다. 어떻게 해서든 계획을 실천할 시간을 마련하는 것이 급선무였다.

알아봤더니 근처 헬스클럽에 아침 6시 30분에 시작하는 에어로빅 반이 있었다. 한 달씩 끊을까 하다가, 초반에 무리를 해서 아예 1년을 등록하기로 했다. 아침마다 운동을 가게 되었으니 댄의 도움이 필요했다. 아침에 해야 할 소소한 집안일을 댄이 맡아주면 에어로빅 시간을 벌 수 있었지만, 그래도 일주일에 이틀 이상은 내기 힘들었다. 일단 그렇게 시작했다.

좋아하는 음식들을 포기하고 저지방에 초점을 맞추는 다이어트에 들어갔다. 그래도 하루에 한 끼는 살이 찌는 음식을 먹었다. 그래야 박탈감에 시달리지 않는다. 댄에게는, 소위 정크푸드라고 하는, 영양가는 하나도 없으면서 고지방에 칼로리만 높은 감자칩 같은 것들을 보이지 않는 곳에 치워달라고 부탁했다. 허기를 급히 채워야 할 때 게일이 늘 먹던 것들이다. 생각 없이 손부터 가던 음식들이 눈에 띄지 않자, 예전처럼 음식에 대한 갈망 때문에 습관적으로 먹는 대신 자신이 왜 음식을 탐하는지 곰곰이 따져볼 수 있었다.

남편은 게일의 새 라이프스타일을 적극 지원했다. 댄은 자신이 해줄 수 있는 일을 자세히 적어달라고 했다. 게일은 예전에도 다이어트를 할 때면 댄에게 도움을 요청했다. 그러나 그녀는 스스로와 한 약속을 깰 때마다 남편이 잔소리를 해대는 바람에 실패했다고 비난했다. 댄은 그런 일이 또다시 벌어질까 우려했고, 각자 서로에게 기대하는 바를 분명히 해 편안하게 이 시기를 넘길 수 있는 기본 원칙을 정했다. 댄은 아내를 위해 기꺼이 저지방의 대안 메뉴를 선택할 의사가 있었다. 세상에서 가장 강력한 유혹으로 다가오는 정크푸드도 아내를 위해 보이지 않는 곳에 숨겼다. 무엇보다 댄은 아침마다 에어로빅을 하고 더욱 건강한 식습관을 갖도록 게일의 의지를 강화했다.

게일은 자신의 결심을 공개했다. 직장 동료들에게는 건강한 라이프스타일에 전념하기로 했으니 간식을 권하지 말라고 부탁했다. 친구들을 식사에 초대했을 때는 맛있지만 지방 함량은 낮은 음식을 다양하게 준비했다. 이로써 게일은 다이어트를 해도 친구들과 즐거운 시간을 보내지 못할 이유가 없음을 증명해 보였다. 게일은 친구들에게 자신의 스타일을 강요하지 않으면서도 그들의 지지를 이끌어냈다.

준비 단계에 필요한 주변의 도움

누군가가 변화를 결심하면 주변 사람들이 영향을 받고, 때로는 그 영향력이 매우 클 수도 있다. 배우자나 가족을 비롯한 주변의 조력자들은 준비 단계에서 중요한 몫을 담당한다. 준비 단계에서는 변화가 두드러지기 때문에 가족이나 가까운 친구들에게 감추거나 속이기 어렵다. 그러므로 아직까지도 문제를 해소하려는 전쟁에 지원병을 동원하지 않았다면, 이제는 그래야만 할 때다.

심지어 비공개를 결정했어도 주변의 도움은 필요하다. 변화의 장애물을 넘어가야 하는 어려운 상황에서는 사람들에게 이해를 당당하게 부탁한다. 스트레스를 받거나 압도당하는 느낌이 들면 주저하지 말고 도움을 청한다. 일터나 집에서 변화의 에너지를 자유롭게 발산할 상황을 조성한다.

결심을 공개하면 이런 것이 조금은 더 수월해진다. 변화에 대한 결심을 밝히는 동시에, 주변 사람에게 어떻게 하면 가장 큰 도움이 되는지 말해줄 수도 있다. 사람들은 기꺼이 돕고 싶어하지만, 그 방법을 정확히 알고 있는 것은 아니다. 사람들이 내 마음 같고, 말하지 않아도 내가 필요로 하는 것을 다 알아서 해주리라 기대해서는 안 된다. 차라리 '해야 할 일과 해서는 안 되는 일'의 목록을 작성해서 건네주는 편이 훨씬 바람직하다. 예를 들면 이렇게 적어줄 수 있다.

- 어떻게 진행되고 있느냐고 계속 묻지 말 것.
- 잔소리하지 말 것.
- 내가 지쳐 보일 때는 도와주겠다고 할 것.
- 이런 노력을 하는 내가 자랑스럽다고 말해줄 것.

일상을 뒤흔들어 예전 방식을 바꾸기 시작하는 첫 며칠은 가장 힘들다. 몇 주 지나지 않아, 또는 며칠 만에 포기하고 싶은 마음도 든다. 사실 이때 포기하기가 쉽다. 이럴 때 힘이 되어주는 것이 주변 사람들이다. 실행 날짜를 미리 알려주고, 초조하거나 불안해 하더라도 이해해달라고 말해두어야 이 사람들도 나름대로 준비할 수 있다. 이 시기에만큼은 사람들의 관심과 도움을 직접적으로 요청한다. 변화 때문에 힘들어한다는 걸 안다면, 아마 사람들도 더 잘 이해해줄 것이다.

변화의 원칙

그날 아침 나는 서재에서 서로 다른 네 가지 변화 단계에 있는 흡연자 15명의 자료를 바탕으로 한 복잡한 원고를 수정하고 있었다. 동료이자 이 논문의 제1 필자인 웨인 벨리서(Wayne Velicer)는 단계별로 변화하는 사람을 세 유형으로 나눌 수 있다는 주장을 폈다. 그의 정교한 이론을 읽고 있으려니 불현듯, 그의 주장을 다시 정립하면 여러 단계를 거쳐나가는 변화의 진행을 설명할 기본적인 원리를 찾아낼 수 있겠다는 생각이 들었다.

　나는 얼마 전에 과학잡지에 보낸 원고를 급히 꺼내 보았다. 이 원고에는 〈그림4〉와 같은 12개의 그래프가 있었는데, 이 그래프들은 12가지 문제를 극복하는 변화의 단계와 그 변화로부터 나오는 장단점의 관계를 나타낸 것이다. 수평축에는 변화의 다섯 단계가 표시되어 있다. PC는 무관심, C는 심사숙고, P는 준비, A는 실행, 그리고 M은 유지를 나타낸다. 그리고 수직축에는 문제별로 변화의 단계마다 장단점의 무게가 어떻게 바뀌는지 표시했다.

　그래프를 보면 알겠지만 거의 모든 경우에 무관심 단계에서는 변화

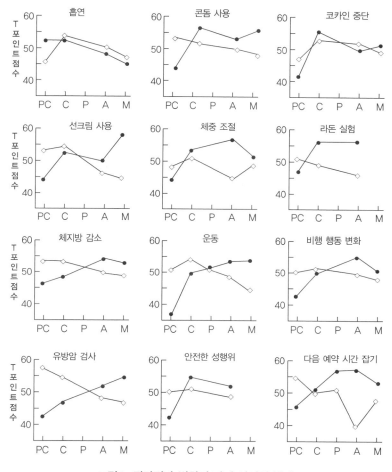

그림4 장단점과 변화의 단계 사이의 관계

로 인해 잃게 될 것이 얻는 것보다 훨씬 중요하게 여겨진다. 그러나 실
행 단계에 이르면 상황은 정반대가 된다.

그날 아침 나는 예상치 못한 미지의 영역을 탐험하는 듯했다. 이런
느낌은 그때까지 살면서 한두 번밖에 경험하지 못한 것이었다. 머리 뒤

쪽이 열리면서 빛이 쏟아져 들어오는 듯한 기분이었다. 눈은 마치 이글이글 타오르는 것 같았다. 내 눈에서 나오는 강렬한 빛을 받아 가공되지 않은 채 내 앞에 놓여 있는 자료들이 밝게 빛나는 것만 같았다.

우선 변화의 장점은 무관심에서 심사숙고 단계로 넘어가면서 증가한다. 여기에는 예외가 없다. 그러므로 변화의 진행을 위한 첫째 원칙은 무관심에서 심사숙고 단계로 넘어가려면 행동변화의 장점에 대한 인식이 증가되어야 한다는 것이다. 지금 단계에서는 변화로 인해 잃게 되는 것은 따질 필요가 없다. 그 부분은 나중에 나온다.

변화로 인해 뭔가를 잃게 된다는 인식은 심사숙고에서 실행 단계로 이동하는 동안 예외 없이 감소한다. 그러므로 변화의 둘째 원칙은 심사숙고에서 실행 단계로 넘어가기 위해서는 변화의 단점에 대한 인식이 감소되어야 한다는 것이다. 이제는 변화에서 무엇을 얻게 되는지에 대해서는 고민할 필요가 없다. 그것은 이미 앞에서 다 끝났다.

번개처럼 모든 것을 일시에 드러내는 통찰력을 경험했지만, 이를 뒷받침하려면 더 많은 자료와 정보가 필요했다. 그러나 이 그래프에는 12 부분에서 개인적으로 변화를 시도하는 사람 3000여 명에게서 수집한 8만 가지 데이터가 반영되어 있었다. 인간의 행동변화에 대한 일반 이론이 가능하다면, 이 그래프에 열쇠가 있을 것이라는 생각이 들었다.

그 다음에 내가 주목한 것은 장점에 대한 인식의 증가폭이 단점에 대한 인식의 감소폭보다 커 보인다는 점이었다. 내가 가지고 있는 최첨단 도구, 자를 꺼내서 무관심과 실행 사이에서 득이 증가한 최대치와 실이 감소한 최대치를 재보았다. 놀랍게도(나중에 이 결과를 본 행동주의 학자들도 놀라움을 감추지 못했다), 수리적으로 따져서 나온 두 비율이 앞에서 설명한 변화의 원칙을 뒷받침해준다는 것이 자명했다. 12개 분야에서 평균을 내본 결과, 장점에 대한 인식은 10T 포인트 증가했고, 단점에 대한 인식은 4.96T 포인트 감소했다.*

그때 아내는 거실에서 책을 읽고 있었다. 나는 거의 실성한 사람처럼 뛰어나와 놀라운 발견에 대해 소리를 질렀다. 사실이라고 믿기에는 너무나도 꿈만 같았다. 이런 사실은 이제껏 발견된 적이 없었다. 아내는 침착한 어조로 내가 지나치게 흥분한 것 같다고 말했다. 아마 그랬을 것이다. 내 눈이며 내 머리를 믿기 어려웠으니까.

그러나 나는 서재로 돌아가 방금 발견한 진보의 원리를 가장 가혹한 시험대에 올릴 준비를 했다. 나는 아침에 발견한 것을 오후에 파괴할 준비가 되어 있었다. 이것은 과학자의 가혹한 의무이다. 믿고 싶은 것의 오류를 입증할 준비가 되어 있어야만 한다.

나는 지난해에 발표했던 논문을 꺼냈다. 그 논문에는 변화의 초기 세 단계에 도달한 흡연자 1464명의 데이터가 있었다. 측정을 하기에 앞서 무관심 단계에서 준비 단계 사이에 변화의 장점에 대한 인식이 10T 포인트 증가하리라고 예상했다. 측정 결과 9.6이 증가했다. 단점에 대한 인식은 5T 포인트 감소하리라고 예상했는데, 결과는 5.6이었다.

마치 판도라의 상자라도 연 기분이었다. 상자 안에는 몇 세기 동안 엄청난 잠재력을 지닌 행동변화의 두 가지 원칙이 담겨 있었다. 과학의 힘은 좋은 방향으로 쓸 수도 있지만, 나쁜 용도로 쓸 수도 있다. 나는 담배 업계의 거물들이 나서서 아이들을 흡연자로 준비시키기 위해 이 원칙을 교묘하게 이용한 광고전에 돌입하는 것을 상상했다.

그러나 이런 두려움 때문에 과학이 중단될 수는 없다. 과학자라면 모

---

*T 포인트라는 것은 통계학에서 사용하는 측량의 단위다. 진보의 원칙을 이해하려고 이 단위까지 알 필요는 없다.

름지기 자신이 발견한 진실을 세상에 알려 공유해야 한다. 나는 회의를 소집해서 동료들에게 내가 발견한 내용을 설명해주었다. "놀랍다" "믿을 수 없다" "소름이 끼친다"는 말들이 쏟아져 나왔다.

연구를 처음 시작할 때에는 자기 파괴적인 습관이나 그 습관으로부터 자유로워지려는 시도가 마치 전자(electron)처럼 불확정적인 것은 아닐까 걱정했다. 전자의 속도와 위치를 동시에 확인하는 것은 불가능하다. 물론 개인의 자유의지에 따른 행동은 어느 정도 불확정성의 원리를 따르는 게 당연하다. 사람들은 양자 역학처럼, 변화의 한 단계에서 다음 단계로 예측할 수 없는 '비약'을 하는지도 모른다. 그 안에 어떤 패턴이 존재하리라는 믿음은 단지 사람들을 돕고 싶다는 내 소망이 반영된 것일지도 모른다. 변화에 일정한 체계가 없다면 원치 않는 문제를 제거하고자 하는 사람들을 도와줄 길이 없다. 그들은 단지 데굴데굴 구르는 변덕스러운 주사위에 운을 맡겨야 했다. 아인슈타인이 뭐라고 했건, 나는 한때 신이 주사위를 가지고 노는 게 아닐까 의심했다.

시간이 흐르면서 자기 변화는 불확정적이지도, 체계가 없지도 않다는 사실이 분명해졌다. 그러나 이전의 발견으로도 자기 변화를 어느 수준까지 예측할 수 있는지 알 방법이 없었다.

행동과학이나 사회과학을 연구하는 학자들은 어떤 변수가 인간 행동에 변화를 낳는지 예측할 때마다 의기양양했지만, 한번도 그 변수들의 크기를 예측하지는 못했다. 주요 변수가 작용해서 낳는 차이의 크기를 예측하는 일은 역사적으로 물리학이나 그 밖에 이런저런 법칙을 적용하는 과학의 몫이었다. 우리 연구를 본 런던의 모들리 병원 중독 센터 소장은 이렇게 꼬집었다.

"행동과학 분야의 연구는 한번도 이런 식으로 행동한 적이 없다."

수치로 분석한 진보의 두 가지 원리를 이해하려면 우리 실험에서 10T 포인트가 1표준편차(S.D.; standard deviation)에 해당한다는 사실을 알아야 한다. 표준편차는 주어진 총점이 인구의 평균, 또는 중간값에서 얼마나 차이가 나는지, 또는 벗어나 있는지를 나타낼 때 사용하는 단위다. 예를 들어 IQ 테스트를 할 때 전체 인구의 중간값은 100으로, 그리고 S.D.는 15로 설정되어 있다. 이 중간값에서 2 S.D. 상회하는 사람(IQ 130)은 천재라고 생각하는 반면에, 아래쪽으로 2 S.D. 벗어난 사람(IQ 70)은 지적 능력이 떨어진다고 간주한다. 여기서 우리는 표준편차가 갖는 상대적인 중요도를 짐작할 수 있다. IQ를 15 높이면 삶에 중대한 차이가 나타날 것이 분명하다. 이 점을 염두에 두고 우리의 두 원칙을 살펴보기로 하자.

증가하는 진보의 첫째 원칙은 무관심에서 실행 단계로의 진보에는 건강한 행동변화를 만들어서 누리게 될 장점이 약 1 S.D. 증가한다는 내용을 담고 있다.

PC A=1 S.D. 변화의 장점

반면에 감소하는 진보의 둘째 원칙은 무관심에서 실행 단계로 가는 진보에는 건강한 행동변화의 단점이 약 0.5 S.D. 감소한다는 것을 말해준다.

PC A=0.5 S.D. 변화의 단점

이 원칙들은 어떤 의미를 함축하고 있는가? 첫째, 어떤 문제에 대해 무관심 단계에 있는 사람이 효과적인 행동을 취할 준비를 갖추려면 그 변화로 인해 얻을 장점에 대한 인식을 1 S.D.만큼 증가시켜야 한다. 이는 행동변화 IQ를 15포인트 높이는 것과 같다. 다행히 이 책을 읽으면 대부분의 사람은 행동변화 IQ를 15포인트 올리고도 남는다. 이 책을 읽는다고 해도 전에 없던 천부적인 재능이 생기지는 않겠지만, 최소한 자기 변화에 있어서만큼은 훨씬 현명하고 똑똑해질 것이다.

둘째, 만성적인 문제를 변화시키려면 동기부여가 되어야 한다는 것은 익히 알고 있었지만, 동기부여 수준이 어느 정도까지 올라가야 하는지에 대해서는 전혀 알 수가 없었다. 그러나 이 원칙들을 이용하면 동기부여의 수준을 평가할 수 있다. 우리는 동기부여라는 말보다 '준비'라는 말을 선호한다. 동기를 의식적으로, 의도적으로 증가시키는 것은 상상이 잘 안 되지만, 준비 자세를 의식적으로, 또는 의도적으로 증가시키는 것은 쉽게 상상할 수 있다. 이 책에 마련된 자체평가도 변화의 준비 상태를 점검할 수 있도록 고안한 것이다.

준비는 변화의 장단점에 대한 각자의 인식 위에서 결정된다. 지금 무관심 단계에 있는 사람이라면, 변화로 인해 잃을 것이 얻을 것보다 많다고 생각할 것이다. 이 사람은 변화로 인한 단점을 줄이는 한편, 그 두 배로 변화의 장점을 증가시킬 필요가 있다. 변화의 초기 단계에 적용되는 과정은 변화의 장점에 가장 큰 영향력을 행사한다. 준비와 실행 단계에서 적용되는 과정들은 변화의 단점이라고 인식되는 부분에 가장 큰 영향력을 끼친다.

우리가 실행을 다룬 내용으로 넘어가기 직전에 변화의 진보 원칙을 설명하는 이유는 준비가 완료되지 않은 상태에서는 실행으로 넘어가지 말라는 일종의 경고를 주기 위해서이다. 어쨌든지간에 일단은 책을 끝까지 읽어서 변화의 단계를 개괄적으로 이해해야 한다. 그러나 변화의 여정에 오를 준비가 되었다면 각 단계를 체계적으로 밟아야 한다. 변화의 장단점을 완전히 파악하기도 전에 일단 실행에 들어가고 싶어 하는 사람이 많다. 우리의 변화 모델에 따르면, 심사숙고와 준비 단계를 건너뛸 경우 변화하려는 노력이 실패로 돌아갈 확률은 대단히 높다. 바로 앞에서 수학적으로 설명한 것도 우리 모델을 뒷받침해주는 강력한 증거이다.

우리는 종종 보스턴 마라톤에 참가하려는 사람들을 이야기한다. 전혀 준비가 되어 있지 않은 사람은, 아마도 무관심 단계라고 할 수 있을 텐데, 올해 대회에는 참가할 마음이 없다. 이보다 조금 더 준비가 된 심사숙고 단계에 있는 사람들은 올해 대회에 나갈 마음은 있지만 마라톤의 장단점에 대해서는 여전히 모호한 상태다. 이 사람들은 참가 신청은 하지만, 당일에는 나타나지 않는다.

적절한 준비를 갖춘 사람들은 참가 신청을 하고, 대회 당일에 나타나고, 마라톤을 완주할 가능성이 가장 높다. 이 사람들이라고 가끔씩 포기하고 싶은 마음이 들지 않는 것은 아니다. 개중에는 분명히 중도에 포기하고 후일을 기약하는 사람도 있다. 그러나 최상의 준비 상태를 완료한 사람들, 즉 변화의 장점을 1 S.D. 증가시키고 변화의 단점을 0.5 S.D. 감소시킨 사람들은 심장이 끊어질 듯 고통스러워도 상심의 언덕(Heartbreak Hill)이라고 불리는 악명 높은 지점을 통과할 때조차 달리기를 멈추지 않을 확률이 높다.

현재 변화의 단점에 대해 갖고 있는 인식이 어느 정도인지 평가해보고, 지금 마라톤을 시작해 끝까지 완주할 준비를 갖추려면 얼마나 더 노력해야 하는지 알아보자.

결 단 의 저 울

변화의 장단점에 대해 어떤 생각을 가지고 있는지 가늠할 수 있는 문항
들을 마련해보았다. 실행의 결정을 내리는 데 각 문항이 어느 정도 중
요도를 갖는지 등급을 매겨보자. 등급을 정할 때는 최대한 정확성을 기
해야 한다. 각 문항의 중요도를 가장 잘 반영했다고 생각하는 숫자를
해당 칸에 기입한다.

변화의 득과 실 ————————————————————————————

　1=중요하지 않다 2=약간 중요하다 3=다소 중요하다 4=상당히 중요하다 5=대단히 중요하다

　1. 변화할 경우 사람들은 나를 예전만 못하다고 생각할 것이다 　　_____

　2. 변화할 경우 지금보다 더 건강해질 것이다 　　_____

　3. 변화에는 많은 시간이 걸린다 　　_____

　4. 변화할 경우 사람들은 나에 대해 더 좋은 느낌을 가질 것이다 　　_____

　5. 변화의 노력이 실패로 돌아가지 않을까 걱정된다 　　_____

　6. 변화할 경우 나 자신에 대한 느낌이 더 좋아질 것이다 　　_____

　7. 변화는 적잖은 노력과 에너지를 요한다 　　_____

　8. 변화할 경우 업무 능력이 향상될 것이다 　　_____

　9. 그 동안 즐겨온 것들을 포기해야 할 것이다 　　_____

　10. 변화한다면 더 행복해질 것이다 　　_____

　11. 현재의 행동에도 이점이 있다 　　_____

　12. 변화할 경우 주변 사람들의 삶이 더 나아질 수 있다 　　_____

　13. 지금의 내 행동으로 인해 이익을 누리는 사람도 있다 　　_____

　14. 변화한다면 걱정을 덜 하게 될 것이다 　　_____

15. 나의 변화로 불편해 할 사람들이 있다 _____

16. 나의 변화로 행복해 할 사람들이 있다 _____

득 ____

실 ____

짝수 항목의 숫자를 모두 더해서 나온 숫자는 변화의 장점을 인식하고 있는 현재의 점수이다. 반면 홀수 항목의 총점은 변화의 단점을 얼마나 중요하게 인식하고 있는가를 나타내는 점수이다.

무관심 단계에 있는 사람들이 느끼는 변화의 장점을 더한 점수의 중간값은 약 21점이다. 여기에서의 표준편차는 7이다. 만약 21점이 나왔다면 아직 무관심 단계에 있다는 뜻이므로, 실행을 위한 적절한 준비를 갖추기 위해서는 장점의 인식 총점을 약 7포인트 높여야 한다.

21점도 안 된다면 실행을 생각하기 전에 변화의 각 단계에 따른 과정들을 더 부지런히 적용할 필요가 있다. 중간값은 상회하되 그 정도가 1 S.D. 미만인 사람도 각 과정을 활용하면서 인식을 높여야겠지만, 무관심 단계에 있는 다른 동료들에 비해서는 더 빨리 준비를 마칠 수 있을 것이다.

심사숙고 단계에 있는 사람들이 변화의 단점을 파악하고 있는 점수의 중간값도 약 21점이다. 여기서의 표준편차는 8이다. 그러므로 21점을 기록한 사람이 실행을 위한 준비를 갖추려면 앞으로 최소한 4점은 더 감소시켜야 한다.

단점에 대한 인식에서 중간값인 21점을 넘은 사람은 더 이상 앞으로 나아가기 전에 변화의 과정들을 부지런히 활용하면서 토대를 다져야 한다. 중간값에는 미달하지만 그 차이가 4포인트 미만인 사람은 조금만 더 노력하면 머지않아 실행 준비를 갖출 수 있을 것이다.

　장점 총점에서도 중간값을 1 S.D. 이상 초과하고(28점 이상), 단점에서도 중간값에 0.5 S.D. 이상 미달되었다면(17점 이하), 실행에 진입할 완전한 준비 자세를 갖췄다는 뜻이다. 실행 준비가 완료된 사람들은 이제 다음 장에서 설명하는 방법들을 통해 변화를 시도해보자.

07

문제를 극복한다는 것은 자신의 행동을 새롭고 바람직한 방향으로 틀을 잡아나간다는 의미다. 의욕적이기는 하지만 도무지 현실성이 없는 목표를 세워 당장 실현하려는 자세는 100퍼센트 실패한다고 해도 과언이 아니다.

실행 단계-움직여야 할 때

이전의 습관이 재발했을 때, 조지는 언제나처럼 친구들과 가족들을 비난했다. 그는 거의 필사적으로 자신의 책임을 부정했고, 더 이상 갈등을 겪을 이유도, 행동을 통제할 필요도 없이 마음대로 술을 마실 수 있는 무관심 단계로 돌아가려 했다. 그러나 그렇게 멀리 후퇴하기에는 이미 너무 많은 것을 알고 있었다. 그는 음주가 결국 자신을 파괴할 것이며 술에서 벗어나기 위해서는 생각보다 더 많은 대가를 치러야 한다는 것을 알고 있었다. 처음에 조지는 술잔이 오고가는 환경은 그대로 둔 채 자신의 음주 습관만 바꾸려 했다. 삶을 전면적으로 개편하지 않은 채 문제가 되는 습관만 바로잡을 수 있는 사람도 있기는 하다. 그런 변화는 단순하고 그다지 광범위한 노력을 요구하지 않는다. 그러나 조지에게는 이런 접근법이 먹히지 않았다.

조지는 최소한 당분간 만이라도 술친구들을 포기해야 한다는 것을 깨달았다. 친척들과도 더 이상 예전처럼 가깝게 어울릴 수 없었다. 친척들을 만나는 자리에는 맥주가 빠지지 않았기 때문이다. 조지는 상실감에 가슴이 저려 펑펑 울었다. 술집에서 친구들과 함께 시간을 보내지 못하게 되었다는 것도 그렇지만, 늘 지정석처럼 아끼고 애착하던 의자에 다시 앉을 수 없다는 게 더 안타까웠다. 친척들을 생각하니 또 가슴이 아팠다. 함께 어울리려면 술을 마셔야만 했던 그 가족들이 아니라, 나도 이런 친척이 있었으면 하고 바랐던 마음속의 친척들 때문에 눈물을 흘렸다.

그러나 무엇보다 그의 가슴을 아프게 한 것은 흔히 외적 인격(persona)이라고 부르는 자신의 드러난 모습, 즉 '조지는 믿음직하고 터프하다'는 그 이미지를 상실하게 되었다는 사실이다. 지금껏 그는 난리를 치고도 정작 본인은 아무 상처도 입지 않을 수 있는, 그런 사람이었다.

그는 한층 업그레이드시킨 컴퓨터 프로그램을 만들었다. 이번에는 "술은 다 집어치워(Damn All Drinks)"라는 뜻으로 DAD 0.1이라고 이름 붙였다(뒤에 따라 붙은 0.1은 프로그램의 첫 번째 버전에 으레 붙이는 숫자이다). 하루하루 목표한 바를 달성하면 칭찬을 해주는 것은 이전 프로그램과 같았다. 그렇지만 이번에는 음주를 적당한 수준에서 조절하는 게 아니라, 완전한 금주를 목표로 삼았다. 장바구니에는 여전히 무알코올 맥주가 들어 있었지만 집에 있으면서 정 유혹을 뿌리치기 어려울 때를 대비한 것이었고, 이제 술집에는 아예 발걸음을 끊었다.

컴퓨터 프로그램에는 변화의 과정에 대한 보상과 강화도 포함되었다. 술집 대신 헬스클럽에 가면 찬사가 쏟아졌다. 가족 모임에 나가서도 당당하게 술 대신 탄산음료를 마시겠다고 하면, DAD 0.1은 이런 메시지로 그의 행동을 강화해주었다. "언젠가는 그들도 빛을 볼 날이 올 거야, 조지." 아이들도 힘을 주는 메시지를 보냈다. "아빠, 벌써 25일째 술 안 드신 거 아세요? 정말 멋져요!"

DAD 0.1은 술에 대한 유혹을 뿌리칠 대안도 제시해주었다. 그가 어찌할 바를 모르는 것 같으면 컴퓨터는 이런 제안을 했다. "스콧 펙(M. Scott Peck)의 《아직도 가야 할 길(The Road Less Traveled)》오디오북 테이프를 들어봐." "아이들과 이야기를 나누는 건 어때?" "해변에 나가서 산책을 해." "친구에게 연락을 해봐." "힘이 되어 줄 사람에게 전화를 걸어."

친구들이나 친척들이 술을 끊으려고 노력하는 지금의 자신보다 술에 빠져 있던 예전의 자신을 더 좋아한다는 사실을 깨달은 조지는 교제 대상과 관계를 정리하고, 맑은 정신으로 자신을 지지해줄 모임을 찾아 나섰다. 익명의 알코올 중독자 모임(AA)에서는 술기운 없이 자유로운 교류를 할 수 있었고, 변화를 지속하는 데에도 도움이 되었다. AA 모임은 평상시뿐 아니라, 사업차 다른 지방으로 출장갔을 때에도 변함없이 힘이 되었다. 예전에는 낯선 도시에서 익명으로 존재한다는 사실이 잠재하는 욕망을 풀어낼 핑계가 되어 주었다. 그러나 이제는 '익명의' 모임과 함께 건강한 삶을 지켜나가기 위해 노력할 수 있었다.

이런 일련의 행동은 조지가 실행 단계로 접어들었음을 말해준다. 그는 의식적으로 생활을 재편했는데, 물론 그간의 행동을 변화시키기 위해서였다. 술을 끊는 노력에 전념할 것을 다짐했으며, 이런 마음을 뒷받침하려고 집과 사회의 환경을 바로잡았다.

실질적으로 효과적인 행동은 전념에서 시작한다. 변화에 전념하려는 자세가 갖춰졌을 때, 바로 그때가 행동을 개시할 시간이다. 실행 단계에는 주안점을 통제에 둔다. 대항과 보상에 주력하는 한편, 주변의 도움은 이 단계에서도 여전히 중요하다. 이런 과정들을 활용하는 실행 단계는 보통 몇 달 정도 지속된다.

모든 준비를 완료했다고 해서 성공이 보장되는 것은 아니다. 그러나 어떤 종류의 함정이 도사리고 있는지, 실행을 방해하는 유혹으로는 어떤 것들이 있는지 미리 알고 대비한다면 성공 가능성은 크게 높아질 것이다. 앞으로 나아가지 못한 채 제자리걸음만 걷게 할 마음가짐에는 어떤 것이 있는지 살펴보자.

준비를 대수롭지 않게 생각하는 마음 대부분의 사람이 실행을 변화 그 자체로 생각한다. 이런 마음은 적절한 준비의 중요성을 간과하게 만든다. 주말에 과식했거나, 술을 마셨거나, 큰 싸움을 벌인 경우, 사람들은 일종의 기분 전환처럼 변화를 시도한다. 말하자면 죄책감이나 불안한 마음을 덜기 위해 다음날로 실행에 들어가겠다고 약속하는 것이다.

이런 식의 변덕스러운 변화는 무척 자주 시도된다. 지난밤의 후회가 남아 있지 않더라도 아침이라는 시간은 어쨌거나 바람직하지 못한 습관에 탐닉하기에 적당한 시간이 아니다. 그리하여 온화한 행동이 잠정적으로 일상 속에 자리를 잡는다.

그러나 준비가 결여된 실행은 길어야 하루, 아니면 이틀이 고작이다. 토대가 부실한 사상누각처럼, 다시 예전 습관으로 돌아가고픈 유혹 앞에서 실행은 스르르 무너지고 만다.

변화에 정당한 대가를 치르지 않으려는 마음 변화하겠다면서 어떤 희생도 감수하려 하지 않는 사람들이 있다. 싼 게 비지떡이라는 말처럼 싸구려 변화는 아무 가치도 없다. 진짜로 변화하기 위해서는 노력을 기울여야 하고, 심사숙고와 준비부터 착실히 할수록 변화에 성공할 가능성은 높아진다. 내 몸처럼 익숙한 습관을 끊어내기 위해서는 에너지의 막대한 소모가 불가피하고, 일시적이나마 분노와 불안, 또 그로 인한 주변의 불만을 감내하는 고통도 따른다.

케이는 세 번이나 금연을 시도했다. 금연 모임에 나가고, 최면요법을 시도하고, 생체에너지를 전문으로 한다는 심리치료사에게 상담도 받았다. 그런데도 여전히 줄담배를 피웠다. 남편과 아이들은 그녀의 금연에 도움이 된다면 뭐든 하겠다고 했지만, 알고 보니 말뿐이었다. 담배를 피우지 못해 신경이 곤두선 케이에게 가족들은 '원 상태'로 돌아가라고 무언의 압력을 행사했다. 케이는 불안한 마음을 담배로 달래왔기 때문에, 원 상태라면 담배가 빠질 수 없었다.

케이는 금연을 최우선 과제로 삼겠다고 다시금 다짐했다. 가족들이 공격적인 그녀를 달가워하지 않더라도, 이번에는 화를 담배로 억누르지 않을 참이었다. 케이는 실행에 들어가기 전에 변화가 결코 쉽게 얻을 수 있는 것이 아니라는 사실을 깨달았고, 그것에 맞춰 계획을 짰다.

마법의 순간이 오기를 기다리는 마음 복잡하게 꼬인 매듭을 일거에 풀어줄 비법은 없다. 그런데도 사람들은 소위 말하는 '마법의 탄환' 같은 해결책이 있을 거라는 바람을 버리지 못한다. 더불어 변화를 향한 탄탄대로가 눈앞에 펼쳐지리라는 환상을 품는다. 그런 기적의 치료법이 있는 줄 알고 우리 책을 집어드는 사람도 있다. 의료계에 있다는 사람들조차 전화를 걸어서는 우리가 발견한 내용을 간단하게 정리해줄 수 있느냐고 묻는다. 대중은 간단한 대답을 원한다는 것이다. 30초짜리 광고에서 남발하는 약속에 익숙해진 나머지, 평생에 걸친 변화마저도 30초 안에 간단히 요약하기를 원한다. "긴장을 풀고, 정신력에 의존하라고 말해주면 될까요?" 그들은 이렇게 묻기도 한다. 우리의 대답은 언제나 똑같다. "안 됩니다."

한 가지 기법에 의존해서 실행 단계를 마치겠다는 것은 어불성설이다. 마법과 같은 순간을 기다리다 보면 성공이 당장 손에 쥐어지지 않을 경우, 자신이 충분히 노력하지 않았고 같은 방법을 더 반복해야 한다는 패배적인 결론에 도달하고 만다.

같은 방법을 되풀이하려는 마음 매력적일 만큼 간단한 이 개념*은 고집스럽게 특정한 방법을 지속하는 것인데, 과거에는 어느 정도 성공을 거두었을지 모르겠다. 그러나 '어느 정도' 거둔 성공은 영원히 계속되리라는 보장이 없다. 같은 방법을 되풀이하는 것은 엇비슷한 참담함의 반복으로 이어질 수 있다.

물론 우리가 적용하는 기법들은 다르다. 낡은 방법에만 집착하면 다른 방법, 어쩌면 더 나은 방법이 존재한다는 것조차 깨닫지 못한다. 100번을 적용해도 100번의 성공을 약속할 만큼 효과적인 단 하나의 방법은 없다는 사실을 우리는 연구를 통해 입증해 보였다. 변화의 모든 단계가 그렇지만, 실행에서도 다양한 기법을 적절한 때에 활용해야 원하는 결과를 손에 넣을 가능성이 높아진다.

이제 실행 단계에서 특히 유용한 과정을 살펴보자.

---

* 이 말 more of the same은 저명한 가족 치료전문가인 폴 바츨라비크(Paul Watzlawick)의 저서에서 빌려온 개념이다.

대항

대항, 즉 문제성 행동을 건강한 반응으로 대체하는 것이 변화를 위한 가장 강력한 방법이라는 연구 결과는 수십 년 동안 반복되고 확인되었다. 아무리 바람직하지 않은 행동이라 해도, 그 안에는 정서적인 고통을 완화해주는 무엇인가가 있다. 그렇기 때문에 준비가 되지 않은 상태에서 마약남용 같은 문제를 무작정 제거할 경우, 문제가 해결되는 것이 아니라 다른 문제와 자리만 바꾸는 결과를 낳는다. 이를테면 처음 마약에 손을 대게 했던 정서적인 고통이 마약을 끊은 자리에 고스란히 들어앉는다. 그러면 새로워진 그 고통에 대처할 무엇인가가 필요하게 되고, 가장 쉽고 익숙한 방법인 마약으로 되돌아가는 것이다.

건강한 대안을 제공하지 않은 채 무턱대고 습관성 행동만 제거할 경우, 낡은 패턴으로 되돌아갈 위험이 대단히 높다. 적절한 대안을 찾아내는 것이 바로 대항이다. 변화에 성공한 사람들이 효과를 보장하는 다섯 가지 대항의 기법을 알아보자.

적극적인 기분전환

문제를 일으키는 습관을 바로잡을 수 있는 가장 일상적이고도 건강한 대안은 적극적으로 기분을 전환하는 것이다. 우리 연구에 참가한 사람들은 이 방법을 나름대로 '몸을 바쁘게 움직이는 것' 또는 '에너지를 다른 곳에 집중시키는 것'이라고 부른다.

이름이야 어찌됐건 내용은 한 가지다. 문제성 행동에 빠져드는 것을 막아줄 활동을 찾는 것이다.

구체적인 방법은 무궁무진하다. 요리를 하거나 피아노를 칠 수도 있고, 낱말 맞추기를 하거나 뜨개질을 할 수도 있다. 간단하게 산책을 하거나 책을 읽어도 좋고, 원한다면 성생활도 여기에 포함된다. 친구에게 전화를 거는 것도 한 방법이다. 자기만의 기분전환법을 선택할 때는 무엇보다 자신이 즐길 수 있고, 건전하며, 문제와 양립이 불가능한 것인지 확인해야 한다. 텔레비전 시청은 과식 문제를 해결하는 데 별 도움이 되지 않는다. 그보다는 땔감으로 쓸 장작을 패거나 운동을 하는 편이 동시에 음식을 먹을 수 없으니 훨씬 효과적이다.

운 동

어떤 문제든 운동만큼 유익한 대안은 없다. 몸이 뭔가를 원한다는 느낌이 들 때, 이런 충동은 종종 문제에 빠져들게 만드는 신호가 된다. 혼자 힘으로 변화를 성취한 사람들은 이런 충동을 운동하라는 신호로 받아들였다. 일생에 도움이 안 되는 초콜릿 케이크로 손을 뻗는 대신, 나가서 산책을 하자. 칼로리 섭취를 줄여줄 뿐만 아니라 운동을 하는 이점까지 덤으로 누릴 수 있다.

변화를 시도하는 사람이 운동을 뺀 채 계획을 세우는 것은 한 손을 묶고 적과 싸우겠다고 나서는 것과 같다. 이렇게 한다고 꼭 이길 수 없는 건 아니지만, 확률이 곤두박질치는 것만은 확실하다. 몸을 좀처럼 움직이려 하지 않는 것은 그 습관이 신체적인 문제일 경우뿐만 아니라, 정서적인 문제일 때에도 심리적으로 바람직하지 못한 조건을 형성한다. 그런데도 정기적으로 운동을 하는 사람은 많지 않다.

운동을 할 수 없을 정도로 바쁘다면, 말 그대로 지나치게 바쁜 것이다. 문제를 극복하겠다고 해서 마라톤 선수가 될 필요까지는 없다. 많이도 말고 하루에 20분씩만 투자해서 에어로빅을 하는 것으로도 충분하다. 에어로빅에는 이렇게 많은 장점이 있다.

- 몸매와 이미지, 자긍심이 향상된다
- 체력과 신진대사, 그리고 심장 기능이 좋아진다
- 엔돌핀(몸에서 만들어내는 진통제)이 증가한다
- 불안하거나 우울한 마음이 감소한다
- 체지방과 콜레스테롤 수치가 떨어진다
- 몸의 통증이나 정서적인 고통이 줄어든다

꼭 에어로빅이 아니어도, 이를테면 골프나 테니스, 아니면 걷는 것만으로도 이런 장점들을 누릴 수 있지만 시간대비 효과는 단연 에어로빅이 높다. 변화를 시도하는 사람들에게 인기가 높은 운동법은 조깅, 빨리 걷기, 에어로빅, 수영, 자전거 타기, 노젓기 등이었다.

자신에게 맞는 에어로빅의 난이도를 알아보려면 220에서 나이를 뺀 숫자에 0.7을 곱한다. 이렇게 해서 나온 숫자가 에어로빅 20분 동안 유지해야 하는 심장박동수이다. 예를 들어 마흔 살이라면 적정 심장박동수가 126이 된다(220 − 40=180×0.7=126).

운동 프로그램에 들어가기 전에는 반드시 의사와 상의해야 한다. 가볍게 시작해서 에어로빅까지 운동 강도를 높인다. 이때 기분전환이나 오락을 운동과 혼동해서는 안 된다. 골프나 볼링, 그리고 섹스도 기분을 전환시키기는 하겠지만 에어로빅처럼 운동이 되지는 못한다.

이 완

그러나 모든 문제에 운동으로 대항할 수는 없다. 예를 들어 직장에서 스트레스를 받아 담배를 한 모금 피우고 싶은 욕구가 강렬한데, 그것을 당장 어디에 가서 노젓기 운동으로 해소할 수는 없다. 그리고 몸을 다쳐서 운동을 할 수 없는 경우도 있다. 이때 도움이 되는 방법이 바로 이완이다.

최근에 발표된 연구에 따르면 심층 이완(deep relaxation)은 몸과 마음을 한결 온화하고 부드러운 상태로 바꿔준다고 한다. 매일 10~20분씩 심층 이완을 할 경우 이런 효과들을 기대할 수 있다.

- 에너지가 증가한다
- 즐거움을 주는 뇌파인 알파(α)파가 늘어난다
- 혈압이 안정되고 근육의 긴장이 풀린다
- 불안한 마음이 감소한다
- 잠을 편하게 잘 수 있다
- 건강이 증진된다
- 집중력이 강화된다

심층 이완의 방법으로는 여러 가지가 있다(안타깝게도 텔레비전 시청은 여기에 포함되지 않는다). 초월 명상, 기도, 요가, 자율 훈련법(autogenic), 점진적인 근육 이완이 가장 대중적인데, 이 방법들은 다음과 같은 공통점을 지니고 있다.

- 조용한 분위기

- 편안한 자세

- 내면에 집중

- 집착의 방출(letting go)

긴급 출동을 할 때 긴장을 이완시키는 훈련을 받은 경찰관은 신체적인 충돌이나 가정 폭력에 훨씬 효과적으로 대처한다. 반면에 아드레날린이 잔뜩 분출된 상태에서 현장에 도착한 경찰관은 사건을 평화롭게 해결하기보다 오히려 격렬하게 만들 가능성이 높다.

이는 경찰관에게만 해당하는 것이 아니다. 심층 이완법을 정기적으로 연습해두면 그것이 가장 절실하게 필요한 순간에 훨씬 온화하게 대처할 수 있다. 긴장을 풀기 위해 휴식 시간에 담배를 피우거나 커피를 마시는 대신, 의자에 좌정하고 심호흡을 하며 근육과 마음을 한껏 풀어놓는다. 그러면서 스스로에게 고요한 마음을 가지라고 되뇌인다. 사용하지 않는 근육에서 힘을 빼고 긴장을 푼다. 이를테면 긴장감이 감도는 회의 시간이라고 신경질적으로 무릎을 떨 필요는 없다. 제일 좋아하는 조용한 장소(아마도 집이 심층 이완을 연습하는 곳이기 쉽다)를 떠올려보자. 이런 장소를 연상하는 것만으로도 긴장되지 않은 반응을 불러낼 수 있다.

대 항 적 사 고

시멘트처럼 삶을 경직시키는 행동에서 자유로워지려면 경직된 사고부터 풀어주어야 한다. 바람직하지 못한 행동을 건강한 운동으로 대항하듯이, 대항적 사고는 복잡하고 어지러운 생각을 긍정적인 것으로 바꾸는 것을 의미한다. 변화에 성공한 사람들의 증언을 들어보면, 이완보다 대항적 사고를 더 많이 활용했음을 알 수 있다. 그것은 빠르고 다른 사람의 눈에 띄지 않으면서 비교적 적은 에너지를 요하기 때문이다. 이 방법은 문제성 행동을 유발하는 거의 모든 상황에 유용하다.

"이번 파티가 엉망이 되면 얼마나 끔찍할까?" "나를 제치고 그 사람이 승진한다면 나는 못 참아." "그가 화를 내면 나는 끝장이야."

마음을 어지럽히는 이런 생각이 정상적인 사고와 판단을 가로막는 것을 방치해 스스로를 불안에 빠뜨리는 사람이 많다. 이성적이지 못한 내적 진술에 효과적으로 맞서려면 연습이 필요하다. 이런 진술은 무의식의 저변에 잠재하다가 자기도 모르는 사이에 솟아오르고, 흡착력이 매우 강력하기 때문에 여간해서는 뿌리치기가 어렵다. 문제를 유발하는 내적 진술에 맞서려면 대항적인 사고를 의식적으로 훈련해야 한다.

비이성적인 생각에는 현실적인 근거로 맞서는 것이 가장 효과적이다. 비행기 추락은 상상만 해도 끔찍하다. 타이타닉 호의 침몰은 무시무시하다. 그러나 저녁밥을 태우는 것은 얼마간 귀찮기는 해도, 재앙이라고 부를 일은 아니다. 배우자가 화를 내면 속이야 상하겠지만 그렇게 끔찍할 것까지는 없다. 불안해지려는 마음을 이렇게 대항적 사고로 맞서면 정말로 힘든 상황에 처해도 한결 의연하게 대처할 수 있다. 이제 티끌은 순식간에 태산이 되어 나를 압도하는 대신, 그냥 작은 티끌로 남아 있을 것이다.

부정적인 생각이 자리잡는다 싶으면 이렇게 묻자. "나의 내면에서 무슨 생각을 하고 있기에, 내가 이렇게 동요하는 걸까?" 예를 들어, 문제성 음주로 고생하는 사람이라면 이런 식으로 사고가 진행될 수 있다.

내가 속으로 무슨 말을 하고 있기에, 이렇게 술이 마시고 싶어지는 걸까? 칵테일 파티에 참석해서 술을 안 마신다는 건 있을 수 없는 일이라고 말한다면, 둘 중 하나를 택해야 해. 파티에 참석해서 술을 마시거나, 아니면 파티에 참석하지 않는 것.

이성적인 내적 진술은 부정적인 생각을 물리치는 데 도움이 된다.

현실적으로 따져봤을 때, 꼭 그래야만 하는 것 중에서 정말 참지 못할 것은 별로 없어. 만약 나 스스로에게 "칵테일 파티에서 술을 마시지 않는다는 게 쉬운 일은 아니지만, 그래도 참아낼 수 있어"라고 말한다면, 그럴 수 있는 거야. 술을 마셔야만 한다는 내외적인 압력은 이완과 대항적 사고로 극복할 수 있어.

대항적 사고는 대단히 합리적이다. 그러나 많은 사람은 이런 비이성적인 내적 진술*로 건강한 사고를 마비시킨다.

- 모든 사람들이 다 나를 좋아해야 해
- 누군가 나를 인정하지 않는다는 건 참을 수 없어
- 모든 면에서 월등한 경쟁력을 지녀야만 해
- 실수를 저지른다는 건 끔찍한 일이야
- 일을 잘해내야만 나 스스로에게 만족할 수 있어
- 불안한 마음(분노, 절망, 또는 다른 감정들)을 어떻게 해볼 수가 없네
- 담배를 피우고 싶은(술을 마시고 싶은, 뭔가를 먹고 싶은) 충동을 뿌리칠 수가 없어
- 금단 증세가 나타날 때면 이 긴장감과 갈망을 참기 힘들어

---

* 위에 나열한 비합리적인 내적 진술들은 합리적 정서 치료법(rational-emotive therapy)의 창시자인 앨버트 엘리스(Albert Ellis)가 정리한 내용을 인용한 것이다.

- 세상이 나를 부당하게 대우한다는 마음이 들 때면 견딜 수가 없어
- 삶이 주는 스트레스를 견디려면 술을 마실(담배를 피울, 뭔가를 먹을) 필요가 있어

　이런 내적 진술은 대개 절대적이고, 융통성은 찾아볼 수 없으며, 의심이 파고들 여지를 주지 않는 폐쇄적인 사고를 동반한다. 뭔가를 절대적으로 확신하는 상황에 이의를 제기하기는 쉽지 않다. 뭔가를 반드시 해야만 한다고 믿는다면, 논리적인 대안이 들어설 자리가 없다. 이런 식의 사고는 스스로를 궁지로 몰아가는 것과 같다. 누구나 어느 정도는 절대적인 사고를 하지만, 특히 심한 사람이 있다(독선적이거나 통제가 심한 부모 밑에서 자란 사람들에게 이런 성향이 강하다).

　자신이 얼마나 절대적인 진술로 사고의 폭을 제한하는지 파악하려면 "나는 무엇무엇을 해야만 해" "나는 이렇게 할 필요가 있어" "그건 그래야만 해" 같은 말을 하루에 몇 번이나 하는지 세어보자. 이렇게 선언하듯 당위를 강조한 것 중에서 정말로 그래야만 했던 것이 얼마나 되는가? 의식주가 충족되지 않고, 수면이나 휴식이 부족하고, 자연재해로부터 보호를 받지 못한다면, 돌이킬 수 없는 손상을 입을 것이다. 그러나 이런 것이 아니라면, 우리가 말하는 '필요'의 절대다수는 그저 욕망일 따름이다.

　필요의 가면을 뒤집어쓰고 나타난 욕망을 충족시키지 못할 때, 우리의 마음은 흔들리고 장난감 가게 앞에서 소리치며 우는 아이의 심정("나 저 장난감 꼭 있어야 된단 말야")이 된다. 그러나 욕망을 욕망으로 인정하는 순간("저 장난감이 있으면 좋겠어") 욕망은 감소한다.

　조운 디디온(Joan Didion)은 《터벅터벅 베들레헴 가는 길(Slouching

Toward Bethlehem)》이라는 책에서 이 점을 인상적으로 표현했다.

> 우리가 무엇을 원하는 게 아니라 그것을 소유하는 것이 마치 도덕적인 당위인 듯 스스로를 기만하기 시작하면, 우리는 유행을 따르는 광인의 무리에 합류하게 되고, 히스테리의 가냘픈 넋두리가 이 땅에 울려 퍼지게 되는데, 그렇게 되면 아주 곤란한 지경에 빠지는 것이다.

인간은 이성적으로, 그리고 현실적으로 생각할 능력이 있다. "내가 옳을지도 모르지만, 그래도 의문의 여지는 있어." 누구나 이런 판단 능력을 가지고 있다. 그렇기 때문에 토론과 반론을 허용하고, 새로운 증거가 나타나면 생각을 바꿀 수 있는 것이다. 물론 사고방식을 바꾸기는 쉽지 않지만, 의문을 제기하고 절대적인 생각에 도전하는 것은 가치 있는 일이다.

대항적 사고를 부지런히 연습한다면 사고의 유연성을 기르는 한편, 변화할 수 있는 힘도 키울 수 있다.

당 당 한   자 기   주 장

문제를 일으키는 습관은 내면의 무의식으로 인해 유지되기도 하지만, 다른 사람들에 의해서 더욱 강화되기도 하고, 그런 행동을 어느 정도 기대하는 주변 시선에 의해 초래되는 경우도 많다. 이렇게 문제가 되는 습관을 유지시키려는 외부의 압력과 맞닥뜨리면 기가 죽거나 어찌할 바를 몰라 속수무책이 된다. 이럴 때는 자신의 느낌과 생각, 자신의 의사를 당당히 주장해 자꾸만 위축되려는 마음에 맞서야 한다.

운동이나 심층 이완과는 달리 자기 주장은 따로 시간을 내서 하는 활동이 아니다. 상대방이 내 말에 귀를 기울이지 않고, 내 의견을 존중하지 않는다는 생각이 들 때 활용할 수 있는 기법이다. 내 의사를 정확히 전달해서 변화할 수 있는 권리를 행사하는 것에는 다음과 같은 이점이 있다.

- 불안감이나 분노, 신경증 같은 증상이 줄어든다
- 자긍심과 의사전달 능력, 지도력 등이 증가한다
- 모든 인간관계에서 만족감이 늘어난다

자기 주장을 펼 수 있는데도 이를 억제한 채 지내는 사람이 많다. 무슨 이유에선지 자신은 그런 힘을 누릴 권리가 없다고 믿기 때문이다. 아래에 적어본 권리들은 누구나 지니고 있는 것이다. 만약 자신이 이런 권리를 지녔다는 사실을 깨닫지 못한다면 스스로에게서 중요한 것을 박탈하고 있는 것이다.

- 의견을 주장할 권리
- 타인에게 영향력을 행사할 권리
- 실수할 권리
- 사람들의 주목을 요구할 권리
- 마음을 바꿀 권리
- 자신의 생각과 감정을 스스로 판단할 권리
- 다른 사람의 판단을 거부할 권리
- 스스로를 합리화하지 않아도 될 권리

- 생각의 한계, 관심의 한계, 타인에 대한 책임의 한계, 그리고 시간의 한계 등 이런 한계를 가질 권리
- 그런 한계를 존중받을 권리

이런 권리를 인식한다면 당당하게 자기 주장을 펼칠 수 있다. 동시에 다른 사람도 똑같은 권리를 지니고 있음을 인정한다면 자기 주장을 정당한 이유 없는 공격성과 혼동할 일이 없다. 비단정적인 태도는 "당신은 중요하지만 나는 그렇지 않아"라고 말하고, 공격적인 태도는 "나는 중요하지만 당신은 그렇지 못해"라고 말하는 반면에, 당당한 자기 주장은 정중하게 예의를 갖추고 "당신과 나는 똑같이 중요합니다"라고 말한다.

이렇게 중요한 차이가 번번이 간과되는 것은 안타까운 일이다. 진정한 자기 주장은 공격적인 태도와는 달리 다른 사람의 희생을 대가로 목표를 달성하려 들지도 않고, 자신의 권리를 애써 부인하는 수동적인 태도와도 다르다. 자기 주장은 자기 권리를 당당히 요구하는 한편, 다른 사람에게도 똑같은 권리가 있음을 인정한다.

그러나 상황이 허락하는 범위를 벗어난 자기 주장은 공격성으로 받아들여질 수 있고, 상대방에게서도 순순한 수용보다는 역공적인 반응을 불러일으킬지 모른다. 과연 내 반응이 당당한 의사 표현이었는지, 아니면 공격성을 띤 것이었는지 분간하기 어려울 때에는 이런 점을 점검해보자.

- 지금 내 반응은 내 권리를 표시한 것이었나?
- 상대방의 권리를 충분히 존중했나?

- **행동변화를 구체적으로 거론했나?**

이 질문에 전부 그렇다고 대답했다면, 공격적이었다기보다 자기 주장을 펼친 것이라 할 수 있다. 물론 자기 주장을 펼친다고 해서 주변 사람들이 그것을 존중한다는 보장은 없다. 다만 다른 사람에게 내 의사를 이해시킬 기회를 가질 수 있고, 목적을 달성할 확률이 그만큼 높아지는 것은 확실하다. 주변 사람들이 아무리 도와주려 해도 어떻게 해야 도움이 되는지 그 방법을 명확하게 말해주지 않는다면, 십중팔구는 돕지 못할 것이 확실하다.

론다는 의사에 대한 병적인 두려움이 있었다. 그런데 도저히 피할 수 없는 순간이 다가왔다. 간단한 수술을 받기 위해 병원에 입원해야 했던 것이다. 론다는 자기 주장을 분명히 해야 한다는 사실을 터득해가던 참이었다. 그녀는 우선 한 친절한 간호사에게 혈액 샘플을 채취하는 것이 무척 두려우니 그 두려움을 참아넘길 수 있게 도와달라고 부탁했다. 간호사가 도와준 덕분에 론다는 이해심 많은 의사를 만날 수 있었다. 론다는 당당하지만, 상대방이 기분 상하지 않게 다음과 같은 조건을 제시했다.

- 불안감이 지나치게 고조되면 수술 날짜를 다시 조정할 수 있다
- 병원 수술복 대신 개인 잠옷을 입어도 된다(병원 수술복은 뒤쪽이 트여 있는데, 론다는 그런 옷을 입으면 약점이 노출된 것처럼 불안해 했다)
- 용기를 주기 위해 남편이 수술실에 들어올 수 있다

대 항　자 체 평 가

여러 가지 대항 기법을 얼마나 잘 활용했는지 알아보기 위한 자체평가이다. 솔직하고 현실적으로 생각해보고, 지난 한 주 동안 문제를 극복하는 과정에 각각의 기법을 얼마나 자주 사용했는지 빈도수를 표시한다.

Checkpoint ────────────────────────────────────

1=전혀 하지 않았다 2=거의 하지 않았다 3=이따금 했다 4=자주 했다 5=반복해서 했다

빈도

＿＿＿ 습관에 빠지고픈 유혹이 들 때면 몸을 활동적으로 움직였다.

＿＿＿ 문제가 시작되려는 듯한 징후가 느껴지면 긴장을 풀려고 노력했다.

＿＿＿ 그 동안의 습관 대신 할 수 있는 여러 대안을 찾아냈다.

＿＿＿ 문제가 일어나겠다 싶으면 다른 생각을 하거나, 다른 일에 몰두했다.

＿＿＿ ＝총점
────────────────────────────────────

이 자체평가에서 12점 이하가 나왔다면 대항 과정을 더욱 적극적으로 활용할 필요가 있다. 이번 자체평가에서 12점 이상이 나왔고, 실행 단계의 여러 과정에서 일관되게 기준점 이상을 기록한다면 유지 단계로 넘어갈 시점이라고 생각해도 좋다.

환 경 통 제

세상에 있는 대항 기법을 모조리 동원해도, 매일 밤 술집에서 시간을 보낸다면 음주 문제 해결은 요원할 뿐이다. 잔뜩 허기가 진 채 멋진 레

스토랑에 간다면 식사 습관을 개선하려는 노력은 무위로 돌아가고 말 것이다. 회사에서 제시하는 프로젝트마다 오케이를 해버리면 과로를 피할 길이 없다. 앞에서 살펴본 대항은 주어진 상황에 대한 반응을 변화시키는 것이었지만, 환경 통제는 그 상황 자체를 바꾸는 것이다.

20세기 초에 들어와 행동심리학자들은 인간 행동의 많은 부분이 주변 환경에 좌우된다는 사실을 입증해 보였다. 이를테면 조용한 곳에 있을 때보다는 시끄럽고 소란한 곳에서 신경이 날카로워지기 쉽고, 편하고 힘이 되어주는 사람이 곁에 있을 때보다는 혼자 있을 때 불안을 느끼기 쉽다. 이 현상을 뒤집어서 생각하면, 환경을 자신의 필요나 욕망에 맞게 바꾸면 행동을 통제할 수 있다는 결론이 나온다.

환경 통제는 문제를 자극할 만한 요인이 발생할 확률을 대폭 줄이는 것이다. 내 얘기를 하나 하면, 대학원 시절에 나는 운전 불안증에 시달린 적이 있다. 그 불안증은 어느 날 갑자기 차가 심하게 흔들린 후부터 시작됐다. 그리고 며칠 지나지 않아 연결 커플링이 굉음을 내며 부서졌는데, 별 사고 없이 갓길에 차를 댈 수 있었던 건 정말 다행이었다. 그런데 커플링을 손본 후에도 이런 일이 두 번이나 더 일어났다. 마침내 진짜 문제를 찾아 수리를 했지만(진짜 문제는 구동축이 휜 것이었다), 때는 이미 늦었다. 이미 운전에 대한 병적인 두려움이 생긴 후였기 때문이다. 나는 아예 운전대를 잡지 않았다. 운전을 하지 않으니 운전 불안증에 시달릴 일은 없었지만, 일상적인 업무를 처리하기가 귀찮고 어려워졌다. 나는 결국 차를 팔았다. 일종의 환경 통제였던 셈이다. 운전 불안증은 새 차로까지는 이어지지 않았고, 그렇게 문제는 해결되었다.

모든 문제의 해결이 이렇게 간단하고 명확하지는 않다. 하지만 환경을 개선할 방법은 그야말로 무궁무진하다. 각자의 상상력을 얼마든지 동원할 수 있다. 내가 아는 여든여덟 살의 여인은 정말 기발한 방법을 고안했다. 그는 외롭다는 생각이 들 때면 근처 장례식장을 찾아간다. 슬픔에 잠긴 가족에게 "그분은 정말 좋은 분이셨지요"라고 말하면 그 가족도 위로를 받지만, 동시에 자신의 외로움도 덜어진다는 것이다.

사람들은 언제나 집이나 직장에 편안한 환경을 조성하려고 노력한다. 이제는 그 환경이 자신에게 도움이 되게 할 때다. 환경 통제에 이용하면 좋을 방법들이 있다.

회 피

오로지 의지 하나만으로 유혹을 뿌리칠 수 있다고 믿는 사람이 많다. 그러나 유혹을 제거하는 데에는 회피라는 통제 기법이 아주 유용하다. 사람들은 도전과 응전에 익숙해진 나머지, 회피한다는 것은 나약하거나 통제력이 취약하다는 의미라고 생각한다. 하지만, 사실 효과적인 자기 통제에서 문제를 미연에 방지하는 능력이 차지하는 부분은 결코 작지 않다.

회피를 회피하려는 자세는 무모하고, 또 위험하다. 변화에 실패한 사람들은 이렇게 말한다.

"일을 하다 보면 술을 마실 수밖에 없어요." "애들 키우면서 어떻게 그런 음식을 안 먹을 수 있나요." "담배 한 보루를 그냥 내버리려니 영 내키지가 않더군요."

이런 말들은 패배를 자초한다. 술을 끊으려는 사람이라면 집안에 알코올은 한 방울도 남겨두지 않는 게 상식이다. 담배가 문제라면 담배는 물론이고 재떨이까지 쓸어버리는 것이 현명하며, 음식 조절이 문제라면 칼로리가 높은 음식은 눈에 띄지 않게 치워버린다.

회피 대상이 물건만은 아니다. 부모 때문에 화가 나고 불안해진다면, 당분간은 부모를 만나지 않는 것이 옳을 수 있다. 활동의 결여가 우울증을 가중시킨다면 소파에 누워 텔레비전 보는 것을 피한다. 록음악 콘서트 분위기가 마약에 대한 열망을 자극한다면, 스트레스가 예약된 그런 상황으로는 아예 발걸음을 하지 않는다.

문 제 신 호

그러나 회피가 영구적인 해결책은 될 수 없다. 어느 순간에는 문제성 행동을 촉발하는 신호에 직면할 것이다. 실행 단계에는 이런 신호에 차츰 자신을 노출할 필요가 있다. 자기 패배적인 반응 없이 신호에 노출되는 것은 문제에 대한 저항력을 키워준다.

변화에 성공한 사람들은 머릿속에서 문제 신호를 상상하고, 대처하는 연습을 한 것이 큰 도움이 되었다고 말한다. 부모가 심적 고통의 원인 제공자라면, 부모를 방문하는 장면을 머릿속으로 그려본다. 부모는 얼굴을 보자마자 일부러 당신들을 피한다며 꾸짖는다. 그러면 심호흡을 하고, 최대한 긴장을 푼 채 이렇게 말한다. "왜 화가 나셨는지 잘 알아요. 하지만 저도 저만을 위한 시간이 필요했어요." 이제는 어느 정도 시간이 흐른 뒤에, 또는 어떤 상황이 벌어졌을 때 부모님 집에서 나올 것인지 생각해보고, 앞으로 문제 신호에 어떤 식으로 대처할 것인지에 대해서도 계획을 세운다.

상상 속에서 문제 신호를 처리하는 능력이 호전되면, 실제로 그런 상황이 닥쳤을 때도 훨씬 수월하게 대처할 수 있다. 이 능력은 무척 중요하다. 머지않아 부모님 댁을 방문할 일이 생기고, 칵테일 파티에 참석하게 될지도 모르고, 특별한 날을 맞아 외식 자리가 마련될지도 모른다. 이렇듯 문제성 행동을 유발하는 상황을 머릿속에 그려보고 대처 요령을 찾아보는 것이다. 그러다 보면 어떤 상황에도 효과적으로 대항할 수 있는 능력을 차츰 갖추게 될 것이다.

기 억 상 기 용   도 구 들

시계와 달력은 일상생활에서 빼놓을 수 없는 도구이다. 이 간단한 것들이 우리의 일정과 다음 행동을 알려준다. 언제 밥을 먹고, 출근을 하고, 휴식을 취하고, 여행을 떠날지 시계나 달력을 보면 알 수 있다. 우리는 이런 신호를 당연하게 여긴다. 기억을 상기시키는 이런 도구들을 이용해서 일상을 통제하는 것은 지극히 자연스러운 일이다.

기억을 상기시키는 이런 도구들은 실행 단계에 있는 사람들에게 특히 중요하다. 사무실에는 '금연' 이라는 글을 붙여놓고, 냉장고 문에는 '정지' 라는 도로표지판 그림을, 그리고 전화기에는 '긴장 풀어' 라는 말을 적어놓는다. 상관없는 사람이 보기에는 어쩐지 작위적이고 부자연스러울지 몰라도, 번잡한 교차로의 신호등처럼 우리의 행동을 통제하는 데 더없는 도움이 된다.

최상의 기억상기용 도구는 '할 일 목록' 을 정하는 것이다. 자기 변화가 최우선 과제가 아닐 때는 이런 것들로 목록이 채워졌을 것이다.

1. 오전 10시에 존에게 전화
2. 정오에 테니스 약속

3. 집에 가는 길에 우유 살 것

4. 저녁에 쓰레기 내다버릴 것

　이 목록을 자연스럽게 늘려서 변화의 실행과 관련된 목표들을 추가해보자. 예를 들어 체중 조절을 시도하고 있는 사람이라면 '저지방 식사하기' '운동하기' 등이 추가될 수 있다. 불안증 감소가 목표라면 목록은 이렇게 이어진다.

5. 긴장 풀기

6. 운동!

7. 대항적 사고 활용할 것

　그날 활용한 방법을 목록에서 하나씩 지워보는 것도 스스로를 강화하는, 아주 좋은 방법이다. 사실 목록에서 뭔가를 지워나가는 것은 삶이 주는 작은 기쁨이다.

환 경　통 제　자 체 평 가

이번에는 환경 통제의 활용도를 진단할 자체평가이다. 거듭 강조하지만 최대한 솔직하고 현실적으로 답해야 한다. 한 주일 동안 문제와 씨름하면서 각각의 방법을 얼마나 자주 사용했는지 해당 번호를 적어보자.

Checkpoint ————————————————————————————

　1=전혀 하지 않았다 2=거의 하지 않았다 3=이따금 했다 4=자주 했다 5=반복해서 했다

　빈도

_____ 문제성 행동을 떠올리게 하는 물건들을 집에서 모두 치워버렸다.

_____ 문제성 행동을 부추기는 사람들이 있는 곳에서 나와버렸다.

_____ 변화의 노력을 떠올리게 해줄 기억상기용 도구들을 집과 일터에 가져다 놓았다.

_____ 문제를 강화시키는 사람들과는 되도록 마주치지 않으려 했다.

_____ = 총점

8점 이하를 기록한 사람은 환경 통제 기법을 더 적극적으로 활용할 필요가 있다. 실행 단계의 자체평가가 전부 기준점을 상회하고, 환경 통제도 9점 이상이 나왔다면 이제 유지 단계로 넘어갈 준비가 끝났다고 생각해도 좋다.

<h2 style="text-align:center">보상</h2>

환경 통제가 문제성 행동에 앞서서 그 행동을 유발하는 신호를 바로잡는 것이었다면, 보상은 행동에 뒤따르며 그것을 강화하는 결과에 주목하는 기법이다. 예전부터 보상은 바람직한 행동을 강화하는 데 사용되었고, 처벌은 바람직하지 못한 행동을 억제하기 위해 사용되어왔다. 가장 열렬한 행동심리학자들조차 이제는 처벌이 문제를 일시적으로 억누르는 데 그치는 경향이 있다고 믿으니만치, 우리는 보상에 초점을 맞출 것이다.

변화에 성공을 거두지 못한 사람 가운데는, 문제를 바로잡는 것에 대해 스스로 보상을 주는 것은 말이 안 된다고 주장하는 사람이 많다. 이 사람들은 애초에 술이나 음식, 또는 담배 문제에 빠진 것이 잘못이었다고 말한다. 그러나 긍정적인 변화의 노력을 강화하지 않는 것은, 실질적으로는 스스로를 처벌하고 있는 것이나 마찬가지다. 이는 대단히 심각한 잘못이다.

유혹에 저항하는 것 자체가 보상이라면 굳이 다른 보상은 필요 없다. 살이 찌는 음식을 거들떠보지 않거나 칵테일 파티에 참석하지 않는 것만으로도 기분이 유쾌해진다면야 변화를 위해 그다지 큰 노력이 필요하지도 않을 것이다. 초콜릿 대신 홍당무를 먹었을 때, 담배를 피워 무는 대신 나가서 조깅을 했을 때, 분노를 폭발시키는 대신 이완으로 대처했을 때, 두려움에 굴복하는 대신 자기 주장으로 당당히 맞섰을 때 우리는 격려받아 마땅하다. 복잡하게 생각하지 않는, 단순한 사람들은 보상의 이점을 터득했고, 그럼으로써 변화에 성공할 수 있었다. 그들은 화를 잘 참아 넘긴 것에 대해 스스로를 칭찬하고, 담배를 피우지 않아 절약한 돈으로 새 옷을 사고, 체중이 줄었다고 가족에게 자랑하는 데 거리낌이 없다.

긍정적인 행동을 보상하는 데에도 세 가지 방법이 있다.

은밀한 관리

극복 대상으로 삼은 문제가 어떤 것이건 간에, 문제 신호가 발생하면 일단 심호흡을 하고, 침착하자고 타이른 다음, 심신을 이완하고서는 재빨리 이런 축하의 말을 덧붙인다. "긴장 푼 거 진짜 잘했어." "야, 컨트롤한다는 거 정말 상쾌한 일이구나." 또는 간단하게 "잘했어"라고만 해도 된다. 스스로에게 하는 이런 칭찬이 바로 은밀한 관리다.

긴장을 풀거나 자기 주장을 당당히 밝히며 그 습관에 탐닉하지 않아

화가 났다면 그것은 보상에 반대되는 개념인 처벌, 다시 말해서 유혹에 저항한 자신을 처벌하고 있는 것이다. 이런 태도를 방치하면 저항력이 떨어지고 재발 위험성이 높아진다. 문제를 대안으로 대체하는 것은 건강한 변화의 방법이며, 당연히 보상받아야 한다.

한 번의 실수로 유혹에 굴복한 경우를 상상해보자. 의지가 박약하다고 스스로에게 화를 내야 할까? 그렇지 않다. 실수를 했다고 자신을 처벌하는 것은 바람직하지 못한 행동을 일시적으로 억제하는 효과는 있을지 몰라도, 장기적으로 그 행동을 변화시키는 데에는 그다지 도움이 되지 못한다. 처벌은 적절한 대안을 제시하지 못하기 때문이다. 술 마신 다음날 아침에 일어나 거울에 비친 제 얼굴을 보고 바보라고 자책해도 이미 때는 늦었다. 게다가 좋아하는 술을 들이키면서 실수에 두둑한 보상을 해주고 난 뒤다. 과식도 마찬가지다. 실컷 먹고 나서 "그걸 다 먹지 말아야 했어"라고 머리를 쥐어박아도 이미 때가 늦었을 뿐 아니라, 먹지 말았어야 할 그것을 먹어(아마도 맛있게) 실수를 강화한 후이다. 뒤늦은 처벌이 효과를 발휘했다면 숙취와 배탈은 방종과 탐닉에 자연이 준 치료제일 것이다.

그뿐 아니라 은밀한 처벌은 자긍심에 손상을 입히고 정서적인 고통을 증폭시키며 변화의 장애물을 높이는 일이 되고 만다. 이 단계까지 도달했다면 스스로를 믿고, 인내하며 침착하게 대처해야 한다. 이미 일어난 실수를 놓고 스스로에게 화를 내는 건 아무 의미도 없다.

적절한 강화는 마치 존경하는 분이 해주는 칭찬처럼 내면에서 메아리친다. "잘했어, 이 친구야." "정말 훌륭해." 스스로를 강화하는 이런 칭찬들은 마치 나 스스로 '부모가 되어' 성숙한 행동을 가르치는 듯한 기분을 느끼게 한다.

"너는 할 수 있어." "절대 포기하면 안 돼. 잘할 수 있을 거야."

자신에게 힘을 주는 이런 말은 최선을 다하라고 독려하는 교사나 감독을 떠올리게 하고, 변화하고 있는 자기 자신에 대해 만족감을 갖게 한다.

더욱이나 기억에 남아 있는 부모나 선생, 또는 감독이 지나치게 부정적이라면, 이제라도 자신을 강화해야 한다. 지금의 변화는 단지 어떤 행동 하나를 바로잡는 데 그치는 것이 아니라, 자신의 이미지와 자긍심도 함께 탈바꿈시키는 총체적인 과정임을 잊지 말아야 한다. 계획한 대로 결과가 나오는가에만 신경쓸 게 아니라, 전체적인 변화 과정을 즐기고 만족하는 것이 중요하다.

계 약   체 결

공식적이거나 비공식적이거나 상관없이, 계약 체결이라는 이 방법은 실행 단계에서 매우 효과적이다. 남자아이들은 좋아하는 여자아이에게 데이트를 신청하겠다며 친구들과 내기를 한다. 스스로에게 압력을 가하기 위해서이다. 여유가 있는 부자 아버지는 뚱뚱한 딸이 0.5킬로그램을 뺄 때마다 100달러씩 통장에 넣어주겠다고 약속한다. 만약 딸이 그렇게 해서 10킬로그램만 뺀다면, 갖고 싶던 말을 한 마리 살 수도 있을 것이다. 장학생으로 뽑힌 10대들에게 100달러 할인 정책을 쓰거나 담배를 끊은 고객에게 100달러를 환불해주겠다고 나선 보험회사도 있다. 공정한 계약을 체결한다면, 바람직한 변화로부터 갑과 을, 모두 이익을 얻을 수 있다.

누구나 기꺼이 계약을 체결해줄 개인이나 회사를 찾을 수 있는 것은 아니지만, 자기 자신과 하는 계약이라면 언제든 가능하다. 계약은 구두로 하는 것보다 문서를 작성하는 것이 훨씬 강력한 힘을 발휘한다. 그러므로 자신과 합의한 것이라도 종이에 구체적으로 적는 편이 효과적이다. 예를 들면 이런 식이 될 수 있다. "0.5킬로그램 감량할 때마다 10달러씩(금액은 재량껏) 쇼핑 계좌에 적립하기로 동의합니다." 그리고 노력에 대한 강화가 필요할 때마다 이 계좌에서 적당히 꺼내 자기 자신에게 상환한다.

여기에서는 두 가지 목적을 기억하는 것이 중요하다. 문제가 되는 행동을 하지 않게 스스로를 강화하는 한편, 건강한 대안을 선택한 것을 보상한다는 의미도 있다. 계약서 말미에 한 문장을 더 추가하는 것도 생각해봄직하다.

"30분 운동할 때마다 5달러씩 따로 적립함."

사실 익숙한 행동을 제거하는 것보다 새로운 행동을 익히는 것이 훨씬 수월할 때가 많다. 게다가 바람직하지 못한 행동을 바람직한 것으로 대체하는 대항은 변화의 핵심 기법이다.

체중만큼이나 재력도 넉넉했던 한 여성은 0.5킬로그램을 뺄 때마다 20달러를 자선단체에 기부하겠다는 계약을 체결했다. 본인으로서는 먹어봤자 후회만 되는 음식을 먹지 않아서 좋고, 그렇게 해서 절약한 음식을 굶주린 아이들의 허기를 달래는 데 쓴다는 사실 또한 더없이 강력한 보상이 되었다. 뭔가 먹고 싶다는 유혹이 고개를 들 때마다 그녀는 그 유혹을 이기면 자기 자신뿐만 아니라 남도 도울 수 있다는 사실을 되새겼다. 이 훌륭한 계획을 통해 이 여성이 자신의 과식 습관을 정복한 것은 더 말할 필요도 없다.

계약 체결의 문제점이라면 언제든지 일방적으로 파기할 수 있다는 것이다. 누가 강제하는 것도 아니니, 변화의 계약서를 작성할 때에는 절대 솔직해야 한다. 계약을 어긴다고 사회적인 명예를 훼손당하는 건 아니지만 최소한 자긍심만큼은 금이 가거나 흔들릴 수 있는 문제다.

틀 잡 아 나 가 기

문제를 극복한다는 것은 자신의 행동을 새롭고 바람직한 방향으로 틀을 잡아나간다는 의미다. 예를 들어 광장공포증(집을 떠나는 것을 두려워하는 병) 같은 것을 하루아침에 극복할 수는 없다. 있는 의지, 없는 의지를 총동원해서 여행을 계획하는 것도 좋지만, 아마 길모퉁이를 돌자마자, 아니 현관을 나서서 계단을 하나 내려가자마자 공황 반응이 일어나 다시 안전한 집안으로 들어올지 모른다. 의욕적이기는 하지만 도무지 현실성이 없는 목표를 세워 당장 실현하려는 자세는 100퍼센트 실패한다고 해도 과언이 아니다.

차근차근 틀을 잡아나가는 접근법, 새롭게 설정한 방향을 따라 조금씩 앞으로 나갈 때마다 그 행동을 강화해주는 것이 좋다. 그래야 성공을 거둘 확률이 높아진다. 다시 광장공포증을 예로 들면, 일단 다음 골목까지 나가는 것을 목표로 삼고, 그 다음에는 한 골목을 더 나가는 것으로 조금씩 목표를 키울 수 있다. 집이라는 안전한 울타리를 나서서 내딛는 한 걸음, 한 걸음이 그 행동을 동시에 강화해주고, 불안한 마음은 이완으로 대처할 수 있다.

새로 정한 방향을 따라 내딛는 첫걸음은 너무 쉽고 수월해 보여서 보상할 가치가 없다고 생각할지도 모른다. 실제로 많은 사람이 어떤 가시적인 성과를 거둘 때까지 보상을 유보한다. 그러나 실행 단계에서 직면할 어려운 과업에 대비해 튼튼한 기초를 다지기 위해서라도 보상은 필요하다. 한번 휘청했다고(누구나 실수로 한 번쯤은 휘청이게 된다), 끝까지 미끄러지길 바라지는 않을 것이다. 첫걸음을 내디딜 때부터 적절한 보상을 연습하는 것은 한 번의 실수가 재발로 이어지지 않고 일시적 일탈로 끝날 수 있도록 일종의 보험을 들어두는 것과 같다. 받아서 마땅하고 당연히 누려야 할 보상과 강화를 박탈하지 않아도, 문제를 극복하는 일은 너무나 어렵다.

보 상   자 체 평 가

보상 과정을 얼마나 적절하게 활용했는지 평가하는 시간이다. 지난 한 주일 동안 실행 단계에서 보상의 기법들을 얼마나 자주 사용했는지 솔직하고 현실적으로 대답해보자.

Checkpoint

1=전혀 하지 않았다 2=거의 하지 않았다 3=이따금 했다 4=자주 했다 5=반복해서 했다

빈도

_____ 유혹에 굴복하지 않는 대신 나 자신에게 근사한 선물을 했다.

_____ 은밀한 강화를 통해 나 자신을 처벌하고 싶은 마음을 이겨냈다.

_____ 작은 걸음이었지만 변화의 방향으로 나간 것을 보상했다.

_____ 주변 사람들은 내가 변화의 과정에 만족할 수 있도록 노력해주었다.

_____ =총점

실행 단계에서 실시한 여러 평가에 이어, 이번에도 기준점인 9점을 넘었다면 유지 단계로 넘어갈 준비가 되었다는 뜻이다. 아직도 8점 이

하의 점수가 나왔다면 변화를 시도하는 자신에게 힘을 주는 보상의 기법을 더욱 적극적으로 활용해야 한다.

실행 단계에 필요한 주변의 도움

누구나 짐작하겠지만, 실행은 변화에서 가장 분주한 시기다. 주변의 도움이 그 어느 때보다 절실한 것도 바로 이 시기다. 낡은 피아노를 계단 아래로 옮겨야 한다고 생각해보자. 친구들의 손을 빌리지 않고 혼자서 처리하는 것은 불가능하다. 문제가 있는 습관이 바로 이 낡은 피아노이다. 그 문제를 들어내려면 주변의 도움을 받아야 한다.

준비 단계에서부터 이런 무거운 짐이 있다는 것을 주변에 널리 알려서 부담을 나눠 지고, 변화하려는 계획이나 목표를 소중한 사람들과 의논하기 바란다. 변화의 노력에 힘이 되어주기는커녕 관심도 없었다며 가족에게 불만을 털어놓는 내담자를 많이 봤다. 하지만 그 주변 사람들에게 물어보면, 그냥 핑계를 대는 것이 아니라 진심으로, 변화에 대해 전혀 들은 바가 없다는 반응을 보인다. 그러면 변화를 시도한 당사자는 이렇게 쏘아붙인다. "아니, 그걸 알아차렸어야지!" 진정으로 사랑한다면 상대의 마음까지 읽을 수 있어야 한다는, 낡고 진부하고 전형적인 불평이다.

배우자든 누구든 내가 계획하는 바를 혼자서 알아차릴 수 있다고 짐작해서는 안 된다. 그런 기대를 품기 전에 내가 먼저 계획을 알려주어야 한다. 앞에서도 말했지만 변화라는 게 목숨이 달려 있는 수술과 다를 게 없음을 기억해야 한다. 이렇게 중요한 수술을 받고 있으니, 조금 불안하고 신경질적이 되고, 대하기 어려워지더라도 인내심을 가지고 도와달라고 말해야 한다.

실행 단계에서 주변의 도움을 활용하는 방법이 몇 가지 있다.

함께 운동하기 달리기를 하든, 산책을 하든, 에어로빅이나 심지어 긴장을 푸는 호흡법을 해도 혼자 하는 것보다는 애인이나 친구와 함께 하는 것이 훨씬 쉽고 재미있다. 주변 사람 한두 명에게 바람직하지 못한 습관을 건강한 행동으로 바꾸고 싶으니 함께 운동을 하지 않겠느냐고 청해보자.

혼자보다 둘이서 시너지 효과라는 말도 있지만, 혼자 하는 것보다 두 사람이 힘을 합쳤을 때 산술적인 합계 이상의 효과를 보는 경우가 많다. 변화 역시 마찬가지다. 존 노크로스만 해도 부부가 함께 건강한 식습관을 위해 노력해 훨씬 수월하게 성공할 수 있었다.

집안 재정비 가족과 합의하여 고지방 음식이나 담배, 술 등은 아예 집안에 들어오지도 못하게 한다면 변화하려는 노력이 탄력을 받을 수 있다. 주변 사람들은 유혹을 불러일으키는 문제 신호가 제거된 환경을 만드는 데 중요한 구실을 한다.

글로 적기 앞에서도 언급했지만, 말로 한 약속보다는 문서로 작성한 계약이 훨씬 구속력이 크다. 아무리 자기 자신과 한 약속이라 할지라도 일종의 계약이니만큼 내용을 글로 적어서 관련된 모든 사람에게 보여주며 반드시 지켜야 한다는 압력을 가한다. 여기에는 언제 변화를 시작할 것이며, 목표는 무엇이고, 대항 기법으로는 어떤 것을 활용할지, 그리고 보상 방법으로는 어떤 종류를 선택했는지 등을 담는다. 도움을 주는 주변 사람들의 다짐에 대해서 언급하는 것도 잊어서는 안 된다. 실행 단계는 주변 사람들에게도 힘든 시기가 될 수 있다.

회계사인 로이는 분노를 통제하기 위해 이런 간단한 계약서를 작성했다.

1. 오는 12월 4일 토요일부터 나는 화를 참기 위해 최선을 다할 것이다.

   a. 좌절감이나 스트레스로 인해 이성을 잃기 전에 나의 상황을 베키에게 이야기하겠다.

   b. 딸들에게도 아빠가 기분이 좋지 않음을 알려주겠다.

   c. 그러나 만일 자제를 못한다면, 최대한 빨리 수습하고 화낸 것을 사과하겠다.

2. 그 대신 베키도 좀더 긍정적으로 대처하고 비판을 줄이기 위해 최선을 다할 것이다.

   a. 좌절감에도 불구하고 화를 잘 참아 넘기면 수고했다고 직접 표현하겠다.

   b. 내가 힘들어하고 있을 때는 더욱 도움이 되기 위해 노력하겠다.

   c. 딸들에게 아빠가 온화한 성격이 되기 위해 노력하고 있음을 이해시키겠다.

다독여주기 연구에 참여했던 사람 중에는 주변의 관심이 지속적으로 유지되지 않는다고 불평하는 이가 많았다. 아무리 사소한 것이라도 변화가 있다면 주변 사람들로부터 보상을 받는 것이 바람직하다. 여기서는 그 보상을 '다독여주기'라고 표현했는데, 형태는 여러 가지가 될 수 있다. 그 동안 옆에서 지켜봤는데 참 많이 나아졌더라고 다른 사람에게 자랑할 수도 있고, 내가 하기 싫어하는 일을 대신 해줄 수도 있다.

말로 하는 칭찬, 금전적인 지원, 따뜻하게 안아주는 것, 작은 선물, 시원한 마사지 등 모든 것이 좋은 보상이 될 수 있다.

죄의식 부추기지 않기   잔소리를 늘어놓고, 옆에서 달달 볶고, 설교하고, 무안하고 부끄럽게 만드는 것은 돕는 게 아니다. 아예 계약서에 아무리 선의라고 해도 이런 '방법'은 사용할 수 없다고 명기하는 것이 좋다. 옆에서 죄의식을 부추기면 마음이 아파지고, 그 여파가 결국은 돕겠다고 나선 사람들에게 돌아간다.

늘 긍정적으로   잘하고 있을 때에는 아무 말도 않다가, 어쩌다 하루 실수하면 그제서야 이런저런 비난을 하는 가족도 많다. 시작할 때부터 행동변화에는 처벌보다 보상이 훨씬 효과가 크다는 사실을 말해준다. 긍정적인 관찰과 부정적인 논평이 몇 대 몇인지 한 번 따져보는 것도 좋다. 비평이 한 번이면 칭찬은 최소한 세 번 이상이어야 한다.

도움에 목숨이 달린 듯이   가족이나 친구들이 도와줄 형편이 못 된다면, 관련 단체나 모임을 찾아간다. 같은 문제로 고민하는 사람들을 만나는 것은 변화의 노력을 강화하고, 어려운 순간을 헤쳐나갈 힘을 주고, 변화가 주는 이점을 상기시킨다.

반드시 공식적인 조직이어야 하는 것은 아니다. 내가 본 모임 가운데 가장 인상적이었던 것은 같은 사무실에서 근무하는 여성 일곱 명의 친목회였다. 이 사람들은 일주일에 두 번 모여서 다이어트에 관한 이야기를 나눴다. 화요일에는 저칼로리 음식으로 점심을 같이 하고, 금요일에는 아침에 커피를 마셨다(물론 도넛은 먹지 않았다). 그들은 자신들이 그룹으로 비치는 것을 원치 않는다며 그저 '여자들이 모여 이야기를 나눌 뿐'이라고 했다.

주변의 도움은 그 원천이 살가운 관계든, 같은 문제를 지닌 사람들이 결성한 단체든, 실행 단계에서 대단히 중요한 위치를 차지하며 단기간에 이룬 변화를 장기적으로 정착시켜야 하는 유지 단계에서도 큰 힘을 발휘한다.

게일의 사례 : 실행에 들어가다

실행에 들어가자 게일의 사기는 하늘을 찔렀다. 몇 주 동안 꾸준하게 운동을 하고 저지방이라고 생각하는 것만 먹었다. 단순히 날씬해 보이는 것보다 건강한 라이프스타일과 식습관을 실천한다는 사실이 만족스러웠다. 생활에 깃들인 생기와 단단해지는 몸매가 마음에 들었다. 이렇게 해서 아예 지방이 전혀 없는 음식을 좋아하게 되길 바랐다. 지내다 보니 탈지우유를 좋아하게 되었고, 유지방을 2퍼센트 남긴 우유는 어쩐지 커피에 넣는 크림 같은 맛이 나서 내키지 않았다. 게일은 이런 긍정적인 생각으로 변화를 향한 행동을 강화했다.

그렇게 4주가 지났는데 체중은 전혀 줄지 않았다. 그러자 기운이 빠졌다. 게일은 자신이 체중 감소에만 집착하고 있음을 발견했고, 협소한 목표에 집중했던 지난날의 전철을 밟지 않으려면 뭔가 조처가 필요하다는 걸 알았다. 게일은 결단의 저울을 다시 한번 달아보기로 했다. 자신의 생활과 변해가는 모습을 다시 평가했다. 다행히 게일은 새롭게 변한 라이프스타일에서 많은 가치를 확인할 수 있었다. 성실하게 삶을 돌보게 되었고, 다양한 만성 질병도 예방할 수 있으며, 예전보다 기력도 좋아지고, 몸 상태도 나아져 피곤해서 늘어지는 것도 훨씬 덜했다. 스트레스도 낮아졌고, 외모에 지나치게 관심을 쓰지도 않았다.

게일은 이렇게 체중 변화와는 상관없이 변화에 많은 승리를 거두고 있다고 생각했고, 이런 생각은 패배의식에 빠지는 것을 막아주었다. 비록 체중은 줄지 않았지만, 기분은 상쾌하고 먹는 것도 훨씬 건강해졌다. 게일은 주변에도 적극적으로 도와달라고 부탁했다. 친구들은 건강한 라이프스타일을 유지하다 보면 머지않아 체중도 어떤 반응을 보여줄 거라고 격려했다. 이런 과정을 통해 게일은 다이어트와 운동에 전념하겠다는 마음을 다잡을 수 있었다.

0.5킬로그램이 빠지는 데 꼬박 두 달이 걸렸다. 하지만 이제까지 뺐던 살과는 비교도 할 수 없는 소중한 0.5킬로그램이었다. 이번에는 예전과 달리 쉽지도 빠르지도 않았다. 칼로리를 더하고 빼는 일도 하지 않았다. 그런 접근법은 즉각적인 만족은 주었지만, 장기적으로는 낙담만 남겼다. 그러나 이번에 빠진 0.5킬로그램은 건강하고 개선된 삶의 결과였다.

이런 사실은 게일의 사기를 크게 높여주었다. 게일은 운동을 더 열심히 했고, 지방 섭취는 더 줄였다. 새로운 전략을 시도할 때 희망했던 대로 새로운 라이프스타일의 장점은 증가하고 있었다.

테니스 코트에서 볼을 받아칠 때 구석구석 뛰어다녀도 힘에 부치지 않았다. 훨씬 민첩해졌고 체력도 좋아졌다. 기분은 안정됐고 체중은 꾸준히 줄었다. 이제는 1~2주에 0.5킬로그램씩 빠졌다. 예전 같으면 속도가 너무 느려 참지 못했을 것이다. 칼로리를 급격히 줄이고, 몸을 닦달하고 마음을 들볶아서라도 오랜 시간에 걸쳐 정착된 문제를 단기간

에 해결하려 했을 것이다. 그러나 이제 게일은 허영이나 헛된 이미지가
아닌, 이성적이고 책임이 수반되는 가치에 의해 문제를 해결하려고 노
력하게 되었다.

초과 체중의 절반을 줄였을 때, 게일은 변화의 포물선에서 정점에 도
달했다. 행동변화 프로그램은 계속되고 있었지만, 체중이 줄어드는 것
은 더 이상 강화되지 못했다. 남편은 훨씬 좋아 보인다면서 이제 만족
해도 되지 않겠느냐고 말했다. 게일도 그 의견을 받아들이고픈 유혹을
느꼈다(남편의 논리는 어쩌면 개인적인 두려움 때문인지도 모른다).
이상적인 체중에서 10킬로그램 초과하는 것은 20킬로그램 더 나가는
것보다 분명히 나았고, 만약 이게 자신이 할 수 있는 최선의 결과라면
인정하고 받아들일 수 있을 것 같았다.

그러나 결과를 받아들이기 전에, 과연 그 동안 이룬 변화로 충분한지
확인하고 싶었다. 게일은 대학병원 재활 센터에 가서 심장혈관 검사를
받았다. 제일 먼저 알게 된 사실은 그 동안의 식이요법이 생각만큼 저
지방이 아니었다는 점이다. 지방에서 섭취한 칼로리 비율이 33퍼센트
로 미국인 평균치보다는 낮았지만, 이상적인 수준으로 제시하는 30퍼
센트에는 못 미쳤다.

검사를 담당한 사람은 운동 프로그램을 강화하면 건강도 증진되고
체중도 더 줄일 수 있다고 말했다. 게일은 자신의 계획이 나쁘지는 않
지만, 그렇다고 아주 뛰어난 것도 아님을 깨달았다. 그녀는 노력을 배
가하겠다고 마음먹었다. 게일도 날렵한 몸매의 저지방 라이프스타일
을 원했지만 사회 역시 그런 라이프스타일을 옹호했다.

결심은 했지만 쉬운 일은 아니었다. 가끔은 궤도에서 이탈할 때도 있
었다. 직장이나 집에서 제대로 인정받지 못한다는 느낌이 들 때면 한밤

중에라도 마구 먹고 싶은 유혹을 느꼈고, 가끔은 그 유혹에 굴복하기도 했다. 그러나 그런 날에는 잠도 잘 오지 않고, 다음날 아침에도 기분이 개운하지 않았다. 그렇다고 제대로 인정받는다는 느낌도 들지 않았다.

게일은 먹을 것을 탐하는 마음을 건강한 활동으로 대체하기로 결심했다. 그녀가 선택한 일은 자기처럼 폐경기에 이른 여성들을 위한 모임을 결성하는 것이었다. 게일은 우선 테니스 동호인들을 중심으로 틀을 짰다. 쉰을 바라보고 있는 친구 네 명도 초대했다. 이렇게 모인 사람들은 함께 즐거운 시간을 가지면서 운동도 같이 하고, 신체적인 변화에서 오는 어려움과 곤란을 함께 나눴다.

남편 댄에게는 앞으로도 정서적인 면, 사회적인 면, 그리고 성적인 면에서 더 많은 도움이 필요하다고 말했다. 몸매를 관리하려는 노력에 동참해주기를 바란다는 뜻도 밝혔다. 원한다면 최선을 다해 돕겠다고도 했다. 변화를 향한 댄의 여정은 또 다른 이야기지만, 처음 게일의 말을 듣는 댄의 마음은 대단히 복잡했다.

게일은 벌써 몇 달 전에 유지 단계에 들어섰다. 지난 15년 세월을 돌이켜봐도 지금이 가장 건강하고 날렵하다는 느낌이다. 그녀는 사기충천해서 여생을 이렇게 살고 싶다고 말한다. 그리고 지금은 댄의 변화를 기쁜 마음으로 돕고 있다.

공적인 유지에는 장기적으로 지속되는 노력과 달라진 라이프스타일이라는 두 가지 요소가 필요하다.
장기적인 유지를 위해서는 기본 전략을 숙지해야 한다.

유지 단계-변화를 고수하라

더운 여름날이었다. 앤드류는 앞마당을 가꾸다가 그야말로 십년감수
했다. 갑자기 얼굴로 열이 솟구치면서 열기에 압도되는 느낌이 들었다.
심장이 빠르게 뛰었고, 가슴에서는 통증도 느껴졌다. 이제 마흔네 살인
그에게 심장마비라도 온 걸까? 더럭 겁이 난 앤드류는 응급실로 달려
갔다. 다행히 가벼운 일사병이었다. 그를 진찰한 의사는 앤드류에게 담
배를 끊고 식습관을 바꿔보라는 현명한 충고 한마디를 덧붙였다. 담배
를 하루에 두 갑씩 피워대는 데다가 거의 100킬로그램에 육박하는 체
중은 누가 봐도 건강에 치명적이었다. 이번엔 다행히 넘어갔지만 어느
날 불쑥 심장발작이 오지 않는다고 장담하기 어려웠다.

앤드류는 의사의 충고를 새겨들었다. 9개월 동안 담배를 한 개비도
피우지 않고, 조금이지만 체중도 줄였다. 처음 몇 달은 수월했다. 두려
움이 모든 걸 알아서 처리했다. 그런데 세금신고 기간이 돌아오고 업무

스트레스가 과도해지자 담배가 다시 눈에 밟혔다. 어느 날 앤드류는 출근길에 편의점에 들렀다. 일에 파묻혀 지낼 주말에 담배 한 갑만 있으면 훨씬 도움이 될 것 같아서였다. 어쨌거나 9개월이나 담배를 끊었으니까. 앤드류는 자신의 행동을 이런 이유로 합리화했다. 그 정도면 흡연을 컨트롤할 수 있다고 확신해도 될 것 같았다.

루디는 5개월 동안 마약이나 술은 입에도 대지 않았다. 시설보호를 받은 건 이미 오래 전 얘기고, 알코올 중독자 모임과 코카인 중독자 모임에도 정기적으로 참석했으며, 직장과 사회생활도 순탄했고, 주변 사람들과도 이렇게 좋은 적이 있었나 싶을 만큼 원만했다. 처음에 술을 끊었을 때는 고객을 상대하려면 힘들겠다고 걱정했지만, 지금은 남들이 위스키나 맥주를 마실 때 탄산수나 청량음료를 마셔도 아무도 눈치 채지 못하는 것 같았다.

그러다 뉴욕에 출장을 가게 되었다. 고객을 만나서 그리니치 빌리지의 작은 술집에 들어갔다. 따로 칸막이가 되어 있는 아늑한 자리에 앉자마자 그 고객은 루디가 있는데도 아랑곳 않고 코카인 가루를 테이블 위에 털어놓고 세 줄로 갈랐다. 그 광경을 보고 있으려니 루디는 심장박동이 빨라지고 이마에는 땀까지 송글송글 맺혔다. 자신도 모르는 방향으로 생각이 저 혼자 질주해가는 기분이었다. 코카인을 조금 한다고 해도 문제가 없을 거라는 생각이 들었다. 여기는 뉴욕이고 집이 있는 애틀랜타와는 아주 머니까 코카인을 조금 해도 집에 돌아가서는 다시 맑은 정신으로 생활할 수 있을 것 같았다. 안에서 분주하게 일어난 이런 반응에 루디는 깜짝 놀랐고, 잠시 어찌할 바를 몰랐다.

아네트는 기운이 쭉 빠지는 느낌이었다. 이렇게 우울하기는 근 1년 만이었다. 서른두 살인 아네트는 짧은 결혼생활 끝에 이혼했다. 누구를 만나고 관계를 이어가는 게 힘들었지만, 홀로 지내는 건 더 두려웠다. 심리치료를 받으면서 사람을 사귈 때나, 직장생활을 할 때, 좀더 당당하게 의사를 밝힐 수 있게 되었다. 지난 1년 동안 아네트는 여러 사람과 데이트를 했다. 꼭 결혼을 전제로 하지 않더라도 인간 대 인간으로 남자를 만났다. 그러면서 남자를, 그리고 자기 자신을 더 좋아하게 되었다.

그런데 이제는 그것이 몇 광년 전의 일만 같았다. 아네트는 2개월 전쯤에 톰을 만났다. 그와 있으면 마음이 편했고, 같이 보내는 시간이 즐거웠다. 그런 감정은 톰도 마찬가지였다. 그런데 어떻게 된 것이 관계가 깊어질수록 아네트는 자신감이 사라지고 톰이 자신을 어떻게 생각할지 걱정되었다. 예전의 전철을 그대로 되풀이하기 시작한 것이다. 자기 자신이 마음에 들지 않고, 톰에게 많이 부족하고 모자란 사람이라는 생각이 들었다. 직장에서 일어난 몇 가지 문제까지 겹쳐 상황은 더 나빠졌다. 아네트는 다시 원점으로 돌아온 듯한 기분이 들었다.

이상에서 살펴본 아네트, 루디, 그리고 앤드류의 일화는 변화를 유지하기가 얼마나 어려운가를 분명하게 보여준다. 유지는 중요성에서 실행에 조금도 뒤지지 않을 뿐 아니라 오히려 더 어려울 때도 많다. 어떤 변화를 '성공'이라고 말하려면 변화한 상태를 오래 유지해야 하는데, 그 기간은 한 달 두 달로 따질 수 있는 문제가 아니다. 몇 년, 몇십 년, 때로는 평생 계속돼야 한다. 원치 않는 행동을 저지하는 정적인 상태가 유지라고 이해해서는 안 된다. 유지 역시 변화의 단계에서 바쁘고 활동적이며, 이때에도 새로운 대처 방법을 익히고 활용해야 한다. 이곳에 도착한 것은 단지 절반의 승리일 뿐, 나머지 절반은 앞으로 싸워서 쟁취해야 한다.

익숙한 습관으로 슬그머니 다시 미끄러지는 것이 얼마나 쉬운지는 누구나 알고 있다. 유지의 어려움을 토로한 표현도 많다.

"금연과 골초는 담배 한 모금 차이다.""술 한 잔에 고주망태 된다." "금연처럼 쉬운 건 없다. 나는 하루에 한 번씩 담배를 끊으니까."

성공적인 유지에는 장기적으로 지속되는 노력과 달라진 라이프스타일이라는 두 가지 요소가 필요하다. 쉽지 않지만 다른 방법이 없다. 시중에 나와 있는 수많은 다이어트법을 예로 들어봐도 알 수 있다. 단기적으로 보면 누구나 성공할 것 같지만 기간을 조금만 늘리면 성공률이 확 떨어진다. 이런 방법을 사용한 사람들은 금세 살을 빼지만 6개월 후에 다시 만나면 처음 다이어트를 시작했을 때보다 체중이 더 늘어난 경우도 적지 않다.

이게 바로 실행이 유지되지 못한 경우이다. 새해 아침에 세우는 신년 계획 역시 전형적이다. 미국에서도 성인의 약 절반 가량이 정월 초하루가 되면 변화를 결심하고 실천에 들어간다. 누가 뭐래도 새해는 전통적으로나 사회적으로나 행동의 변화가 강화되는 시기임이 분명하다. 우리가 조사한 바에 따르면 이렇게 굳게 다짐한 신년 결심 중에서 일주일을 넘긴 것은 77퍼센트였고, 한 달이 지나도록 작심한 바를 지키고 있는 사람은 55퍼센트였으며, 6개월 후에도 신년의 결심을 기억하고 있는 사람은 40퍼센트에 불과했다. 2년이 지나도록 성공적인 변화를 유지하고 있는 경우는 19퍼센트였다.

심리치료 여하에 관계없이 변화에 성공한 사람 중에서 유지의 어려움을 부정하는 사람은 한 명도 없다. 변화의 모든 단계가 그렇지만 유지에서도 전념의 의지를 잠식해 실패로 이어지게 하는 부정적인 반응을 찾아볼 수 있다. 장기적인 유지를 위해서는 기본 전략을 숙지해야 한다. 탈환한 고지를 지키기가 어렵다는 것은 누구나 안다. 그렇지만 결코 불가능하지 않으며 또한 도전할 가치가 충분하다.

성공을 위한 전략

변화의 모든 단계에는 저마다 성취해야 하는 일련의 과제가 있고, 그 과제들을 수행하기 위한 시간, 에너지, 노력 등이 필요하다. 실행에는 7개월 정도가 소요된다. 이 시기의 처음 한두 달은 재발 위험이 가장 높다. 바로 앞에서 언급한 성공적인 실행을 위해 필요한 모든 노력을 다시 떠올려본다면 그리 놀랄 일도 아니다.

　유지는 실행 단계에 요구되는 모든 노력을 토대로 그 위에 올려지는 과정이다. 물론 어렵다. 그러나 바람직하지 못한 행동을 영원히 극복하려면 그 습관에서 잠시 손을 놓는 것만으로는 충분치 않다. 부정적인 습관은 본질적으로 우리 친구이며 애인이다. 친구나 애인보다 더 밀착해 들어오는 이런 습관은 우리의 삶을 장악한다. 흡연은 앤드류가 스트레스를 해소하는 유일한 방법이었다. 루디의 코카인은 생의 따분함을 해결해주었다. 아네트가 남자에게 방어적인 이유는 친밀함에 대한 두려움 때문이었다. 누가 보기에도 바람직하지 않은 이런 행동들이 앤드류, 루디, 아네트에게는 자신이 처한 문제들을 다루는 데 도움이 되었다. 적어도 얼마간은 문제가 적절히 통제되는 것 같았다. 그러나 잘못 판단해서 선택한 전략은 결국 언젠가는 문제로 돌변하고 만다.

　그 문제를 극복하려면 새롭고 건강한 라이프스타일이 그것을 대체해야 한다. 이런 전략은 이미 실행 단계에 대항이라는 기법으로 쓰였지만 거기서 끝나는 게 아니다. '유지'라는 말이 종종 오해를 불러일으키는 것도 이 때문이다. 행동변화를 유지하는 것은 어쩌다 한 번씩 페인트칠이나 해주면 되는 건물의 유지와는 다르다.

예를 들어, 일상생활에서 약물을 완전히 제거하거나 일정한 관계를 피하는 것만으로도 낡은 패턴을 깰 수 있다. 하지만 패턴을 깨는 데에서 그칠 경우 갈망과 박탈감이라는 나락에 떨어지고 만다. 웬만한 의지가 아니고는 평생 이런 박탈감을 참아내기 어렵다. 알코올 중독자들 모임에 나오는 '건성 중독자들' — 담배를 피우지는 않지만 암 선고를 받는다면 내일이라도 당장 옛날 습관으로 돌아갈 사람들 — 은 용케 절제하고 있지만 늘 재발 위험을 안고 있다.

모든 문제 중에서도 특히 중독성이 있는 문제는 습관을 끊어도 그 중독에 대한 매력은 오래 남는다. 유지 단계 내내 힘을 잃지 않으려면, 이전의 행동이 아무 의미를 갖지 못하는 라이프스타일을 구축하는 동안에도 여전히 그 행동의 공격에 취약한 상태라는 사실을 기억해야 한다. 혼자 힘으로 담배를 끊은 사람들을 장기 관찰한 결과, 흡연의 긍정적인 측면이 지닌 가치를 평가절하하는 방법을 터득한 사람들이 성공적으로 종료 단계에 이르렀다는 사실을 확인할 수 있었다. 담배를 절제할 수 있다는 자신감을 키우고 담배를 멀리하는 동안 바람직한 새 습관을 개발하여 흡연 유혹을 거의 느끼지 않게 된 것이다.

위험한 시기, 위험 신호들

유지 단계의 가장 큰 위협은 사회적인 압력, 스스로 야기하는 어려움, 그리고 예기치 못한 상황 등이다. 사회적인 압력은 같은 문제를 지니고 있거나 그 문제의 영향력을 미처 깨닫지 못한 사람들 때문에 생긴다.

스스로 야기하는 어려움은 지나친 자만이나 그 밖에 불완전한 판단의 결과이다. 그리고 예기치 못한 상황은 일상에서 벗어나 강렬한 유혹에 직면할 때를 말한다. 예상 가능한 대부분의 유혹은 보통 실행 초기에 발생하고, 실행 단계에서 유혹에 대처하는 방법을 터득한다. 때문에 유지 단계에서 활발해지는 유혹은 그다지 흔치 않다. 그만큼 미리 준비하기가 어렵고 자신감이나 확신에 심각한 위협이 된다.

루디가 처한 딜레마는 사회적인 압력과 예기치 못한 상황이 복합된 경우였다. 출장길에, 그것도 중요한 고객을 만난 상황에서 갑작스럽게 코카인이 등장했다. 루디는 실행 단계에서 환경 통제를 적극적으로 활용했고 코카인과 연결되는 장소나 사람을 멀리했다. 술을 마시면 혹시라도 이성이 흐려질까봐 술을 입에 대지 않을 정도였다.

환경 통제가 중독이라는 사슬을 끊고 자유로워질 수 있는 좋은 전략인 것은 분명하지만 여기에도 한계는 있다. 영원히 유혹을 마주치지 않고 사는 것은 불가능하다.

마약을 상용하는 '친구'의 권유는 자극적인 도전이다. 눈앞에 보이는 마약에 온몸이 움직인다. 상황도 낡은 방어기제—합리화와 최소화—를 꺼내 입기에 좋다. 외부 유혹이 당사자의 불완전한 판단과 심신의 갈망을 유발하는 것은 그리 드문 일이 아니다.

앤드류의 경우도 불완전한 판단이 담배를 절제해온 그간의 생활을 심각하게 위협했다. 스트레스가 고조되자 —앤드류는 담배를 피우는 것으로 스트레스를 해소해왔다 —그는 부정에 빠져서 거짓 자신감으로 욕망을 허락했다. 편의점으로 걸어가는 앤드류의 머릿속에 자리잡은 생각은 전념의 의지를 잠식했고, 환경 통제를 위해 쏟은 노력을 무위로 돌렸다. 이어 담배 한 갑을 기어코 사고 만 것은 유지 노력의 붕괴와 흡연의 재발로 가는 둘째 계단이었다.

자기 주장에 당당해짐으로써 아네트는 남자들과 사귀는 태도를 바꿀 수 있었다. 그리고 부담 없이 편한 사이로 지내는 동안에는 아무 문제가 없었다. 하지만 낡은 습관은 그리 쉽게 사라지지 않는다. 관계가 깊어지자 강렬한 두려움이 돌아왔고 이전 패턴이 다시 등장했다. 이런 상황은 물론 위험하지만 오히려 성공의 신호이지 실패의 전조가 아니다. 왜냐하면 중요한 변화를 일정 기간 지속한 후에야 경험할 수 있는 것이기 때문이다.

몇 달 동안 담배를 절제한 사람들을 조사한 결과, 병원 응급실에 다녀와서 다시 담배를 피우기 시작한 사람이 많다는 것을 알게 되었다. 가족 중에 누군가가 위중하면 스트레스를 받고, 실행 초기에 계산에 넣지 않았던 상황이라 대처할 바를 모른다. 지금까지는 스트레스를 유발하는 다양한 상황도 담배에 의존하지 않고 해결할 수 있었지만 응급실이라는 갑작스러운 불안감에 압도당한 것이다. 이번에도 역시 극단적인 스트레스가 담배에 손을 뻗는 것을 정당화 ─ "이번 한 번뿐이야." ─ 해주지만, 결국에는 재발에 이르고 만다.

극단적이거나 우연한, 또는 예기치 못한 상황에 대비하기는 어렵다. 유지가 크나큰 도전인 이유도 바로 그 때문이다.

재 발 의 초 래

스스로 야기하는 어려움이 한 번의 실수나 일탈을 낳기도 한다. 대표적인 세 가지가 지나친 자만, 일상적인 유혹, 그리고 자기 비난이다. 세 가지 모두 일종의 심리전인데, 무의식적으로 재발을 호소하는 사람들에게서 주로 나타난다. 이런 반응들에 경계를 늦추지 말아야 유지에 성공할 수 있다.

언젠가 우리를 찾아온 한 내담자는 유지 단계를 생각하면 찰스 디킨스(Charles Dickens)의 《두 도시 이야기(A Tale of Two Cities)》에 나오는 첫 문장, "그때는 최고의 시기였고, 또한 최악의 시기였다"가 떠오른다고 말한 적이 있다. 성공적인 체중 감량과 날씬해진 몸매는 기분 좋았지만 어렵게 노력해 얻은 날렵한 외모에 자만하고 우쭐대려는 마음이 강해지면서 한편으로는 상태를 유지하기가 점점 어려워졌다. 그녀는 지나친 자신감이 불러올 결과가 두려웠다.

"나는 이런 멋진 모습을 영원히 유지할 수 있어."

이런 말은 자신감이 지나치다는 신호이다. 이런 사람은 주변의 우려를 한마디로 일축해버린다. "내가 다 알아서 할 수 있어." 그러나 안타깝게도 중독성 습관을 지닌 사람들은 어떤 행동도 '알아서' 처리하지 못한다는 게 과학적인 연구와 임상 경험의 결론이다. 자연스럽게 이런 자만심으로 흘러갈 수 있다는 사실을 늘 경계하면 재발로 향하는 길에 들어서는 것을 피할 수 있다.

자만심은 일상적인 유혹을 낳기도 한다. 불필요한 유혹에 의도적으로 자신을 노출시키는 것이다. 자만심에 빠진 알코올 중독자는 서랍 속에 술병을 넣어두고는 "위험을 상기시키기 위해서"라고 말한다. 금연을 하겠다는 사람이 담배 한두 갑을 챙겨두고는 "의지를 시험하기 위해서"라고 말한다. 다이어트를 한다는 사람이 "친구들이 갑자기 들를 때를 대비해서" 칼로리가 높은 과자를 산다. 피해야 마땅한 물건이나 상황에 의도적으로 자신을 노출시키는 것은 강인함의 척도도, 의지의 발현도, 긍정적인 다짐도 아니다. 얼마 지나지 않아 유혹 앞에 승리를 헌납하리라는 예고에 지나지 않는다. 유지 단계 초반에 일상적인 유혹이라는 게임을 벌여 승리를 거둔 사람을 우리는 이제껏 한 번도 본 적이 없다.

자만심과 일상적인 유혹을 넘어서면 자기 비난이라는 마지막 함정이 도사리고 있다. 근거 없이 격렬하게 자신을 비난하는 것이 유지에 실패하는 가장 빠른 길이라는 것은 우리뿐만 아니라 여러 논문에서 확인할 수 있다. 아이러니컬하게도 적절한 순간에 한 번씩 자신을 책망하면서 채찍질하는 것은 변화에 전념하겠다는 마음을 다질 수 있는 좋은 방법이기는 하다. 그러나 시도 때도 근거도 없이 자신을 비난하는 것은 역효과만 낳는다. 이런 자기 비난은 동기를 부여하지도, 행동을 유발하지도 못한 채 사기를 떨어뜨리고 변화에 전념하려는 태도를 방해한다.

변화를 유지하기 위한 과정들

유지 단계에는 심사숙고 · 준비 · 실행 단계에서처럼 새로운 변화의 과정들을 사용할 필요는 없다. 사실상 유지라는 것은 변화도 변화지만 변화의 과정을 유지하는 게 관건이다. 예를 들어, 실행 단계에 습관을 깨는 전략으로 자기 해방이라는 기법을 사용했다면 이 기법을 유지 단계에서도 계속 사용한다.

전념의 강도 역시 그대로 유지해야 한다. 은근슬쩍 경계를 늦추려는 마음이 드는 것도 유지를 어렵게 만드는 요인이다. 전념이 잠식되는 상황은 아주 미세해서 포착하기가 쉽지 않다. 끊임없이 위협에 대처해야 했던 실행 단계만큼 위협이 빈번한 게 아니기 때문에 자기 만족이 쉽게 자리를 잡는다. 인간이라는 동물은 인생의 고통을 시간이 흐르면서 잊어버리는 능력이 있다. 어쩌면 축복이라고도 할 만하지만 선택적인 기억과 선택적인 망각은 변화를 유지하는 데에 있어서는 그다지 달가울 것 없는 능력이다.

변화를 위해 흘려야 했던 땀과 노력을 잊은 후에는 모든 것을 실제에 비해 쉽게 생각하고, "이번 한 번만, 이번 주말만"을 내세우는 갈망 앞에 저항의 논리는 힘을 잃는다. 월요일이 되면 다시 힘들이지 않고 변화를 할 수 있는데, 금단의 열매를 조금 맛본들 무슨 대수란 말인가?

성공을 인정하는 데 인색하고 공을 다른 사람 ―신, 배우자, 심리치료사 등―에게 돌리려는 태도 역시 변화에 전념하려는 마음에 방해가 된다. 다른 사람의 공을 인정하는 태도는 어느 정도까지라면 칭찬받을 만하지만 정도가 지나치면 위험하다. 자기 해방의 책임과 공을 자기 것으로 받아들이지 않으면 자신감이나 자긍심, 또는 변화에 전념하겠다는 마음에 균열이 갈 수 있다. 성공에 대한 책임이 내가 아닌 다른 사람에게 있다면 그것을 어떻게 자기 힘으로 유지할 수 있겠는가?

사람들이 스스로의 공을 인정하기 꺼리는 이유는 자신이 정확하게 뭘 했는지 모르기 때문이다. 우리가 인터뷰했던 사람들도 처음에는 이렇게 얘기를 시작했다.

"어느 날 아침에 일어나서, 그냥 끊었어요."

그러다가 우리가 구체적인 질문을 던지면 그제서야 조금씩 기억을 되살려낸다. 그들은 운명의 아침이 밝아오기 몇 주 전에 담배를 다른 걸로 바꿨고, 담배에 거부감을 느끼기 시작했다는 걸 기억해낸다. 그들은 담배를 끊기 2주 전에 담배 연기로 가득 찬 장소나 사람들을 피하기 시작했다는 걸 기억해낸다. 또 직장 동료들에게 금연 의사를 밝히면서 도움을 청했던 것을 기억해낸다. 변화에 기울인 스스로의 노력을 떠올리는 것은 전념을 강화한다.

변화는 새로운 삶의 방식과 연결되어야 한다. 다이어트는 운동을 많이 하고, 건강한 음식을 선택하고, 새롭게 바꾼 식습관과 결합할 때 성공할 수 있다. 체중 감량을 유지하려고 할 때, 가장 먼저 등장하는 위험 표지판은 어쩌면 폭식이나 과식이 아니라 새로운 라이프스타일에 매진하겠다는 결심이 흐려지는 것일지도 모른다. 가족들과 텔레비전을 시청하다 보면 운동을 하러 가기에 '너무 늦었다' 거나 '조금 귀찮다' 는 생각을 할 수 있다. 변화의 소중한 지원세력을 잃어 전념하려는 태도를 잠식하게 되고, 머지않아 체중이 늘어날 것은 확실해진다. 텔레비전을 보겠다고 운동을 피하기 시작하면 감자칩 봉지를 움켜쥐게 되는 것은 순식간이다.

그렇다면 전념을 유지할 수 있는 방법은 무엇인가. 우선 처음 변화하려고 노력할 때 부딪혔던 난관을 기록하고, 몇 달 전에 적어두었던 문제성 습관의 부정적인 측면을 다시 살펴본다. 이 두 가지 목록을 눈에 잘 띄는 곳에 두고 궤도에서 미끄러진다는 신호가 감지되면 한 번씩 들여다 보면서 힘을 추스른다. 이 목록들은 유지 단계에서 일종의 심리적 예방주사가 된다.

둘째, 자신이 성취한 것을 인정해야 한다. 유지 단계는 나쁜 습관을 비난하는 시기가 아니라, 변화의 공적과 책임을 인정하고 한껏 누리는 때다. 새해 아침, 생일, 또는 변화를 이룬 기념일(꼭 1년을 채워야만 기념일이 아니다. 한 달째 되는 날이라도 근사하게 자축할 수 있다)을 이용해서 성공을 반추하고 결심을 새롭게 다진다.

한 번의 성공으로 끝나는 것이 아니라, 지속적으로 일어나는 문제인 경우에는 전념의 마음가짐을 새롭게 다지는 것이 특히 중요하다. 비만은 체중을 한 번 줄이는 것으로 해결되지 않는다. 감량한 체중을 유지하는 것은 어쩌면 영원한 숙제고 시시때때로 전념하겠다는 마음을 살피고 북돋아야 한다. 대인관계의 소심함이나 수동적인 태도 역시 계속해서 다양한 사람과 관계 맺으며 특별한 노력을 기울여야 한다. 그 밖에도 모든 문제에서 전념의 자세를 배가하는 것은 변화의 유지에 결정적이라고 할 만큼 중요하다.

건 강 한   거 리 를   유 지 한 다

실행에서도 그랬지만, 유지 역시 전념의 의지만으로는 충분치 않다. 환경 통제는 여전히 꼭 필요한 성공의 구성요소이다. 유지 단계가 몇 달째로 접어들면 자신감이 늘어나고 유혹은 부쩍 감소하는 것을 느낄 수 있다. 특정한 유혹의 신호나 상황에도 차츰 편안함을 느낀다. 그러나 완전한 면역은 불가능할지 모른다. 재발로 이어질 수 있는 상황은 너무나도 빈번하게 발생한다.

유지 단계에 들어섰어도 처음 몇 달은 변화를 크게 흔들어놓을 만한 사람이나 장소, 또는 물건을 계속 피하는 게 상책이다. 친구들과 가까워지고 싶은 마음에 술집에서 함께 어울린다면 그 우정은 유지될지 모르지만 술을 끊겠다는 결심은 위기에 빠진다. 헤어진 배우자와 '친구'로 지내는 것은 익숙하고 편안한 느낌을 주겠지만 독립성을 위협한다. 아이들을 핑계 삼아 빵집에 들르는 것은 인자한 부모로 비칠지는 모르지만 궁극적으로는 스스로를 패배시킬 뿐이다. 환경을 통제하는 것은 나약함을 드러내는 게 아니라 현명함과 건강함, 그리고 예지 능력을 보여주는 행동이다.

새로운 라이프스타일을 창출한다

실행과 유지는 여러 면에서 비슷한데, 대항이 환경 통제에 중요한 무기가 된다는 것도 그렇다. 체중이 느는 것에서 결혼생활의 불협화음에 이르기까지 스트레스가 문제의 주범이 되는 경우가 많으므로 스트레스에 대처할 방법을 개발하는 것은 대단히 중요하다. 언제나 그랬듯이 스트레스를 감소시키는 데 운동과 이완을 대신할 만한 것이 없다.

습관을 대체할 대안을 찾아내려는 노력은, 유지 단계에도 첫손 꼽히는 가장 중요하고 가치 있는 도전이다. 음주문제를 안고 살던 사람은 술 없이도 할 수 있는 활동이 많다는 사실에 놀라곤 한다. 시간을 내서 늘 하고 싶던 걸 해보자. 아마 자신이 점점 더 좋아질 것이다.

사고방식을 조정한다

말이 씨가 되듯 생각은 행동에 막대한 영향력을 행사한다. 부정적인 생각은 심각한 문제를 야기할 수 있다. 문제를 다루는 능력이나 문제를 제거함으로써 높아진 삶의 질, 그리고 재발의 결과 못지 않게 유지 단계에서 중요한 위치를 차지하는 것이 바로 문제를 대하는 태도이다.

무관심과 심사숙고에서 실행 단계를 거치는 동안, 변화의 긍정적인 측면은 도드라지고 부정적인 측면은 줄어들기 시작했다. 중대한 변화의 와중에 있는 사람이라면 실행에 가까워질수록 변화의 장단점이 어떻게 변했는가를 기억할 것이다. 건강에 미치는 영향, 가족들의 압력,

개인적인 우려 등이 모두 실행을 결심하는 데 한몫을 했다. 결국 여기까지 왔다는 것은 긍정이 부정을 압도했다는 뜻이다.

유지 단계에는 문제가 예전처럼 심각한 위협으로 다가오지 않을지도 모른다. 저만큼 떨어져서 보면 원치 않는 행동의 위험이나 위태로움은 작아지고 매력은 훨씬 커 보일 수도 있다. 여기서 다시 한번 망각이 개입한다. 술을 마시는 게 그리 나쁘진 않았다고, 담배를 피우는 게 살이 찌는 것보다는 낫다고, 소심함 때문에 겪었던 대인관계의 난처함은 그리 대수로운 게 아니었다고 말할는지도 모른다. 부정, 왜곡, 그리고 합리화는 유지의 적이다.

이런 부정적인 생각이 뿌리를 내리지 못하게 하려면 때때로 생각을 점검하면서 자신이 꾸준한지 그리고 솔직한지를 따져본다. 애초에 왜 변화를 원했는지 그 이유를 돌이켜본다. 주변 사람들에게 문제가 얼마나 심각했느냐고 물어본다. 변화에 따른 장점과 단점을 다시 한번 생각한다. 자신의 마음을 솔직하게 들여다본다. 내 문제에 관한 한 나보다 더 왜곡에 능한 사람도 없다. 똑똑한 사람이 합리화도 잘한다.

자기 효능감 : 성공 측정법

자기 효능감*이란 문제와 관련해서 구체적인 노력을 기울일 수 있는 스스로의 능력에 대한 평가를 말한다. 자긍심이나 자신감과도 관련이 있

---

* self-efficacy : 미국 스탠포드 대학의 유명한 심리학자 앨버트 밴듀라가 만들어낸 개념으로 '각자가 행동함으로써 가져올 수 있는 효과에 대한 기대'라고 풀 수 있으며, 밴듀라 교수는 개인이건 사회적인 차원이건 자기 효능감의 확산에 의해서만 변화가 가능하다고 주장했다.

는 자기 효능감은 스스로를 평가하는 좋은 도구이다. 변화가 진행될수록 자신감은 증가하고, 그에 따라 자기 효능감의 수위도 높아질 것이다.

자기 효능감을 평가하려면, 일단 원하는 행동 패턴을 선택한다. 그런 다음 그 행동 패턴에 방해가 될 만한 상황들을 적어본다. 그런 상황에 처해도 원하는 행동 패턴을 따를 수 있는지 스스로 느끼는 자신감에 점수를 매긴다. 이를테면, 교회의 모임에서 술을 마시지 않을 자신감에 만점을 주는 사람이라도 송년회라는 상황에는 효능감이 훨씬 줄어들지 모른다. 전혀 자신이 없을 때를 1, 완벽하게 자신할 때를 10으로 해서 등급을 매긴다. 술을 끊으려는 사람이 여러 가지 사회적 상황에서 자기 효능감을 평가한 예를 살펴보자.

자기 효능감 평가의 예

1. 휴가지에서 한껏 이완되고자 할 때	9
2. 업무와 관련해서 스트레스를 받을 때	6
3. 혼자 있을 때	8
4. 술집이나 파티에서 다른 사람들이 술 마시는 것을 볼 때	9
5. 우울할 때	7
6. 술 마시고 싶은 마음이 간절할 때	8
7. 주변 사람이 괴롭힐 때	5
8. 모임에서 누가 술을 권할 때	10
9. 삶의 신산을 견디려면 한잔 마셔야 한다고 느낄 때	6
10. 술에 대한 의지를 시험해보고 싶을 때	8
자신감 총점	76
상황의 수	10
자신감 평균	7.6

자신감이 가장 높은 상황	#8
자신감이 가장 낮은 상황	#7

자기 효능감을 평가할 때는 가혹하다 싶을 만큼 솔직해야 한다. 우리 연구에 참가한 사람 중에 금연을 시도하는 중년 남성이 있었는데 상황을 제대로 읽지도 않고 전부 10점을 주었다. 자신감을 흔들어놓을지 모르는 상황을 직면하고 싶지 않다는 뜻이다. 그의 효능감 평가는 사실적이라기보다는 환상에 가까웠고, 알다시피 소망하는 것만으로는 뜻을 이룰 수 없다. 반면에 모든 상황에 낮은 점수를 준 여성도 있었다. 스스로에게 그다지 기대하지 않는 이런 태도 역시 좋지 않다. 자기 효능감 평가는 시험이 아니다. 유지 단계에서 자신을 관리하는 도구일 뿐이다.

자기 효능감 평가를 마쳤으면 점수를 살펴보자. 어떤 상황에 가장 자신감이 떨어지는가? 그런 상황들은 어떤 유사함이 있는가? 특별히 어렵게 느껴지는 상황이 있는가? 이런 정보들을 확인하면 자기만의 재발 방지계획을 짤 수 있다. 자신감이 넘치기를 바라며 만족하지 말고, 다양한 상황에 대처할 전략을 개발하자. 어려운 상황은 환경 통제로 피해가고, 유혹의 강도가 조금 떨어지는 것이라면 대항 기법을 활용한다.

실수를 방지하려면

유지 단계의 목표는 변화를 생활에 일부분으로 정착시키는 것, 그 이상도 이하도 아니다. 그러나 사실 영구적인 변화는 대단히 높은 이상이기 때문에 첫발을 잘못 내딛지 않고, 중간에 실수도 한 번 하지 않은 채 도달하는 일은 거의 없다. 대부분의 사람들은 영구적인 변화로 가는 길에서 몇 번씩 미끄러지고 넘어진다. 다이어트를 중도에 포기하고, 직장이나 가정에서 자기 주장을 당당히 펼치지 못하고 술잔을 기울인다. 이런 일시적인 실수가 심각한 재발로 이어지지 않게 하려면 어떻게 해야 할까?

일시적인 실수에 빠지는 것은 과도한 스트레스 때문이거나 대처기술이 불충분했기 때문이다. 물론 잘했다고 칭찬할 일은 아니지만 충분히 회복할 수 있고, 오히려 실수에서 교훈을 얻어 영구적인 변화를 향해 계속 나아갈 수 있다. 그러기 위해서는 실수를 통감하고, 아직도 문제에 취약성을 지니고 있음을 깨달아야 한다. 자기 효능감 평가에서 나타난 잠재적인 위기 상황들을 점검하고 대처 방안을 세운다. 한 번 실수를 완전한 재발과 동일시하려는 절대주의적 사고에도 맞서야 한다.

두말 할 것도 없이 문제가 제거된 삶은 전혀 다르다. 특히 한때는 절친한 친구와도 같았던 약물이나 습관을 포기할 경우 더더욱 그렇다. 처음 변화했을 때의 벅찬 만족감이 사라지고, 그 자리에 뼈저린 박탈과 상실감이 들어앉아 결심을 뿌리째 흔드는 사례는 너무나도 빈번하다.

마약이나 술을 끊으려는 사람들에게 일종의 애도기간을 가지라고 권하는 것도 그 때문이다. 문제에서 해방돼 절제된 삶을 유지하려면 오랜 친구이자 믿음직한 동지였던 대상과 완전히 작별해야 한다. 물론 술 때문에 결혼은 파경에 이르고, 음주운전으로 구속되고, 직장을 잃어 고생도 했지만, 많은 사람에게 술은 오랜 세월을 함께 한 친구이자 든든한 버팀목이다.

실행 초기에는 문제에 대해 엄청나게 강한 혐오감을 느꼈지만, 어느 날 아침 눈을 떠 예전 습관을 그리워하는 자신을 발견한다고 해도 그리 놀랄 일은 아니다. 그렇다고 예전 습관 없이는 못 살겠다는 결론을 내려서는 곤란하다. 이런 생각이나 실수조차도 예전의 습관을 필요로 하지 않는 새로운 자아를 형성하는 과정일 뿐이다.

유지 단계에 필요한 주변의 도움

주변 사람들은 실행 단계에서는 대단히 협조적이다. 그러나 이내 변화를 당연하게 생각한다. 최근에 습관 하나를 떼어버린 사람은 이렇게 불평을 늘어놓았다.

"마약을 하는 동안에 야단치고 걱정한 것만큼만 계속 격려하고 축하해줬으면 좋겠어요. 다들 어쩌나 빨리 잊어버리는지요!"

유지 단계에서 주변 조력자들에게 섭섭한 마음을 토로하는 사람은 드물지 않다. 하지만 이 시기에 주변의 이해와 도움이 차지하는 비중은 그 어느 때보다 크다. 특히 재발 가능성이 있는 위기에 봉착한 경우라면 주변의 도움이 절대적이다. 익명의 알코올 중독자 모임이 소중한 것도 유지 단계에 있는 사람에게 힘이 되기 때문이다. 내가 처한 상황을 이미 경험한 사람, 그만큼 나를 더 잘 이해하고 도와줄 사람에게 의지하는 것처럼 큰 힘이 되는 것도 없다. 유지 단계에 계속해서 주변의 도움을 받는 방법에는 여러 가지가 있다.

계약의 갱신 앞에서 조력자들과 맺었던 계약을 연장한다. 예전 모습으로 돌아가거나 지나친 자신감을 드러낼 때, 유혹적인 상황에 거듭 노출할 때 제재를 가해도 좋다는 허가, 더 나아가 의무를 부여한다.

준비된 자세 '위기용 카드'를 만들어 가지고 다닌다. 여기에는 문제의 부정적인 측면, 도저히 견디기 힘든 유혹에 처했을 때의 대처 방법 등을 적는다. 이를테면 이런 행동 지침을 들 수 있다.

1. 문제의 부정적인 측면을 되새길 것
2. 부정적으로 단언하지 말고 긍정적으로 생각할 것
3. 변화의 장점을 기억할 것
4. 몸을 활발히 움직여 기분을 전환할 것
5. (힘이 되는 사람의 이름과 전화번호) 목록에 있는 사람에게 전화할 것.

새로운 행동의 연습 힘이 되는 친구라면 실제 유혹에 직면하기 전에 대처 방법을 함께 연습해볼 수 있다. 예를 들어, 실제상황을 재연하면서 건강한 반응을 시험해보는 역할극도 가능하다.

이때 도움을 주는 사람들은 연극 비평가가 아니라 조역으로서 힘을 더해주어야 한다. 변화를 바라는 사람들이 말이나 행동으로 분명한 거부 의사를 나타낼 수 있도록 돕는 것이 그들의 몫이다. '음주거부 기술'을 가르치는 심리치료사들은 대안이 될 행동을 즐겨 제안한다. 주변에서도 술 대신 탄산음료를 마시고, 살이 찌는 음식 대신 샐러드를 한 접시 더 먹고, 담배를 피우는 대신 껌을 씹으라고 독려할 수 있다. 또 나를 유혹하지 말라고 당당하게 주장하는 연습 상대가 될 수도 있다.

무엇보다 주변 사람들은 핑계를 대지 못하게 막을 수 있다. "오늘은 안 할래." "내가 감기가 들어서 그래." "요즘 약을 먹고 있거든." 이런 속보이는 핑계는 하루나 이틀은 통할지 모르지만, 이런 변명을 하기 시작하면 언젠가 감기가 낫고 건강을 회복한 다음에는 누군가의 술 한 잔

하자는 제안을 수락할지도 모른다. 그러니 거부 의사를 단호하게 밝힐 수 있게 돕는다.

도움 나눠주기 익명의 알코올 중독자 모임의 12번째 단계는 같은 문제를 지닌 사람을 돕는 것이다. 실제로 다른 사람을 돕는 것은 여러 금주단체나 마약회복 프로그램에 빠질 수 없는 요소로 자리잡았다. 도움을 주는 것은 받는 것에 반대되는 개념이 아니다. 오히려 많은 사람이 다른 사람을 도움으로써 자신의 변화를 쉽게 유지할 수 있었다고 말한다. 정신과전문의, 칼 메닝거(Karl Menninger)는 이렇게 말했다. "사랑은 준 사람과 받은 사람 모두를 치유한다." 나 자신뿐만 아니라 다른 사람까지도 도울 수 있다는 사실은 신선하고 뿌듯한 경험이다.

인 내 와   끈 기

지금 변화시키려고 노력하는 그 행동이 문제로 자리잡은 것은 단편적이고 단기적인 시각을 가졌기 때문이다. 어느새 우리는 즉각적인 반응, 기다릴 필요 없이 바로 해결되는 것―패스트푸드, 인스턴트 커피, 당장의 쾌감 등―에 익숙해졌다. 이제 사람들은 만족을 얻기 위해 기다리려 하지 않는다. 그러나 당장의 쾌감―먹고, 마시고, 마약을 하는 것―에는 오랜 고통이 뒤따른다. 그리고 빠른 해결이라는 게 없는 유지 단계에서 단기적인 시각을 견지하려는 것은 역효과를 낳는다. 아무리 어려워도 시각의 전환 없이는 인생을 바꿀 수 없다.

인내와 끈기는 유지를 받치고 있는 두 개의 기둥이다. 시간은 변화의 단계를 밟아 나가는 사람에게는 믿음직한 동지가 될 수 있다. 유지 단계를 한발 한발 헤쳐나가는 동안 위안이 되는 것은 이것이 긴 과정이라는 사실이다. 한 번에 모든 것을 완벽하게 처리하지 않아도 된다. 무관심과 심사숙고에서 얼마나 오랜 시간을 보냈던가를 떠올린다면 상황을 현실적으로 판단하는 데 도움이 될 것이다. 변화에 아무리 오랜 시간이 걸린다 해도 변화로 인해 인생에서 더없이 귀중한 시간을 얼마나 얻게 될지, 앞으로 삶의 질이 얼마나 개선될지를 생각하라.

잘 견뎌왔노라 확신했지만 막내아들까지 떠난 집에는 오직 술과 자기 자신뿐이었다. 그녀는 빨리 행동을 취해야 한다는 걸 알았다. 다만 준비가 되었는지 확신이 들지 않았다.

지니와 몰리는 모두 재발을 경험했다. 두 사람 모두 문제를 극복하고 몇 년 동안 성공적으로 유지를 해왔다. 그러나 결국 변화의 초기 단계로 되돌아가고 말았다. 지니는 자신의 문제를 심사숙고하면서 어떻게 일시적인 실패로 인해 이렇게까지 우울해졌는지를 이해하려고 노력하는 중이다. 몰리는 기운이 빠졌지만 다 끝났다고 생각하지는 않았다. 그녀는 실행 단계로 되돌아가 술과의 전쟁을 다시 한번 치르려고 준비하고 있다.

다행히도 재발한 사람 절대다수가 자기 자신을 포기하지 않고 변화할 수 있는 능력을 믿는다. 지니와 몰리처럼 대부분은 심사숙고나 준비 단계로 돌아가 다시 한번 실행에 도전할 준비를 한다. 우리의 연구 결과를 봐도 이 사람들이 희망을 가질 이유는 충분하다. 변화의 경험은 비록 일시적인 실패로 돌아갔다고 해도 우리를 강하게 만들어주기 때문에, 대부분은 무관심 단계로 돌아가는 대신 심사숙고나 준비 단계로 돌아가 이내 실행에 돌입할 수 있다.

물론 예외도 있다. 스티브가 좋은 예다. 결코 적지 않은 체중을 감량한 스티브는 어느 날 다시 체중이 늘고 있음을 발견하고 맥이 빠졌다. 한때는 거의 살다시피 하던 부엌 출입도 삼가고, 외식을 해도 지나치게 음식을 탐하지 않게 된 스티브지만 불안과 분노, 우울증을 다스리기는 여간 어렵지 않았다. 환경은 적절히 통제할 수 있게 되었지만 자신의 감정에 효과적으로 대처하는 방법은 아직 배우지 못했던 것이다. 그러다 화가 나고 우울해지면 다시 과식하기 시작했다.

문제의 재발에 어찌나 낙담했던지 스티브는 변화를 추구할 모든 힘을 상실하고 말았다. 포기 직전에 이른 그는 무관심 단계의 징후들을 드러냈다. 이렇게 재발을 경험하면 자신을 완전한 실패자로 간주해버리는 사람들이 있다. 죄책감에 빠지거나 부끄럽고 당황한 나머지 이 고단한 싸움을 지속할 가치가 없다고 느낀다. 그들은 방어적이 되어 문제를 회피하거나 무시하려 든다.

　재발이 바람직하지는 않지만, 변화란 원을 그리며 순환하는 대단히 어려운 과정이라는 게 우리의 견해다. 앞에서 변화의 나선형 주기를 살펴보았듯이 재발에는 심사숙고와 준비, 그리고 실행이 따라온다. 그러니 재발은 두 걸음 전진하기 위해 한 걸음 뒤로 물러난 것에 불과하다.

재발에서 배우는 10가지 교훈

재발 후 다시 실행에 돌입하기 전에 최근의 실수에서 배운 것을 되새기는 시간을 갖는다면 훨씬 유리하다. 재도전할 변화의 노력을 강화하기 위해서라도 재발에서 배울 수 있는 다음 10가지 교훈을 주의 깊게 살펴야 한다.

첫 번 째　시 도 에 서　종 료 에　이 르 는　경 우 는　드 물 다

한 번에 문제를 극복하는 사람은 극소수이다. 임상 연구가들도 여러 해 지속해온 문제를 한 번에 완전히 극복하는 사람은 20퍼센트에 불과하다고 지적한다. 이는 변화를 시도하는 사람은 대부분 재발을 경험한다는 뜻이다.

그 이유는 우리도 완전히 파악하지 못했지만, 자기 문제에 심리적인 방법을 적용해서 도움을 얻거나 안내를 받는 사람은 극히 드물다. 과정과 단계 사이의 관계를 파악하기는커녕 그런 것이 있다는 것도 모르는 경우가 비일비재하다. 경험도 없고 훈련도 받지 못했으면서 첫 번째 시도에서 성공하기를 바라는 사람이 많다. 그러나 이것은 아주 비현실적인 기대다.

전문가나 지금 읽고 있는 이런 책의 도움이 없다면 우리는 거듭되는 시행착오를 통해 변화할 수밖에 없다.

시 행 착 오 는 비 능 률 적 이 다

많은 사람이 결국 체중 조절이나 흡연 같은 문제를 극복한다는 사실을 알게 된 한 심리학자는 이렇게 말했다. "그게 바로 혼자서 변화를 시도하는 사람들의 방식입니다. 그들은 시행착오의 교훈에 의존하지만, 시행에서 교훈을 얻는 것보다 착오가 더 많죠."

최선을 다했는데도 재발이 불가피하다면 이보다 더 절망적일 수는 없다. 두 번째에는 뭘 시도해야 할까? 이는 전문가들이 직면한 가장 큰 딜레마이기도 하다. "내담자들이 찾아오면 우리는 최선을 다합니다. 더 나은 방법이 있다는 걸 알면 그걸 시도하겠죠. 최선을 다했는데 재발해서 찾아온 사람에게 뭘 어떻게 하겠습니까?"

그 대답은 사람들로 하여금 재발 경험에서 배우게 하되 시행착오에 의존하지 말고 전문가의 안내를 받게 격려하라는 것이다. 담배를 끊기까지 10년 동안 네 번이나 좌절을 겪어야 한다는 것은 속상하고 고통스럽고 건강하지 못할 뿐 아니라 비능률적이다. 사람들은 대개 그것보다는 더 빨리 담배 없는 삶으로 이전하기를 바란다.

꼭 자신이 경험한 재발만이 아니라, 타인의 경험을 통해서도 배울 수 있다. 예를 들어 이 책을 읽은 것만으로도 변화를 시도해서 성공한 사람이나 보통 사람, 또는 전문적인 심리치료사 수천 명의 지혜를 한꺼번에 터득할 수 있다. 변화의 각 단계에 적절한 과정을 도입하는 것은 시행착오에 의존했다면 몇 년을 허비해야 얻을 수 있는 귀중한 교훈이다.

변 화 는   많 은   대 가 를   요 구 한 다

시도하기 전에 변화를 위해 치러야 할 정확한 값을 아는 사람은 거의 없다. 그 결과 충분한 시간과 에너지, 또는 지출 예산을 세우지 못하는 경우가 많다. 문제가 된 습관이 정착하는 데는 몇 년이 걸렸을 터인데, 이렇게 뿌리 깊은 행동을 단 몇 주 만에 뒤집을 수 있다는 비현실적인 믿음을 갖는다. 그러나 현실을 들여다 보면, 평균 6개월은 조직적인 실행 노력을 기울여야 유지 단계로 넘어갈 수 있다.

문제는 시간만이 아니다. 실행 단계를 거치는 동안 다섯 가지 변화 과정을 활용할 태세가 된 사람도 거의 없다. 다양한 과정을 활용할 수 있다는 사실을 아는 사람들도 최소한 첫 번째 시도에는 의지만으로 문제를 극복할 수 있다고 믿는다. 그렇기 때문에 살아오는 동안 중요한 자리를 차지하고 있던 행동을 대체할 그 어떤 것도 개발하지 않는다. 하루에 30개비, 일주일이면 210개비, 1년이면 1만 개비를 넘게 피운 담배를 무슨 수로 뒤집을까? 실행 6개월 동안 마주칠 8000가지의 유혹에 어떻게 대항할까? 어떻게 강화해야 즉각적인 만족을 주던 것들의 빈자리를 메울 수 있을까?

　오로지 의지만으로는 충분치 않다. 모든 과정을 최대한 이용하려는 장기적인 계획을 세워야 한다. 이런 장기적인 전념의 마음가짐 없이는 충분히 노력할 수 없고, 성급하게 유지 단계로 넘어가려다가 결국 재발에 이르고 만다.

　최신식 체중조절 프로그램들도 경험을 통해 이 사실을 터득했다. 실행 위주로 짠 프로그램들의 실행 기간은 기껏해야 10주가 보통이었는데, 요즘은 22주나 그 이상으로 연장한 경우가 많다. 이렇게 하면 거의 실행 단계 내내 변화를 강화할 수 있어서 유지 단계에 성공적으로 진입하는 참가자의 비율이 훨씬 높아진다.

과정과　시기의　부적절한　대입

아무리 모르는 게 약이라지만, 강력한 심리적인 과정을 깊이 생각지도 않고 적용하는 태평한 사람이 많다. 그 결과는 몸으로 치면 오진이나 다를 게 없다. 기본적인 변화 과정이 잘못 사용되는 대표적인 경우 세 가지를 소개한다.

　잘못된 정보　변화에 대한 정보가 희박하거나 부정확한 상태에는 의식의 고양이 오히려 역효과를 낼 수 있다. 자기 계발과 관련된 수많은 정보가 나와 있지만 편협한 시각이거나 때 지난 이야기가 많다. 이전 세대 남자들은 조루증을 해결할 방법을 찾으려고 결혼 안내서를 읽었다. 이런 안내서들은 성관계를 갖는 중에 지나치게 흥분한 것이 문제일 수 있으므로 주의를 딴 데로 돌려보라고 알려주었다(예를 들면, 직장

일을 떠올리거나 볼 안쪽을 깨무는 것도 방법이라고 했다). 그러나 그 후에 진행된 연구는 실제로 흥분을 더 고조해야 조루증을 극복할 수 있음을 입증해 보였다. 만약 이 안내서에 따라 성관계 중에 딴 생각을 했다면 문제를 더 장기화시켰을 것이다.

잘못된 전략을 미연에 방지하려면 정확한 정보를 습득해야 한다.

의지의 오용　변화를 시도했다가 실패한 사람들은 박약한 의지를 탓한다. 앞에서도 지적했지만, 다른 과정은 도외시한 채 의지에만 의존하는 것은 실패와 좌절로 이어질 수 있다. 의지가 잘못 적용되는 사례는 이것만이 아니다. 의지로 해결할 수 없는 것을 의지로 관철시키려는 사람이 많은데, 이미 과거형이 된 것을 의지만으로 변화시키려는 것도 그중 하나이다. 이런 태도는 분노와 불안, 또는 우울증을 낳는 데에는 더없이 좋은 방법일지 몰라도 변화의 전략으로는 매우 비효율적이다.

세상에는 의지에 반응하지 않는 문제도 있다. 예를 들어 발기불능도 그렇다. 스탠은 발기를 의지대로 해보려고 했지만 — 주먹을 불끈 쥐고, 근육에 힘을 모으고는 이렇게 소리치는 것이다. "야, 이놈아. 벌떡 일어서 봐!"—번번이 실패했다. 근육에 힘을 주면 몸 속을 도는 혈액이 심장으로 흘러서 수의근으로 공급될 수 있다. 배나 생식기 등을 관장하는 불수의적인 부교감 신경계에서는 피가 흘러나온다. 의지를 사용하지 말아야 할 데에다 사용하는 바람에 스탠은 공연히 근육만 단단해지고 원하는 그곳은 물렁물렁해지고 말았다. 그의 의지는 발기에는 무력했을 뿐이다.

모든 변화를 의지의 힘으로 관철시킬 수는 없다. 더 효과적인 변화의 과정으로 눈을 돌려야 한다.

습관을 또 다른 나쁜 습관으로 갈아 치우기 심리적인 과정을 잘못 적용하면 나쁜 문제를 또 다른 나쁜 문제로 대체하는 경우가 발생한다. 흔한 예가 불안한 마음을 술로 달래려다가 불안증 대신 알코올 중독이라는 문제를 갖게 되는 사람들이다. 마찬가지로 흡연에 대항하려고 먹기를 선택한 사람들은 담배를 끊고 나서 비만 문제로 고민하는 경우가 많다. 그래서 사람들은 체중이 느는 걸 보느니 차라리 담배를 다시 피우려 한다.

문제가 문제를 대체하는 상황이 저절로 생기는 것은 아니지만 대단히 빈번하게 발생하는 것은 사실이다. 이런 일을 방지하려면 실행과 유지 단계에 적절한 대항과 환경 통제 기법이 필수이다.

합병증에 대비한다

변화라는 게 간단해서 누구나 자기 속도에 맞춰 과정을 밟아나갈 수 있다면 정말 좋겠지만, 한 번에 한 문제만을 취급하는 변화는 거의 없다. 대체로 문제들은 짝을 이뤄 다니고, 한 가지 문제를 개선할 경우 다른 문제가 악화될 수 있다.

그래도 일상적인 문제에는 일상적인 해법이 존재한다는 사실을 입증해 보인 우리의 연구 결과는 고무적이다. 기법에는 차이가 있겠지만 과정만큼은 동일하다. 흡연 문제 해결에 사용되는 과정은 동시에 식습관 문제 해결에도 적용할 수 있다. 외부의 사회적 압력에 대처하기 위한 과정은 내부의 정서적인 압력에도 적용할 수 있다. 이완과 운동, 자기주장, 그리고 대항적 사고 기법을 익혔다면 재발 유혹에 맞설 수 있을 뿐만 아니라 중대한 변화에 종종 따라 나오는 정서적인 고통과 사회의 압력에도 적절히 대처할 수 있다.

변화로 가는 길은 탄탄대로가 아니다

자발적인 행동변화는 자연발생적인 변화와 유사한 순환 패턴을 보인다. 예를 들어, 미국의 젊은이들은 진정한 홀로서기 자세를 갖추기 전에 '영원히'라고 말하면서 집을 떠나는 것이—그랬다가 되돌아가는 것이— 평균 세 번은 된다. 이들은 잠시 독립을 연습한 다음, 다시 집이라는 안전한 보호막으로 돌아온다. 그리고는 가족들의 도움을 받아가면서 성인으로서 도전에 직면할 준비를 더 한다.

집으로 돌아왔다고 해서 그 동안의 세상 경험까지 모두 물거품이 되는 것은 아니다. 정상적인 발전과 전개는 원을 그리는 것이 아니라 변화의 나선형 계단을 따라 올라가는 것이다.

한 번 실수는 병가지상사

제비 한 마리가 날아왔다고 봄이 온 것은 아니듯, 잠깐 휘청거렸다고 완전히 넘어지는 것은 아니다. 문제가 되는 행동을 변화시키려다 보면 실수도 하고 예전으로 돌아가기도 한다. 그러나 일시적으로 일탈했다고 해서 실패가 기정 사실이 되는 것도, 재발을 피할 수 없는 것도 아니다. 아직도 이 전투를 승리로 이끌 기회는 남아 있다.

실수를 하는 즉시 포기해버리는 사람이 많은데, 그것은 그 일을 대하는 시각 때문이다.* 이들은 금욕은 절대 깨져서는 안 되는 완전한 상태라는, 거의 종교에 가까운 믿음을 지니고 있다. 담배 한 개비, 디저트

한 입, 아니면 술 한 잔, 이렇게 단 한 번의 실수도 신의 은총을 잃는 타락을 의미한다. 그러니 의도했든 의도하지 않았든 일단 금욕이 깨지고 나면 변화에 완전히 실패했다는 결론을 내린다. 죄책감과 비난은 악순환의 고리다. 변화하려면 처음부터 다시 시작해야 한다.

죄책감이나 자기 비난처럼 비효율적인 변화의 과정도 없다. 이런 태도는 변화를 추구하는 마음을 무력하게 만들 뿐, 고무하지는 못한다. 죄책감 때문에 일시적인 일탈을 완전한 재발로 만들어버린 사람을 종종 보게 된다.

도로시는 체중 문제와 그로 인한 소외감 때문에 심리치료를 받으러 왔다. 그녀는 한 치의 차이도 없이 똑같은 다이어트에 여섯 번인가 일곱 번 실패하면서도 아무 것도 배우지 못했다. 1~2주 동안은 효과적으로 실행하지만, 텔레비전에 빠져서 살이 찌는 음식들을 냅다 집어먹고는 재발에 시달리곤 했다. 치즈 케이크를 하나 먹고는 "나는 실패했어. 도저히 가망이 없어. 절대 살을 빼지 못할 거야. 이왕 이렇게 된 거 돼지처럼 먹은들 뭐 어때." 그러나 일시적인 일탈과 재발은 결코 동의어가 아니라는 사실을 깨닫고, 순간의 실수를 '재앙시' 하지 않는 법을 터득한 후에는, 다시 다이어트와 운동을 재개할 수 있었다. 그리고 도로시는 결국 비만을 극복했다.

모든 재발은 순간의 실수에서 시작한다. 하지만 재발했다고 해서 희망을 포기하는 것은 어리석다. 실수를 했더라도 거기서 교훈을 얻어 몸과 마음을 다시 추스르고 완전한 변화라는 목표를 향해 나아갈 수 있다. 한 번 실수는 병가지상사. 노력을 배가하라는 신호로 받아들이자.

---

* 말라트(Marlatt)와 고든(Gordon)은 이런 현상을 금욕일탈효과(AVE:Abstinence Violation Effect)라고 명명했다.

티끌이 모여 태산이 된다

의식적으로 일어나는 재발은 거의 없다. 변화하겠다고 마음먹은 사람들은 백이면 백, 문제로부터 완전히 자유로워지기 전에는 계속 행동을 취하고 변화의 성과를 유지하겠노라 공언한다. 그러나 변화를 시도하다 보면 자신을 속이기가 얼마나 쉬운지 뼈저리게 느끼게 된다. 우리가 '작은 결정들'이라고 이름 붙인, 궁극적으로는 부정적인 결과를 낳는 결정이나 판단을 수도 없이 내리기도 한다.* 앞에도 언급했듯이, 친구들이 방문할 경우를 생각해서 맥주를 사다놓거나 아이들을 위한다는 명목으로 자신이 제일 좋아하는 초콜릿 과자를 구입하는 것, 기분이 너무 좋다는 이유로 운동을 빼먹는 것 등이 전부 여기에 해당한다.

이런 작은 결정들은 균열이 되어 결국 유지를 붕괴시키고 재발을 초래한다. 의식적으로 재발에 이를 커다란 결정을 한 것도 아닌데, 부지불식간에 예전 방식으로 돌아가 있는 자신을 발견할지도 모른다.

정서적 고통이 재발을 부른다

가장 흔한 재발의 원인은 정서적인 고통이다. 분노와 불안, 우울과 고독 등을 포괄하는 정서적 고통이 알코올 중독이나 마약 중독, 흡연과 식이장애와 관련해서 재발을 야기할 확률이 60~70퍼센트에 이른다는 것은 여러 연구에서 일관되게 지적되는 사실이다.

정서적 고통이 재발 위험을 높이는 이유는 뭘까? 가장 큰 이유는 정서적인 반응은, 술집이나 금지된 약물을 피하듯 피해갈 수 없다는 것이

---

*말라트와 고든은 이를 명백히 부적절한 결정(Apparently Irrelevant Decisions)이라고 설명했다.

다. 게다가 정서적인 고통은 마치 고열이 몸을 약하게 만들듯이 사람들의 마음을 약하게 한다. 고통이 심해지면 덜 성숙하고 덜 이성적인 방향으로 생각하고 행동할 개연성이 높다. 고통에 휩싸인 감정은 절대적인 언어로 강도를 높이면서 "무슨 수라도 써야지 안 되겠다"는 말을 하게 만든다.

속에서 격렬하게 일어나는 반응에 효과적으로 대처할 건강한 방법을 터득한 사람은 많지 않다. 어렸을 때부터 우리는 감정을 억눌러야 '착한 아이'라고 배웠다. 집에서나 학교, 또는 일터에서도 고통스러운 감정을 토로하는 방법을 배우지 못했다. 그 결과 성인이 된 우리는 바람을 피우거나, 담배를 피워 물거나, 돈을 쓰거나, 먹거나 마시거나, 관계가 긴밀해지는 것을 피하거나, 그 밖에 다른 건강하지 못한 행동에 탐닉해 고통을 해소하려 한다.

사회적 압력도 재발의 원인이다. 교류하는 사람들이 같은 문제를 공유하고 있다면 변화에 반대하는 강력한 압력을 경험할 가능성이 높다. 아직도 무관심 단계에 있으면서 문제를 직시할 준비가 되지 않은 사람들에게 누군가 변화를 시도하는 것은 커다란 위협으로 느껴진다. 그 점은 변화를 생각하지 않는 건 아니지만 한없이 뒤로 미루고 있는 심사숙고 단계의 사람들도 마찬가지다.

활동적인 변화의 시기를 보내다 보면, 스스로 변화하는 것뿐만 아니라 대인 환경도 변화시킬 필요성을 느끼게 된다. 주변 지인들이 현상 유지를 중시한다면, 규칙을 어기며 변화를 시도하는 사람을 배척할지도 모른다. 그러나 각자의 개성과 발전을 중시하는 친구나 동료, 가족을 둔 사람은 지금 상태에 머물러 있으라는 압력을 받지는 않을 것이다. 이런 사람이라면 아마 주변의 조력자로서 변화에 한몫했을 것이다.

정서적인 고통과 사회적 압력이 재발에 절대적인 원인을 차지하니만큼, 실행계획을 세울 때 이 엄청난 힘에 대항할 방법을 준비해야 한다. 정서적인 고통과 사회의 압력으로 일시적인 일탈을 경험한 사람이라면 그 필요성은 더 커진다. 이런 계획에는 이완과 운동, 자기 주장, 그리고 대항의 기법이 적당하게 섞여 있는 것이 바람직하다. 오랜 시간을 함께 한 친구들이 끝내 비협조적으로 나온다면, 특정한 사람들로 이루어진 집단을 멀리하고 새로운 친구를 사귈 수도 있다.

교 훈 을   실 행 에   옮 긴 다

아무리 훌륭한 생각이라도 행동에 옮기지 않는다면 꿰지 않은 구슬이나 마찬가지다. 이미 행동의 중요성을 간파하여 이런 말을 남긴 사람도 있다. "좋은 생각은 결국 고된 노력으로 악화되기 마련이다."

배운 것을 실행에 옮기려 하지 않는다면 만성적인 심사숙고 단계에 고착될 위험이 크다. 우리가 확인한 사실 중 하나는 너무나 많은 사람이 심사숙고 단계를 벗어나지 못한다는 점이었다. 재발에 담겨 있는 힘이라면 가까운 시일 내에 다시 실행을 감행할 의지가 있다는 것이다. 한 번 행동을 취했다는 사실은 힘이 되고 용기를 준다.

재발의 경험에서 교훈을 얻었는가? 그리고 그 경험을 이용해서 훗날의 성공을 도모했는가? 새로 터득한 변화의 원칙에 기반하여 다음 행동을 계획할 준비가 되었는가? 이 질문들에 대한 대답은 간단한 자체평가를 통해 알아볼 수 있다.

• 가장 큰 재발 원인을 찾아냈는가?

- 재발 원인이 된 상황이나 감정에 대항할 구체적인 계획을 마련했는가?
- 재발을 계기로, 특히 자신의 문제와 관련해서 변화 주기가 구체적으로 어떻게 진행 되는지 더 잘 알게 되었는가?
- 한 번의 실수(일탈)를 잘 넘겨서 완전한 실패(재발)가 되지 않도록 할 수 있는가?
- 앞으로 3개월에서 6개월 동안은 변화를 최우선 과제로 삼을 계획인가?
- 문제 행동을 한꺼번에, 또는 한 번에 하나 이상의 변화를 시도할 준비가 되었는가?
- 새롭게 터득한 교훈을 실행에 옮길 수 있겠는가?

정말 솔직하게 대답했는데도 위의 질문에 모두 그렇다고 자신할 수 있다면, 실행과 유지 단계를 재순환할 준비를 갖춘 사람이다. 그러나 아니라는 대답이 한두 개라도 나왔다면 아직 실행을 재개할 준비가 되지 않은 것인지도 모른다. 자포자기하지도 무관심하지도 말고, 여전히 배우고 익힐 것이 많다는 사실을 받아들이자. 아직은 문제를 극복하기 위해 최선을 다하지 않았다는 사실이 힘이 될 수 있다. 변화를 위해 더 활동적이고 현명한 노력을 기울일 때다.

전문가의 도움을 구해야 할 때

여러 번 재발했거나 한 번뿐이었어도 견디기 힘들 정도로 고통스러워 혼자 노력해서는 안 되겠다는 판단이 섰다면 전문가의 도움을 구할 수도 있다. 이번에는 그런 사람은 어떤 도움을 찾아 나서야 좋을지 알아 보겠다.

미국에서도 정신건강과 관련해서 병원을 찾는 사람이 한 세대 사이에 갑절 이상 늘었다. 1957년만 해도 정신건강과 관련해서 전문가의 도움을 받은 성인은 미국인 전체의 14퍼센트 정도였다.* 1976년이 되자, 이 숫자는 26퍼센트까지 늘어났고** 현재는 그보다 더 많을 것으로 추정된다. 정신치료를 받은 사람이 이렇게 늘어났지만 아직도 절대다수는 자기 문제를 스스로 해결하려고 고군분투하는 것이 사실이다. 언제부터인가 사람들은 신체 못지 않게 정신의 건강이나 안녕을 중요시하고, 심리치료가 삶을 바꿔놓을 수 있음을 깨달았다. 그러나 한편에는 심리치료에 대한 그릇된 편견이 좀처럼 수그러들지 않은 채 여전히 사람들의 통념을 지배하고 있다.

"미쳤니? 정신과 치료를 받게?" 심리치료를 받는 사람들은 우울증이나 불안감, 또는 대인관계의 문제로 괴로워하는 사람이 대부분이다. 모두 익숙한 문제들 아닌가? 배우자 문제나 직장에서 맞닥뜨리는 갈등은 전문가의 도움을 찾는 가장 큰 두 가지 이유인데, 이런 사람들을 '미쳤다'고 할 수는 없는 노릇이다. 그 반대라면 모를까. 삶을 옥죄는 문제로 계속 고통스러워하다가 혼자서 변화를 시도했는데도 떨치지 못했다면, 전문가의 도움을 구하지 않는 것이 오히려 미친 짓이다.

"정신과 환자들은 모두 입원치료를 받아" 1950년대까지는 그랬다. 하지만 요즘은 정신 장애가 있는 사람 중에서 입원이 필요한 사람은 20퍼센트 미만이다.

---

* Gurin et al., 1960.
** Veroff et al., 1981.

"입원하지 않는다면 심리치료를 몇 년은 받아야 할걸" 전혀 없는 일은 아니지만 결코 많은 일도 아니다. 심리치료사를 방문하는 횟수는 평균 세 번(일반 병원) 혹은 네 번(개인 진료실)이다. 심리치료는 대부분 간단하고, 실용적이며, 문제 지향적이다. 강도 높은 장기 심리치료는 예외적인 경우이다.

어디서부터 시작해야 하나

의문은 여전하다. 전문가의 도움을 구할 때라는 것을 어떻게 알 수 있을까? 스스로의 힘만으로 변화를 시도하는 사람과 독자적인 노력이 성공을 거두지 못했을 때 심리치료를 시도하는 사람 사이에는 다음과 같은 다섯 가지 차이점이 있다.

비효율적인 변화의 시도 많은 사람이 혼자 힘으로 변화를 시도하다가 효과를 보지 못했을 때 전문가를 찾는다. 대학생들의 심리치료 현황을 살펴본 결과, 대부분은 혼자서, 또는 가까운 친구나 가족의 도움을 받아 문제를 극복하려다가 성공하지 못했을 때만 심리치료사를 찾아가기로 결심했다. 심리치료사들을 대상으로 한 우리 연구에서도 같은 이유가 거론되었다.

우리도 재발을 경험한 사람들에게 일보 후퇴하여 교훈을 얻고 다시 변화의 주기를 따라 진행하라고 격려하지만, 어떤 사람에게는 혼자 하는 변화가 힘에 부치기도 하고 그 상황에서 좀처럼 헤어나지 못하거나 좌절감에 빠지기도 한다. 자기 변화의 노력이 '낭비'인 경우는 거의 없다. 아무리 못해도 대부분은 문제의 강도를 완화시킨 상태고, 심리치료사가 그 동안의 성과와 남은 과제를 이해할 수 있도록 힘을 보태준다.

장기적인 문제   노력을 하는데도 문제가 해결될 기미를 보이지 않은 채 기약 없이 지속된다면, 이제는 전문가의 도움을 구할 때가 되었는지도 모른다.

계속되는 되풀이   누구나 변화를 시도하는 사람에게는 주변의 도움이 필요하다. 정서적인 고통이 지속되는 기간이 길거나 심하다면, 주변만이 아니라 전문가의 도움을 동원하는 것이 바람직할지도 모른다. 체중 관리나 정서적인 고통을 비롯한 많은 문제는 단기간에 해소되는 것이라기보다는 평생의 도전 과제다.

시간은 계속 흐르지만 똑같은 문제를 놓고 계속 같은 노력을 반복해도 그 과정을 더 잘 이해하지도, 변화에 성공하지도 못하는 사람들도 있다. 그렇다면 같은 문제를 몇 번이나 반복해야 전문가의 도움을 구할 시점인가? 물론 정답이 하나일 수는 없지만, 간단한 자체평가를 통해 어떤 것이 최선인지를 알아볼 수는 있다. 각각의 질문에 그렇다, 아니다로 대답해보자.

- 혼자 힘으로 도전한 변화의 시도에서 최선을 다했다고 자부하는가?
- 앞선 변화의 노력에서 교훈을 얻으려고 노력했는가?
- 지금 내 문제는 전문가의 도움을 구할 정도로 중요한가?

솔직한 대답이 전부 그렇다로 나왔다면 전문가의 도움을 진지하게 고려할 필요가 있다. 대부분의 사람이 그런 것처럼 앞의 두 질문에 유감스럽게도 아니라는 대답을 했다면, 이 책에서 알려주는 대로 더욱 구체적이고 본격적으로 변화를 위해 노력하는 게 좋겠다.

부정적인 대응 부정적인 대응 중에서도 특히 소망적 사고나 자기 비난 같은 대응 전략은 변화를 더 어렵게 하고, 이런 전략을 지나치게 사용하다 심리치료를 받는 사람이 많다는 사실은 우리 연구에서도 확인할 수 있다. 해결을 위해 적극적으로 노력하지는 않고, 문제가 저절로 변하기를 소망하는 마음에서는 만성적인 심사숙고와 무기력감이 자란다. 지나친 자기 비난 역시 문제에 적응하는 능력을 마비시키고 문제의 강도만 가중시킨다.

주변의 도움을 바랄 수 없는 형편 주변에서 도움을 줄 만한 사람을 찾기 힘든 경우, 특히 전문가의 도움이 중요하다. 이 세상을 살면서 인간관계에 완벽하게 만족하는 사람은 별로 없겠지만, 대부분 주변의 도움을 넉넉하게 받으며 살아가는 게 보통이다. 그러나 힘이 되어줄 친구나 가족이 없거나, 변화의 시기에 이르러도 주변 사람들이 도우려 하지 않거나 심지어 노골적으로 적의를 보이는 경우도 있다.

이런 사람들이야말로 심리치료가 더없이 요긴하다. 결국 심리치료사와 내담자도 기본적으로는 인간 대 인간으로 도움을 주고받는 관계다. 심리치료사의 상담실 문을 두드리는 사람들은 전문적인 지식을 원해 찾아오는 경우가 많다. 새로운 정보나 방법, 또는 지침을 바란다. 그러나 심리치료의 요소 중에서 가장 높은 치료 효과를 거두는 것은 치료를 하는 사람과 받는 사람의 관계, 즉 힘이 되어주는 친구나 가족이 없는 상황을 자연스럽게, 그리고 효과적으로 메워 치유케 하는 관계다.

'세 가 지 불 가'를 가 능 하 게 하 는 심 리 치 료

지금 이 책을 포함해서 자기 변화를 다루는 책에는 어쩔 수 없는 한계가 내재하기 때문에, 언제 전문가의 도움을 받아야 하는지 알고 있어야만 한다. 우리는 그 한계를 '세 가지 불가'라고 정리했다.

이해의 불가 우리가 변화의 단계나 과정, 그리고 개개인의 활용 사례를 아무리 설명하고 보여주어도 누군가는 그 정보를 왜곡하거나 오해할 수 있다. 이런 곡해나 오해는 지적 능력이 모자라거나 시각이나 기억력의 한계 때문인 경우는 극히 드물고, 대개는 선택적 지각의 결과로 나타난다. 사람들은 이해하고 싶은 것만 골라서 이해하고, 나머지는 통 관심도 갖지 않을 때가 많다. 그 동안 이런 무관심조차 자각하지 못하고 살았더라도 전문가의 도움을 받아 완전한 지각을 방해하는 이러한 장애물들을 제거할 수 있다.

적용의 불가 심리치료는 궁극적으로 사람과 사람 사이의 접촉을 통하므로, 내용이 충분히 전달되고 적용되는지 계속해서 점검할 수 있다. 아무리 좋은 책이라도 할 수 없는 부분이 있다. 우리 또한 한편으로는 가장 일상적인 문제에 구체적으로 접근하고, 다른 한편으로는 모든 변화에 적용할 수 있도록 포괄적인 설명을 덧붙였지만, 머리로 이해했다고 해서 그 정보를 활용할 능력을 갖추었다고 단언할 수는 없는 노릇이다. 저마다 처한 상황이 다르기 때문에 다수의 독자를 염두에 두고 쓴 책이 제공하기 어려운 구체적인 지식과 도움을 요하는 경우도 많을 것이다. 이럴 때에 심리치료는 현명한 선택이다. 그러나 스스로에게 솔직할 필요는 있다. "자기 변화를 다룬 책이라고? 듣기는 뭐, 그럴 듯하군. 하지만 나한테는 효과가 없을 거야." 이런 단정적인 생각은 너무나 자주 볼 수 있는 자기 합리화일 뿐이다.

실행의 불가   지금쯤은 우리가 설명하는 자기 변화의 방법들을 이해하고 시험적으로나마 적용하기 시작한 사람들도 있을 것이다. 그러나 빨리 시작한 만큼 중단도 순식간일지 모른다. 그렇다면 인식 수준은 확보했는데 실행에는 문제가 있었을 것이다. 알다시피 인식은 변화의 시작일 뿐 종료 지점과는 거리가 멀다. 통찰력을 지니는 것만으로 변화할 수 있다면, 세상에 그렇게 많은 비만과 불안, 그리고 기타 부적응적인 행동 문제가 존재하지는 않을 것이다. 아는 것을 꾸준히 행동으로 옮기는 것은 쉽지 않다. 심리치료는 진행상황을 지켜보면서 실행을 독려할 수 있다는 장점이 있다. 요점을 다시 설명하고, 방법을 반복해서 일러주고, 개인에 맞는 실행을 유도하는 안내자를 갖게 되는 것이다.

기왕에 변화를 결심했고, 자신의 문제가 3장에서 설명한 15가지에 해당하는 사람이라면, 일단은 여기서 설명한 구체적인 방법에 따라 독자적인 변화를 시도해보는 것도 좋다. 그러나 객관적으로 판단했을 때 혼자 힘만으로는 불충분하다는 확신이 선다면 전문적인 치료로 보완하는 것이 현명하다.

전문적인 도움을 구할 구체적인 방법

이제 전문가의 치료를 받겠다는 결정에 도달했다. 그렇다면 나에게 가장 적합한 사람은 어디에 가야 찾을 수 있을까? 주변에 물어봐도 사람마다 얘기가 다르다.

"아무개 선생을 찾아가 봐. 정말 최고야!" "아무개만 빼면 누구라도 괜찮아. 정말 아니라더라." "경험이 많은 여자 카운슬러가 좋을 것 같은데." "나라면 심리학자(또는 정신과전문의나 사회복지사)가 아니면 찾아가지 않을 거야."

끝도 없다. 심리치료사를 선택할 때 고려하는 16가지 요인의 중요도를 정하기 위해 우리는 심리학자, 정신과전문의, 그리고 사회복지사 500명에게 어떤 기준에 따라 심리치료사를 선택해야 하는지 물었다. 이 사람들이 가장 중요하다고 뽑은 것은 이런 점들이다.

- 능력
- 임상 경험
- 평판
- 인간미와 관심
- 개방적인 태도

반면, 가장 중요하지 않은 다섯 가지 요소로는 다음과 같은 점을 꼽았다.

- 구체적인 분야
- 내담자와 직접적인 관련이 없을 것
- 비슷한 사례를 성공적으로 치료했는지 여부
- 상담료

• 연구 성과

　우리가 판단할 때는 심리치료사의 임상지식과 대인기술이 가장 중요하다. 심리치료사를 선택할 때는 이 두 가지를 가장 중요하게 고려해야 한다. 전문가들의 응답에서는 1회 상담료가 최하위권에 머물렀지만, 그것은 아마도 이 사람들이 비교적 고소득자이기 때문일 것이다. 보통 사람은 예산이 그만큼 풍족하지 않겠지만, 대부분의 경우 최소한 절반은 건강보험으로 처리할 수 있고, 소득 수준에 따라 상담료를 차등 적용하는 심리치료사도 많다.

　심리치료사의 전공 분야가 선택에 별로 중요한 영향을 끼치지 않는다는 것은 우리 생각과 같다. 다만 '카운슬러'나 '심리치료사'임을 자처하는 사람은 주의할 필요가 있다. 미국에는 아무나 카운슬러나 심리치료사를 자처할 수 있는 주가 많다. 이 두 가지 모두 법적인 구속력을 갖는 직업이나 직함이 아니기 때문이다. 반면에 임상 심리학자, 정신과 전문의, 임상 사회복지사, 그리고 정신과 전문 간호사 등은 모두 인가를 받아야 하는 직업이다. 물론 각각에도 상당한 차이가 있다.

　심리학자는 일반적으로 가장 엄격한 심리치료 훈련을 받고, 임상이나 상담 심리로 박사 학위를 취득한 후 1~2년간 인턴 과정을 거쳐야 한다. 심리적인 분석이나 시험을 할 수 있는 것도 이 사람들이다. 따라서 '관련' 학과가 아닌 심리학 박사 학위 소지자인지를 확인해야 한다.

　정신과전문의는 말 그대로 정신과에서 레지던트를 한 의사이다. 약을 처방할 수 있는 것은 이 사람들뿐이다. 그리고 다른 정신건강 관련 전문가들과는 달리, 신체의 기관이나 생물학적인 측면을 고려해서 치료할 능력이 있다. 그러므로 정신과에서 레지던트를 마치고 협회 인증을 받은 전문의를 찾아야 한다. 정신과전문의를 자처하면서도 이런 인증서가 없는 사람들이 절반이나 된다.

임상 사회복지사는 일반적으로 사회사업이나 사회과학 분야에서 석사 학위를 받은 다음, 2년 동안 사회복지 분야에서 근무한 후 임상 사회복지 자격증을 취득한 사람이다. 다른 분야 전문가들과 비교했을 때, 지역공동체의 복지사업에 전문적인 지식을 가지고 있다는 점이 다르다. 사회사업이나 행정관리가 아닌, 포괄적인 심리학을 전문적으로 공부한 사회복지사여야 한다.

정신과 전문 간호사는 간호학 석사 학위(M.S.N.)를 취득한 공식 간호사(R.N.)이다. 정신과 전문 간호사는 의료적인 면과 심리적인 면을 복합적으로 조화시킨 심리상담을 해줄 수 있다. 행정 처리를 담당하는 사람보다는 심리치료를 전공한 사람을 찾아야 한다.

이론적인 경향은 어떨까? 임상 사례를 조직적으로 정리하고 치유법을 체계적으로 적용하는 개념상의 접근법은 전문가들의 평가에서 그리 중요한 자리를 차지하지 못했다. 오늘날 가장 대중적인 이론은 절충주의, 또는 통합주의라고 부르는 것인데, 내담자의 구체적인 필요에 따라 다양한 접근법을 결합하여 적용하는 것을 말한다. 통합주의적 접근법에 이어 인기가 높은 것은 정신 역학, 인지심리학, 행동심리학, 인본주의, 그리고 계통/가계 접근법 등이다. 미로 같은 심리치유법의 이론들 사이를 헤쳐나갈 두 가지 방법을 소개하겠다.

치료법마다 다른 변화의 과정들을 강조하고 있으므로, 자신의 변화 단계에 해당하는 이론체계를 지닌 심리치료사를 찾는 것이 첫째 방법이다. 심사숙고 단계에서 활용하는 자기 재평가와 의식의 고양에 중점을 두는 것은 정신역학, 정신분석학, 그리고 인본 – 실존주의 심리학이다. 이미 실행 단계에 들어갔다면 대항과 통제, 그리고 보상이 가장 중요하므로 인지심리학, 행동심리학, 또는 계통 심리치료를 받아야 제 궤도를 따라간다는 느낌을 받을 수 있다.

둘째 방법은 변화의 단계별로 가장 올바른 과정을 활용할 수 있도록 도와줄 통합주의 경향의 심리치료사를 선택하는 것이다.

아서는 존 노크로스를 찾아와 우울증에 대해 불평을 늘어놓았다. 아서가 상담치료를 받으러 온 것은 전적으로 아내 때문이었다. '마지못해 따라나선' 아서는 무관심 단계의 전형이었다. 그러나 아내와 아이들, 그리고 심리학자까지 가세해서 변화를 독려한 끝에, 자신의 우울증을 확인했고, 그것이 자신과 가족에게 끼치는 부정적인 영향에 눈을 떴다. 이제 막 심사숙고 단계에 진입한 아서에게 노크로스와 그의 가족은 반복해서 선택을 강조하는 한편, 기분을 고양시키는 것의 이점을 주지시켰다. 아서는 조금씩 우울증을 해소하는 행동을 취하기 시작했다.

치료를 받은 지 8~9주째가 되었을 때, 아서는 실행 단계에 들어가겠다는 결정을 내렸다. 그는 운동을 하고, 사람들과 정기적으로 어울리고, 스스로를 패배시키는 생각들에 맞서 적극적으로 대항했다. 그렇게 3개월이 지났을 때, 아서의 기분은 한층 개선되고 부부 사이에도 생기가 돌았다. 아서와 그의 아내는 어떻게 하면 이런 성과를 공고히 해서 오래도록 유지할까 고민했다. 아서가 유지 단계에 돌입할 때가 되었다는 신호였다. 라이프스타일을 바꾸겠다는 열의와 의욕으로 가득 찬 아서와 그의 가족은 지금까지 몇 년째 유지에 성공하고 있다.

신속하고 정확했던 아서의 발전에는 내담자의 변화 단계를 정확히 판단해서 치료 방법을 조정한 노크로스의 노력도 한몫했다고 할 수 있을 것이다. 만약 끝없이 어린 시절을 들춰내서 지금 느끼는 우울증의 뿌리를 찾아내겠다고 작정한 심리치료사를 찾아갔더라면 어떻게 됐을까? 아마 아서의 '실행 프로그램'은 그 자리에서 한 발짝도 앞으로 나가지 못했을 것이다. 처음부터 무턱대고 구체적인 행동을 강요하는 심리치료사였다면 그 내담자를 두 번 다시 만나지 못했을 것이다. 다양한 이론에서 발췌한 과정을 적재적소에 사용함으로써 노크로스는 아서의 변화에 성공적인 동반자가 되었다.

적절하지 못한 방향으로 나를 이끌지도 모를 심리치료사를 만나지 않으려면 어떻게 해야 할까? 나를 정해진 틀에 맞춰 넣으려 하지 않고, 나에게 맞춰 치료법을 조정해줄 사람은 어디에 가야 만날 수 있을까? 친구들이나 직장 동료, 의사, 성직자, 학교 관계자, 그리고 정신건강 전문가들에게 구체적으로 물어보자. 되도록 많은 사람에게 물어봐야 균형 잡힌 시각을 접할 수 있다. 일단 선택의 폭을 두세 가지로 좁혔으면, 그들을 한 번씩 만나본다. 1회 상담 예약만 하는 것이다. 확신하건대─임상적인 경험도 이런 생각을 뒷받침해준다─대부분의 심리치료사들은 분명하게 의사를 밝히고 구체적인 정보를 습득하고 있는 내담자를 환영한다.

가장 중요한 전략은 대인관계다. 대인관계는 우리의 모든 행동에 의미와 앞뒤 정황을 부여한다. 만족스러운 삶에는 대체로 만족스러운 대인관계가 자리잡고 있으며, 많은 사람이 인생에 행복과 희열을 주는 원천으로 가족과 친구들을 꼽는다.

변화 매뉴얼

우리가 제시하는 변화의 단계 모델은 광범위한 문제에 적용할 수 있기 때문에 앞에서는 다양한 자기 변화의 사례를 예로 들었다. 독자적인 변화를 시도하는 개인이나 전문가들은 모두 우리 모델이 한두 개의 특정한 문제만이 아닌, 지금까지 연구한 모든 행동에서 효과를 입증했다는 사실을 이해할 것이다. 그렇기는 해도 몇 가지 가장 일상적인 문제를 어떻게 변화시킬지 자세하게 살펴보는 것도 가치 있는 일일 것이다.

그리하여 이번에는 흡연과 음주, 그리고 정서적인 고통이라는 구체적인 문제를 놓고 변화의 단계를 살펴보겠다. 앞에서 설명한 이론적인 원칙들이 어떻게 적용되는지 심도 깊게 다루고 있으므로 자신의 문제가 이 세 가지에 해당되지 않더라도 관심을 가지고 읽어주기 바란다. 한 가지 문제에 국한되는 접근법도 있지만, 대부분은 일반화하여 모든 행동에 적용할 수 있는 것이다. 이번 장은 흡연이나 음주, 또는 정서적 고통을 극복하고자 하는 사람들을 위한 보충 자료로 마련한 것이지만, 성공적인 종료를 준비하기 위해서라도 끝까지 읽어보자.

흡연:건강 최대의 적

담배를 끊으려는 사람은 한둘이 아니다. 흡연은 세계적으로 가장 만연해 누구나 해악을 인정하는 건강의 적인 반면에 비교적 쉽게 해결할 수 있는 문제이기도 하다. 미국에서는 공중위생국장의 첫 보고서가 발표된 1969년 이래 3000만 명이 담배를 끊었다지만, 지금도 미국의 흡연인구는 5000만 명에 달한다. 지금 담배를 피우고 있는 사람일지라도 한 번쯤은 끊을까 하고 생각했을 테고 금연을 시도한 적도 있을 것이다. 지금 이 책을 읽고 있는 이유도 좌절감으로 인해, 열망에서, 그리고 변화하고픈 의지 때문일 것이다. 이렇듯 사람들은 뭘 어떻게 해야 하는지 알고 싶어한다.

이제 곧 가감 없는 사실을 접하게 될 것이다. 이런 사실들은 변화의 단계를 밟아서 담배를 완전히 끊는 데는 더없이 유용한 정보가 될 것이다. 엄연한 사실들을 외면하고픈 마음을 꾹 눌러 참고, 우리가 권하는 방법을 효과적으로 실행할 수 있다면, 가장 치명적인 습관을 물리칠 확률은 대단히 높아질 것이다.

최근까지만 해도, 청소년만 아니라면 흡연은 사회적으로 용인되는 행동이었고 담배를 피우는 사람과 피우지 않는 사람이 누구인지 알 수 있었다. 그러던 것이 지금은 마치 알코올 중독자들처럼 자신이 중독상태임을 숨기려는 흡연인구가 많다. 주변 사람은 물론 사랑하는 사람이나 심지어 자기 자신에게조차 인정하기를 꺼린다.

흡연자 중에는 담배가 건강을 위협한다는 사실을 애써 무시할 뿐만 아니라 자신의 흡연량을 최소화하려는 사람이 많다. 심지어 흡연자라는 사실을 부정하는 사람들도 있다. 평생 살면서 100번 넘게 담배를 피웠거나, 지금 현재 한 달에 한 번이라도 정기적으로 담배를 피운다면 흡연자임을 부정할 수는 없는 노릇이다. 아침에 눈뜨자마자 30분 이내에 담배를 피워 물거나 하루에 한 갑 이상을 피운다면 니코틴 중독이다.

변화의 단계 자체평가

이번 자체평가는 금연과 관련해서 변화의 어느 단계에 와 있는가를 알아보려는 것이다. 이미 많은 노력을 기울였다면, 앞으로의 여정은 그리 길지 않고 머지않아 성공을 거둘 확률이 높다. 성공은 변화의 단계를 거치면서 각 과정을 얼마나 성실하게 적용하느냐에 달려 있다. 아래 질문에 솔직하게 대답해보자.

  1. 앞으로 6개월 내에 담배를 끊으려고 진지하게 생각하는가?
  2. 앞으로 30일 내에 담배를 끊을 계획인가?

두 질문의 대답을 조합하면 자기의 단계를 확인할 수 있다.

질문 1	아니다	그렇다	그렇다
질문 2	아니다	아니다	그렇다
단계	무관심 단계	심사숙고 단계	준비 단계

그리고 지난 6개월 이후에 담배를 끊었다면 실행 단계고, 6개월 이전에 담배를 끊었는데 가끔이라도 피우고픈 유혹을 느낀다면 유지 단계다. 담배도 끊고 유혹도 느끼지 않는다면, 축하할 일이다.

이제 담배를 끊으려고 노력하는 사람들을 위해 앞에서 설명한 변화의 과정을 일목요연하게 정리해보자.

무 관 심   단 계

무관심 단계에서 가장 크게 의존하는 것은 최소화와 합리화이다. 모두 의식을 고양시켜서 맞서야 하는 것이다. 합리화는 흡연이라는 습관을 지속할 '다양하고 그럴듯한' 이유의 공급책이다. 최소화 역시 흡연이 파괴적인 습관이라는, 거부할 수 없는 증거를 에누리해준다.

〈표11〉에는 담배로 인해 유발되는 질병과 각종 장애가 정리되어 있

표11 흡연과 관련된 만성 질병

폐암	관상동맥질환
구강암	뇌졸중
식도암	아테롬성 말초혈관 경화증
후두암	아테롬성 동맥경화증
방광암	폐기종
신장암	만성 기관지염
췌장암	기타 만성 장애 폐질환
자궁경부암	유아의 출생시 체중 감소
위궤양	안면 주름

다. 담배를 피우는 것은 이 시대의 주된 사망 원인의 위험 수위를 크게 높인다. 다행인 것은 담배를 피웠던 사람이라도 스스로 족쇄를 풀고 자유로워진다면 거의 모든 질병의 위험을 다시 낮출 수 있다는 사실이다.

위에서 언급한 흡연으로부터 직접 유발되는 질병 가운데 10개의 이름도 댈 수 없는 사람이 아마 대부분일 것이다. 그 이유는 뜻은 좋지만 기금은 턱없이 부족한 건강 단체가 아무리 노력해도, 담배와 관련된 '정보'의 절대다수가 담배 광고를 통해 대중에게 전달되기 때문이다. 그리고 물론 담배 기업들의 광고는 현실을 보여주기보다는 환상을 키우려고 애쓴다. 오스트레일리아의 고속도로 광고판에는 진실이 적혀 있다. "한 해에 교통사고, 살인, 자살, 그리고 에이즈로 인해 사망하는 사람을 모두 더한 것보다도 많은 사람이 흡연으로 목숨을 잃고 있습니다." 오스트레일리아에서 진실인 것은 세계 어디에 가도 진실이다.

질병을 유발하는 흡연의 해독을 알고 나면 그것을 최소화하기는 어렵겠지만, 대부분의 흡연자들은 자신의 중독을 합리화할 수 있다. 자기가 폐기종이나 폐암에 걸렸을 때쯤이면 아마 치료법도 개발되었을 거라고 확신할지도 모른다. 과학자들이 폐암과 폐기종의 효과적인 치료법을 발견한 것은 사실이다. 그 치료법은 바로 금연이다.

어쩌면 이렇게 말하는 사람도 있을 것이다. "인간은 어떻게든 죽게 되어 있는데, 그 이유가 담배라도 어때?"

문제는 그저 죽는 게 아니라 일찍 죽는다는 것이다. 전세계에서 질병과 조기 사망을 유발하는 원인 중에서 담배만큼 예방이 가능한 것은 없다. 지금 지구상에 살고 있는 사람 중에서 5억 명이 담배로 인해 죽음에 이르고, 그 중 절반은 천수를 다하기 전에 죽음을 맞는데, 이들이 담배 때문에 잃어버리는 시간은 평균 20년이다. 이런 명백한 증거 앞에서는 누구라도 금연을 진지하게 고려해야 한다.

무관심 단계에서는 최대한 정서를 각성시키는 것이 중요하다. 세계 인류 10명 가운데 한 명이 담배 때문에 세상을 떠나야 한다는 끔찍한 사실 앞에 각성해야만 한다. 발암성 물질과 각종 질병을 유발하는 화학 물질들을 멋지게 포장해 수십 조에 달하는 막대한 수입을 챙기는 담배 업계에 분노해야만 한다. 그들을 죽음의 상인으로 불러 마땅하다.

각성의 시기가 지나면 스스로를 비난하는 경향이 있다. "애초에 담배를 시작하지 말았어야 해요." 이렇게 말하는 사람을 한두 번 본 게 아니다.

그러나 여기서 우리가 기억해야 할 점은, 완전히 성인이 된 후에 담배를 피우겠다고 선택하는 사람은 거의 없다는 사실이다. 대부분 10대에 담배의 유혹에 빠진다. 어른인 양 하려고, 세련되거나 터프해 보이려고 소품처럼 담배를 피워 문다. 우리도 모르는 사이에, 담배를 피우면 멋지고, 침착하고, 매력적이라고 생각하게 되었다. 그리고 5년, 10년, 20년, 또는 그 이상의 세월이 흐르고 소원대로 나이보다 훨씬 늙어 보이게 됐지만, 더 매력적이 된 것은 아니다.

담배를 피우는 사람이 〈표11〉에 수록된 질병에 걸릴 위험은 한 번도 담배를 피우지 않은 사람에 비해 높고, 담배를 끊은 지 1년이 지났을 때보다도 더 높다.

사회적 해방은 개개인의 금연 의지에 힘을 실어줄 수 있다. 지금 우리 사회는 자신이 피우는 담배는 물론이고, 옆에서 뿜어대는 담배연기로부터 자유로운 환경을 만들려고 애쓴다. 미국 환경청은 간접흡연을 A급 발암물질로 규정했으며, 시간이 지날수록 비흡연자의 혐연권은 증가할 것이라고 단언했다. 이제 흡연을 금하는 직장과 공공구역이 늘어날 것이고, 여기에 동참하지 않는 고용주나 사업주의 책임보험 수가는 인상될 것이다.

이런 사실은 흡연자에게 어떤 의미를 가질까? 무관심 단계에 오래 머무를수록 점점 강해지는 사회적 압력과 간섭을 경험할 것이다. 사회적 해방에 맞서 싸울 수도 있겠지만, 그 힘을 흡연으로부터 자유로워지는 데 쓸 수도 있다.

외부 압력에 무조건 코웃음을 치기 전에 누가 내 편인가를 따져보자. 그 대답은 까다로울 수도 있고, 아주 간단할 수도 있다. 의료계에서 담배연기 없는 공공장소와 직장을 만들려는 노력을 아끼지 않을 때 그들은 누구 편인가? 담배 회사들이 담배를 피우지 않거나 끊으려는 사람들을 위한 정책에 대항하기 위해 수천 만 달러를 쏟아부을 때 그들은 누구의 편인가?

만약 사람들이 담배를 피우지 않게 도울 힘이 있다면, 그 힘을 기꺼이 사용하겠는가? 담배에 의존하지 않고 완전히 자유로운 상태라면, 암협회와 담배 업계 중 어느 쪽을 지지하겠는가? 죽음과 질병을 예방하려는 사회적 운동에 참여하겠는가, 아니면 인류의 건강을 담보로 이익을 챙기는 업계 편에 서겠는가? 이 질문들에 대한 답을 지팡이 삼아 심사숙고 단계로 나아가자.

심 사 숙 고   단 계

외부의 영향력만으로는 담배를 끊을 수 없다. 그러나 외부의 힘을 애써 거부하지 않는다면 금연 노력에 큰 도움이 될 것이다. 방어적인 태도를 거두고 저항의 수준을 낮춘다면 지식과 정보를 안내자 삼아 엄연한 사실의 영향력을 흡수하고 정서적 각성과 사회의 압력에 실려 심사숙고 단계로 넘어갈 수 있을 것이다.

이제는 습관의 전후를 예의주시해야 한다. 무엇이 나로 하여금 담배를 피워 물게 만드는가? 담배는 그런 나에게 어떤 효과를 발휘하는가? 매주 피우는 담배로 인한 결과는 무엇인가?

사람들이 담배를 피우는 것은 대개 이런 이유들 때문이다.

- 스트레스 때문에
- 감정(불안, 분노, 지루함, 또는 우울함)을 다스리려고
- 사회적인 상황에 대처하기 위해
- 이미지 제고를 위해
- 몸이 니코틴을 원하기 때문에
- 오랜 습관이어서

이틀 정도 자신의 흡연 습관을 관찰해보자. 어떤 이유로 얼마나 피우는지 알게 될 것이다. 자신의 습관을 관찰하는 것만으로도 의식의 수준을 높일 수 있다. 일단 의식이 고양되면 담배에 불을 붙일 때마다 "왜?"라는 질문을 던지게 된다. 그러다 보면 그냥 습관으로 피우는 담배가 얼마나 되고, 일단 준비 단계에 들어가면 얼마나 포기할 수 있는지 파악할 수 있다. 그리고 실행에 돌입한 후에 대항해야 할 제반조건에 대해서도 잘 알게 된다.

사회적인 압력, 정서적인 각성, 그리고 정보의 힘을 자신의 편으로 끌어들이면 저절로 스스로를 재평가하게 된다. 담배를 피우는 진짜 이유가 무엇인지 알게 되면 스스로를 이성적인 흡연자라고 생각하기 어

려워진다. 어쩌면 화가 나고, 계속 담배를 피울 경우 자신을 혐오하게 될지도 모른다.

결국 흡연은 세련된 행동이라는 편견, 언론과 매체가 만들어놓은 흡연의 이미지를 폐기하게 될 것이다. 이제는 흡연자가 그다지 똑똑하지도 않고, 사회적으로 용인되지도 않으며, 별로 매력적이지도 않다는 사실을 인식하게 될 것이다.

자신의 이미지를 재평가하고 나면 자유롭게 새로운 자아상을 창조할 수 있다. 흡연자라는 꼬리표를 뗌으로써 죽음과 질병을 자초하고 있다는 두려움을 벗고, 독극물 중독이라는 족쇄도 벗어 던지고, 공공장소에 가면 담배를 못 피운다는 압력에 시달리지도 않는, 냄새나는 꽁초와 고약한 입냄새, 담뱃재에 구멍이 숭숭 난 옷들, 감각을 잃어버린 혀, 노랗게 물든 치아며 손가락까지, 옛말이 된 자신을 떠올려보라. 세상에서 가장 강력한 중독성을 지닌 습관을 극복했을 때의 가슴 벅찬 성취감을 상상해보라.

준 비　단 계

준비 단계에서는 무관심과 심사숙고, 이 두 단계에서 터득하고 익힌 것을 계속 활용한다. 금연에 전념할 준비가 되었을 때는, 말 그대로 그 과정에 자신을 완전히 내맡겨야 한다. 흡연의 끔찍한 결과를 민감하게 인식한 이성적인 측면에 의존한다. 오랜 흡연으로 폐기종 같은 질병에 걸려 고통받는 사람이 있다면, 그 사람을 떠올리면서 북받치는 감정을 느껴보는 것도 좋다.

준비 단계에는 평가 기술을 통해 훨씬 건강한 삶에 전념하려는 마음을 다질 수 있다. 담배를 끊으라고 설득하는 사회적인 힘과 자신을 동일시하는 것도 중요하다.

자기가 바라는 사람이 되기 위해서는 스스로에 대한 책임감을 가지고 변화에 전념하려는 자아를 북돋우고 그 자아에 의지해야 한다. 애초에 담배를 피우게 됐다는 사실에 책임감을 느낄 필요는 없다. 그런 결정을 한 것은 청소년 때였다. 이제 성인이 되었으니 흡연을 과거의 기억 속에 묻어야 한다는 새로운 책임감을 가슴에 담아야 한다.

모든 과정을 혼자 힘으로 해낼 필요는 없고, 그래서도 안 된다. 주변 조력자들로부터 나오는 사회적인 뒷받침을 기꺼이 받아들여야 한다. 담배를 끊겠다는 의지를 공개하고, 이제 곧 실행에 들어가면 주변의 도움이 필요하다는 사실도 널리 알린다.

앞에서 말했듯이, 목숨이 오락가락하는 수술(심리적인)을 받는 것과 같아서 당분간은 평상시와 다를지도 모른다고 가족이나 친구들, 그리고 직장 동료들에게 솔직히 털어놓는다. 다른 큰 수술과 똑같이 고통스럽고 괴로운 과정이며 실패로 돌아갈지도 모르지만, 주변에서 힘을 보태준다면 성공할 확률이 크게 올라갈 수 있다고 얘기한다. 회복기간은 하루나 이틀이 아니라 몇 주, 어쩌면 몇 달이 걸릴 수 있다는 사실을 충분히 이해시킨다.

시간이 지나면서 주변 사람들에게 기대는 정도는 줄겠지만, 그렇더라도 그 도움의 중요성은 결코 덜해지지 않는다.

주변에서 도움을 줄 사람을 찾기 힘들 때에는 자조 모임에 가입한다. 폐나 암 협회의 지역 지부에 전화를 걸면 가까운 곳에서 활동할 수 있는 적당한 모임을 추천해줄 것이다.

실 행   단 계

실행 준비가 완료될 즈음이면 담배를 피우게 만드는 제반 조건에 대항할 태세를 갖추게 된다. 당분간 니코틴 금단현상 때문에 심한 갈망을 느낄 수도 있다. 이럴 때는 무설탕 껌을 씹거나 심호흡을 하면서, 이런 갈망은 파도와도 같아서 빨리 솟구쳐 오르지만 또 이내 잦아든다는 사실을 떠올린다.

　담배에 대한 중독이 너무 심해서 지금껏 금연 시도가 며칠도 못 가 무위로 돌아가곤 했다면, 니코틴 파스나 니코틴 껌이 신체가 느끼는 갈망을 조금쯤 잠재워줄 수 있을 것이다. 그러나 니코틴 대체 용품들은 장기적인 해법이 못 된다는 걸 기억해야 한다. 다만 니코틴 중독이 심한 흡연자들이 변화의 포괄적인 접근법 가운데 일부로 활용할 때에는 효과를 기대할 수 있다.

　만약 스트레스 해소용으로 담배를 피웠다면 이제 건강한 대안을 찾아 적극적으로 활용해야 한다. 특히 도움이 되는 것은, 역시 운동과 이완이다. 정서적 고통이 심해질 때마다 담배를 피워 물던 사람이라면 자신감을 갖고 감정을 밖으로 표현하면서 통제하는 법을 익혀야 한다.

　지금까지 담배를 피우는 행동은 수도 없이 강화되었다. 그러므로 이제는 담배를 안 피우는 행동에 그만큼 보상을 해주어야 한다. 은밀한 칭찬으로 충분할 때도 있지만, 자신이 성취한 바를 공개적으로 인정받는 것도 만족감을 줄 수 있다. 담배를 피우지 않는 것을 군것질이나 술, 아니면 그 밖에 다른 불필요한 약물로 보상하려는 함정에 빠져서는 안 된다. 오래된 문제를 새 문제로 대체하는 것은 아무런 의미도 없다. 어쨌거나 적절한 보상은 중요하다. 담배를 피우지 않아서 절약한 돈으로 그 전부터 갖고 싶던 물건을 자기에게 선물하는 사람들이 많은데, 아주 좋은 방법이다.

유 지 단 계

변화의 길을 걸어가는 동안 발을 헛디딜 수도 있고, 한번쯤 휘청거릴 수도 있다. 한두 번은 이렇게 미끄러져 담배를 피우려 하는 자신을 발견하게 될지도 모른다. 그럴 때면 신속하게 행동을 취해야 한다. 한 번의 일탈이 완전한 재발로 굳어지지 않게 조처를 취하는 것이 처음부터 변화의 단계를 다시 밟아 가는 것보다 훨씬 쉽다. 이만큼이나 왔는데, 한 번 실수했다고 금방 포기해서 재발에 이르도록 방치하지 말고, 실수가 한 번으로 끝날 수 있게 노력해야 한다.

행동 전후의 원인과 결과를 관찰하면서 왜 담배를 갈망하는지 이유를 찾아낸다. 비흡연자가 되는 것의 장기적인 이점, 그리고 재발의 장기적인 위해를 비교 분석한다. 실행에 전념하려는 의지를 새롭게 다진다. 무슨 수를 써서라도 담배를 피우라고 유혹하는 자극을 제거한다. 필요하다면 당분간 친구들을 만나지 않는 것까지도 검토한다. 이 어려운 시기를 이겨낼 가장 강력한 대항 기법에 의존한다.

믿을 수 있는 사람에게 도움을 청한다. 일탈 사실을 굳이 감추려 하지 말고, 사람들에게 알리면서 도움을 구한다. 그러나 이런 사실을 공유할 사람을 선택할 때에는 신중해야 하는데, 대단히 민감해진 상태라 상처를 받을 수 있기 때문이다. 얼마나 애쓰고 있는지 이해하고, 다시 제 궤도에 올라설 수 있도록 도와줄 만한 친구나 친지에게 상황을 털어 놓는다.

담배를 피우고 싶게 만드는 외부 조건과 내부 유혹에 대항할 때에는 단지 금연을 위해서만이 아니라 자신이 원하는 새로운 자아로 변화하기 위해서라도 자기 효능감을 강화해야 한다는 점을 기억한다.

알코올 중독:무관심의 늪

술이 합법적으로 유통된다고 해서 불법으로 규정된 수많은 다른 약물보다 위력이 약하거나 덜 위험하다는 뜻은 아니다. 지금도 1700만 명의 미국인이 알코올 중독이거나 술에 의지해서 살아가고 있다. 응급실에 실려오는 사람 절반은 술과 연관이 있으며, 해마다 술로 인해 목숨을 잃는 사람이 수십 만에 달한다. 술은 생산성 저하, 각종 사고, 건강보험료 지출, 법정 비용과 형법 제도에 이르기까지 막대한 비용을 유발하는데, 이 비용은 미국에서만 매년 1360억 달러에 이른다. 미국 가정 넷 중 하나는 알코올과 관련된 문제로 고통받고 있다.

이 수치는 대단한 것이다. 그런데도 술과 관련된 문제를 자인하는 사람은 많지 않다. 이런 식의 변명도 많이 들었을 것이다.

저는 그런 문제 없어요. 네, 물론 술은 마십니다. 하지만 저나 가족에게 문제가 되지는 않아요. 술을 마셔도 완벽하게 통제가 가능합니다. 제가 술을 마시는 방식으로는 문제가 있을 수가 없어요. 어쩌다 한 번씩 완전히 취하기는 하죠. 제 친구 대부분이 그렇게 마십니다. 그러면 우리 모두에게 문제가 있다는 말씀인가요. 그리고 문제, 문제 하시니까 말씀인데요. 제 아버지는 진짜로 술에 문제가 있으셨어요. 하지만 장담하건대, 나는 절대 그렇게 되지 않을 겁니다.

음주와 관련해서 무관심 단계에 있는 사람들에게서 흔히 들을 수 있는 말이다. 세상에는 무관심 단계의 음주자가 수도 없이 많다. 흡연은 부끄러운 일이라는 인식이 정착되고 있는 반면에, 적절한 음주는 아직도 우리 사회에 없어서는 안 되는 부분으로 남아 있다. 결혼식 피로연에서부터 만찬에 이르기까지 술은 용인되는 수준을 넘어 장려되기까지 한다. 물론 이런 정도라면 적당히 마시는 사람에게는 위협일 리 없지만, 이 책을 읽는 사람들의 사정은 다를 수도 있다. 흡연과는 달리 음주에 대해서는 사회가 분명한 태도를 보이지 않는 상황에서, 술 문제만큼 자백하기 쉽지 않은 문제도 없다.

상황이 이런 데에는 교육의 영향이 크다. 아마 아래와 같은 말은 흔히 듣고, 또는 직접 하기도 해서 익숙할는지 모르겠다.

- 나는 맥주파야. 맥주만 마시는 걸로는 알코올 중독자가 될 수 없어.
- 중독인지 아닌지는 아침부터 술을 마시느냐로 알 수 있는데, 나는 정오 전에는 절대로 안 마시거든.
- 나 같은 경우엔 술을 마실 땐 반드시 식사를 같이 하는, 이렇게 뭘 같이 먹어주면 술이 안 취해.
- 파티에서 집에 갈 때는 운전대를 잡기 전에 커피 한 잔을 꼭 마시기 때문에 멀쩡하게 갈 수 있어.
- 퇴근해서 몇 잔 마시는 게 무슨 문제야. 단골 술집에서 긴장된 마음을 풀어줘야 스트레스를 이길 수 있다구.
- 나는 집에서만 술을 마셔. 그러니까 문제가 있을 수 없지.

어떤 것은 완전한 거짓말이고 나머지도 절반만 진실이다. 모두 습관을 애써 변명하면서 문제를 인정하는 것을 어렵게 하거나, 불가능하게 한다.

알코올 중독은 흔히 부정의 질병이라고 일컫는데, 음주자들이 오래도록 머무르는 무관심 단계의 가장 대표적인 특징도 바로 이 부정이다.

무관심 단계

술에 의존하게 되는 데는 여러 가지 이유가 있다. 술이 갖고 있는 안정 효과가 몸에 편안한 반응을 낳고, 자각 수준을 낮추며, 사고와 감정에 영향을 끼친다. 이런 효과는 너무나도 강력한 나머지, 음주로 인한 문제 의식을 갖지 못하는 사람이 많다. "이렇게 기분이 좋은데 나쁠 수가 없지."

술을 자주, 그리고 많이 마시면 중독이 된다. 술에 중독된 사람이 술 마시는 걸 중단하면 심한 금단 증세에 시달린다. 심리적인 의존은 몸의 중독 상태를 더욱 부추긴다. 사람들은 불안감에 대처하기 위해, 그리고 '대인관계의 윤활유'로 술에 의존한다. 신체적인 중독과 심리적인 의존, 그리고 외부 조건— "다섯 시군. 한 잔 할 시간인 걸." —들은 음주를 꾸준하고 흔들림 없는 습관으로 자리잡게 한다.

술을 마시는 데 이런 긍정적인 이유가 존재하고 술을 끊을 경우 수많은 부정적인 측면이 발생하기 때문에, 대다수 사람들이 자신의 문제를 인정하지도, 심지어 깨닫지도 못한 채 살아간다. 그 결과 이 사람들은 평생 무관심 단계를 벗어나지 못한다.

그러나 돌파구는 있다. 주변 사람들에게 자신을 관찰해달라고 하는 것은 언제나 도움이 된다. 물론 항상 쉬운 일은 아니다. 무엇보다, 말을 꺼내기도 어렵거니와 대단히 곤혹스러운 상황이 연출될 수 있다. 그리고 누군가의 음주량을 평가하는 것은 자신의 음주 수준에 따라 크게 달라진다. 대단한 주량을 자랑하는 사람 주변에는 역시 말술을 마시는 사람들이 있고, 절대금주주의자들은 양에 관계없이 술 마시는 것 자체를 불편해 한다.

어떻게 해야 자신에게 문제가 있는지를 정확하게 판단할 수 있을까? 모든 변화와 마찬가지로 우선 자각과 의식의 고양부터 시작하는 것이 최선이다. 일단 음주량부터 측정한다. 몇 잔인지 세는 것은 별 의미가 없다. 술마다 알코올 도수가 다르고, 잔 크기도 제각이기 때문이다. 맥주 340ml, 와인 110ml, 그리고 80도짜리 독주 42ml(또는 한 잔)의 에탄올 함유량은 모두 같다. 더블은 두 잔으로 치고, 맥주 1파인트(약 47ml)는 한 잔 반으로 계산한다. 술의 종류나 잔의 수에 속아서는 곤란하다. 몸무게가 많이 나가면 완충효과가 있다거나 술을 천천히 마시니까 괜찮다는 식으로 자신을 현혹해서도 안 된다.

이렇게 했으면 음주가 자신에게, 그리고 다른 사람에게 초래하는 문제를 들여다본다. 이런 문제들은 남용의 확실한 신호이다. 문제를 정확히 파악하려면 우선 자신에게 솔직해야 하고, 중도에 포기하지 말아야 하며, 계속해서 가능성을 따지고 질문을 던져야 한다. 일례로, 대부분의 음주자가 금단 증세를 경험한 적이 없다고 주장한다. 하지만 중풍성 섬망증처럼 극단적인 경우가 아니라도 금단 증세로 분류될 수 있는 것에는 여러 가지가 있다. 숙취는 아무리 경미한 것이라도 일종의 금단 증세이며('해장술'이 효과가 있는 데는 다 이유가 있다), 흔히 필름이 끊겼다고들 하는 상태 역시 마찬가지다. 아래 질문에 대답해보자.

- 마신 다음날 아침에 두통이나 구토, 갈증을 자주 경험하는가?

- 필름이 끊긴 적이 있는가?

- 파티나 만찬, 또는 술집에서 어떻게 집에 왔는지 기억이 안 난 적이 있는가?

- 술 때문에 공개적인 망신을 당한 적이 있는가?

- 술을 마시면 귀가 시간이 늦어지는가?

- 술을 마시면 배우자와 언쟁을 벌이는가?

- 술 마시는 문제를 놓고 싸움을 하는가?

- 술로 인해 업무 수행에 지장이 있거나, 지각과 결근이 잦은가?

사실을 회피하지 말고 솔직하게 대답해야 한다. 숙취는 음주의 결과이다. 다음날 아침에 회사에 전화를 걸어 못 나가겠다고 하는 것은 음주가 업무에 지장을 준다는 신호이다.

음주 단속에 걸려 처벌을 받았다면 술이 문제를 일으키고 있다는 부정할 수 없는 증거이다. 술을 마시고 운전을 하면서도 걸리지 않는 사람도 많다. 그런 사람은 마치 술을 마시고 운전하는 것이 안전하고, 아무 죄도 짓지 않은 줄 안다. 다음 질문에 대답해보자.

- 모임에서 과음을 한 후에도 운전을 하는가?

- 데이트나 모임에 가기 전에 술을 조금 마시는가?

- 친구들과 술을 마실 때에는 그날의 책임 운전자를 지명하는가?

이제는 술이 우리 사회에 미치는 영향에 대해 어떤 생각을 갖고 있는지 따져보자. 가정 폭력이나 성행위를 통해 전염되는 질병, 생산성 저하, 교통사고나 가정 내의 안전 사고에서 술이 차지하는 원인을 경시하는 경향은 없는가? 마지막으로 자신의 삶에서 술이 어떤 구실을 하는지 생각해보자. 술이 없는 인생을 상상할 수 있는가? 회식 자리나 술집에 가서 과일주스를 주문할 수 있는가? 휴식이나 즐거움을 생각하면 으레 맥주나 각종 술을 섞어 마시는 광경이 떠오르는가?

만약 그렇다면 술은 이미 자아에서 떼어낼 수 없는 중요한 일부가 되었는지도 모른다.

이런 강력한 증거를 들이대는데도 여전히 문제를 회피하려고만 하는 사람이 많다. 확실하지는 않지만, 그럴지도 모르겠다는 의심 한 줄기가 든다면 전문가의 상담을 통해 객관적인 관찰을 받을 필요가 있다. 이미 여러 기업에서는 비밀을 보장하는 측정 프로그램을 운영하고 있다. 만약 두세 차례에 걸친 이 측정 결과, 더욱 포괄적인 치료가 필요하면 다른 프로그램을 추천해주기도 한다.

이보다 간단한 것도 있다. 예를 들어, 휴스턴 대학의 심리 클리닉에서는 두 시간 정도 소요되는 '음주자 건강검진'을 실시하고 있다. 음주 수준과 패턴, 장점과 문제점 등을 상담하고 차트로도 만들어주기 때문에 이런 간단한 검사를 실시하는 곳은 꾸준히 늘어나고 있다.

전문가의 도움을 받을 때 주의할 점이 있다. 극소수겠지만 검진을 사업 확장 수단으로만 여기는 곳도 있고, 음주에 대한 우려를 중독의 증거라고 믿어버리는 전문가도 있다. 자신을 찾아왔다는 사실만으로 음주 문제라고 판단해버리는 것이다. 예약을 하기 전에 평가를 해주는 단체나 사람에 대해 정확히 알아볼 필요가 있다.

앞에서 거론한 질문에 솔직하고 숨김없이 대답했거나 전문가의 진단을 받았다면 이제 자신에게 음주 문제가 있는지 알았을 것이고, 아는 것만으로는 충분치 않다는 사실도 깨달았을 것이다. 이제 변화를 결심해야 한다.

심 사 숙 고   단 계

술과 관련된 행동의 변화를 결심하기는 여간 어렵지 않다. 금주로 인해 신체가 겪게 되는 만만찮은 어려움 외에, 감정의 층위에서 일어나는 수많은 어려움이 결심을 방해한다. 음주라는 문제에 한번 부딪혀보겠다고 마음먹으면, 그 결심을 공개하는 수밖에 없다. 머지않아 주변 사람들이 그 사실을 알아차릴 터이기 때문이다. 지금까지 분위기를 띄우려고 술을 이용해왔다면 앞으로 사회생활에서 적잖은 어려움을 겪을지도 모른다. 또 술이 억눌린 감정을 배출하는 통로 구실을 해왔다면 긴장과 초조감에 시달릴 수도 있다. 음주 습관을 끝끝내 버리지 못하는 사람이 그렇게 많은 이유도 그 과정에 포기할 것이 너무 많다고 생각하기 때문이다.

어쩌면 배우자조차 힘이 되어주지 않을지도 모른다. 남편의 음주벽이 못마땅하면서도, 남편이 술을 끊어야 하는 알코올 중독자가 아니었으면 좋겠다고 말하는 여성도 있었다. 그녀는 남편이 금주하면 자기 부부의 사회생활이 크게 위축될 것이라고 생각하고 있었다.

자신의 문제는 그렇게 심각하지 않아서 사소한 행동 몇 가지를 조절하거나 약간의 통제력만 발휘하면 해결될 수 있다고 믿는 사람이 많다. 그런 경우도 있다. 음주와 관련된 습관을 조금 바꾸면 되는 경우도 있기는 하다. 그러나 그런 태도는 족집게 하나를 가지고 자동차 타이어를 갈아 끼우겠다고 달려드는 것과 같을지 모른다.

전문가들 사이에도 음주 문제를 가진 사람들의 적절한 목표에 대해서는 의견이 갈린다. 일반적으로, '알코올 중독자' 나 '알코올 의존자'로 판단되는 사람들에게는 금주가 가장 최선이면서 가장 안전한 목표라고 보는 심리치료사가 대부분이다. '알코올 남용자' 나 '문제성 음주자' 라면 절제와 자기 관리가 책임 있는 목표가 될 수 있다. 남은 숙제는 누구를 '알코올 의존자' 로 분류하며, 누구를 '알코올 남용자' 라고 정의하는가 하는 것이다.

이런 주장에는 토론의 여지가 있다고 생각한다. 자신의 음주 문제를 해결하기 위해 절제를 시도하기 전까지는 알코올에 의존적이라는 진단을 내릴 수가 없다. 의존이라는 정의를 내릴 때 관건이 되는 것은, 그 사람이 자신의 의도보다 술을 많이 마시거나, 술을 그만 마시려고 시도했지만 실패했는가 하는 것이다. 가능한 선택 중에서 절제가 제외되면, 남아 있는 목표는 금주뿐이다. 여러 가지 면에서 볼 때, 절제보다는 금주에서 성공을 거두기가 더 쉽다. 일단 술을 마시기 시작하면 평가와 판단력이 흐려지고, 적당히 마시겠다는 의지를 고수하기 어렵다.

준 비　단 계

목표가 금주가 됐든 절제가 됐든, 우선은 현실적인 계획을 세우고 무슨 일이 있어도 그 계획을 지키겠다고 다짐해야 한다. 무조건 열심히만 하는 게 대수가 아니라, 계획을 현명하게 실행하는 게 비결이라면 비결이다. 동기를 한층 강화할 기회가 생기면 놓치지 않는다. 특별히 당황했던 일이나 깨달음을 주는 사건을 적극적으로 활용한다. 가끔 자신의 결심을 힘주어 말하면서 지속적인 전념을 다짐하고 현실적인 시간표를 가지고 실행의 틀을 짠다.

실행은, 어떤 행동은 중단하면서 또 다른 행동은 개시하는 것을 의미한다. 처음 며칠이나 몇 주는 술을 마시지 않는 것이 초점이 된다. 당연한 일이지만, 금주에 성공하려면(절제를 선택했다면 선택한 그 목표를 달성하기 위해) 술을 마시라는 주변의 권유나 압력에 저항할 '거절 기술'을 마련해야 하고, 무알코올 음료를 주문하는 방법, 술을 마시고픈 충동이 언제 가장 참을 수 없는지 알아차리는 방법, 유혹으로 다가오는 상황을 피하거나 탈출하는 방법 등을 두루 갖춰야 한다.

훌륭한 실행 계획은 환경과 자극의 통제에서 시작한다. 술을 손에 넣을 수 있는 가능성을 차단하고, 음주할 장소를 피하고, 다른 음주자와 만나는 것도 자제한다.

좌절감 때문에, 또는 분노를 억제하기 위해서 술을 마셔왔다면 이완이야말로 적절한 대항 기법이 될 수 있다. 운동을 하고 당당하게 자기주장을 밝히는 것, 화를 다스리는 것 등이 모두 도움이 된다. 우울이나 불안을 해소할 방법을 모색하고, 건강한 대인관계와 긍정적인 라이프스타일을 개발한다. 다만 술을 마시지 않을 뿐, 라이프스타일을 변화시키지 못해 언제든지 옛 습관으로 돌아갈 가능성이 있는 사람을 익명의 금주자 모임에서는 '건성 중독자'라고 부르는데, 이 상태에서 벗어나는 데에도 이런 기법들이 필요하다.

유 지　단 계

실행에서 유지로 옮겨갈 때에는, 한 번의 일탈과 완전한 재발이 동의어가 아님을 기억한다. 감자칩 한 조각을 먹었다고 해서 그 봉지를 다 비울 필요는 없다. 술 한 잔을 마셨다고 해서 전념의 의지를 완전히 포기할 필요는 없다. 한 잔에 통제력을 상실했다고 단정하지 말자. 포기하고 굴복하기 전까지는 실패가 아니다. 예전의 음주 패턴으로 완전히 돌아가는 것이 재발이지, 어느 날 저녁에 마음을 다잡고 있던 손을 잠깐 놓친 것은 순간적인 실수일 뿐이다.

여러 차례 반복되는 실수와 자기 패배적인 발언으로 자신감을 무너뜨리지 말고, 규칙적인 보상을 실천에 옮긴다. 으레 술을 마시던 상황에 처했다가 유혹을 이겨냈다면 아낌없이 칭찬해주자. 아직 갈 길이 멀다는 것을 모르는 가족이나 친구들은 어느새 이런 노력을 당연하게 여기고, 칭찬에 인색해질지 모른다. 그러니 말과 행동을 통해 스스로를 강화하는 것이 그만큼 더 중요하다.

가장 어려운 것은 장기전이다. 음주 문제를 성공적으로 극복하기까지는 변화의 단계를 여러 차례 순환하는 게 보통이다. 이 문제는 하루 아침에 해결될 것이 아니다. 몇 달, 아니 몇 년 동안이라도 적극적인 변화 전략을 실천해야만 장기적인 금주, 또는 문제를 일으키지 않는 음주 상태가 될 수 있다.

이 단계에는 활동성과 경계를 지속하면서 '거절하는 기술'을 적극적으로 활용한다. 지나친 자신감은 금물이다. 이제 음주의 유혹이 도사리고 있는 상황으로 돌아간다고 해도 아무 문제가 없다는 자신감은 대단히 위험하다. 왜 술을 마셨는지 그 이유를 지속적으로 상기하면서 문제의 신호에 경계를 늦춰서는 안 된다. 술을 마시고 싶은 충동이 점점 더 빈번해지거나 예전에 즐겨 가던 술집을 찾아가는 등 위험한 상황을 자초하는 것이 이런 신호에 해당한다.

술을 포기함으로써 감내한 희생과 어려움은 본인이 너무나도 잘 알 것이다. 이제 금주로 인해 추수할 장기적인 이익에 초점을 맞춰야 한다. 간이며 중추신경계, 삶의 질이 크게 개선되고 향상될 것이다. 본인만이 아니라 가족의 삶까지도 나아질 것이다.

무관심으로부터 유지에 이르는 길에는 두루두루 문제와 가능성이 가득하다. 술에는 중독성이 있고, 중독성이 있는 물질을 포기하는 데에는 용기와 인내, 그리고 불굴의 의지가 필요하다. 무리하지 말고, 차근차근 앞으로 나아가야 성공에 도달할 수 있다. 충동에 굴복하지 않기 위해 최선을 다해야 한다. 변화에 전념하고 결정을 고수하는 용기를 지녀야 한다. 끈기 있게 실천해야 한다. 그리고 변화의 주기를 따라가는 법을 익혀야 한다. 이를 통해 음주 문제를 지닌 수많은 사람이 안전한 항로를 개척하여 금주라는 항구에 성공적으로 닻을 내릴 수 있었다.

정서적 고통 : 정신건강의 고열

심리적이거나 정서적인 고통에 시달리는 사람도 대단히 많다. 미국에서 정서적인 고통은 가장 만연해 있고, 또 가장 널리 인식되는 심리적인 문제다. 1978년도에 대통령 직속 정신건강 위원회에서 발표한 자료에 따르면 정서적인 고통은 어느 시대를 불문하고 성인 인구에 영향을 끼치는데, 많게는 그 수가 전체 성인 인구의 4분의 1이나 된다. 인구 조사 결과 미국 여성의 3분의 1, 그리고 전체 남성의 약 5분의 1이 그 전해에 정서적인 고통을 겪었다고 대답했다(Mellinger et al., 1978).

심리적인 고통은 이렇게 일상적이면서도 장애가 구체적으로 명시되지 않기 때문에, 정신건강의 '고열'로 통한다.

정서적인 고통을 지니고 있는 사람의 절대다수는 전문적인 치료를 받지 않는다. 스스로 문제를 극복하거나, 친구나 가족, 또는 성직자의 도움을 받는다. 대부분의 사람이 결국에는 자신의 정서적인 고통을 극복하지만, 체계적인 도움을 받아 행동변화를 시도하는 것만큼 빠르거나 효과적이지는 않다. 혼자 힘으로 변화를 시도하는 사람들은 대부분 술이나 음식으로 우울증을 다스리는 등 잘못된 자가 요법을 실시한다. 술을 마시거나 폭식을 하면 정서적인 고통이 오히려 악화하는 경우도 종종 있다. 그래서 정서적인 고통을 방종이나 탐닉이 아니라 세심하게 적용하는 변화의 과정으로 푸는 것이 더 중요하다.

정 서 적 인   고 통   자 체 평 가

아래의 자체평가는 현재 느끼고 있는 정서적 고통의 수준을 알아보려는 것이지, 원인을 구명하거나 구체적인 진단을 내리려는 것이 아니다. 지난 한 달 동안 항목별로 어느 정도의 고통을 느꼈는지 해당란에 표시해보자.

Checkpoint ───
  0=전혀 고통받지 않았다, 1=그다지 고통받지 않았다, 2=많이 고통받았다

  1. 세상사에 별로 관심이 없다   ＿＿＿

  2. 너무 피곤해서 뭘 하고 싶은 마음이 들지 않는다   ＿＿＿

  3. 특별한 이유 없이 두려움을 느낀다   ＿＿＿

  4. 뭐든 기억하기가 힘이 든다   ＿＿＿

  5. 미래가 가망 없이 느껴진다   ＿＿＿

  6. 잠을 아무리 자도 또 하루를 견뎌야 한다는 생각에

아침마다 일어나는 게 힘들다 ＿＿＿

7. 걱정이 너무 많다 ＿＿＿

8. 결정을 잘 내리지 못한다 ＿＿＿

9. 특별한 이유 없이 슬프거나 울고 싶어진다 ＿＿＿

10. 뭘 시작하려면 애를 먹는다 ＿＿＿

11. 긴장되고, 초조하고, 안절부절 못한다 ＿＿＿

12. 불안해서 가만히 앉아 있지 못한다 ＿＿＿

13. 사소한 생각들이 자꾸 떠올라 마음을 어지럽힌다 ＿＿＿

14. 우울하고 의기소침해진다 ＿＿＿

15. 식욕이 없고, 특별히 살을 빼려고 하지도 않았는데

   체중이 줄었다 ＿＿＿

16. 지나치게 흥분이 된다 ＿＿＿

17. 겁이 나서 피하는 특정한 장소나 사람,

   또는 물건이 있다 ＿＿＿

☐ ☐ ☐ ☐
D L A I

세로줄을 맞춰 숫자를 더한 다음 총점을 아래 네모 칸에 적는다. 네
가지 점수가 정확한지 검산해본다.

D는 우울을 뜻하는데, 여기서 나온 점수가 3점을 넘으면 네모 칸 옆
에 '높음'이라고 적는다. 2점 이하일 경우에는 '보통'이라고 적는다. L
은 기력 저하를 의미하는데, 역시 3점이 넘었으면 '높음'이라고 적고,
그 이하면 '보통'이라고 적는다. A는 불안을 가리키며 기준점은 5점이
다. 5점부터는 '높음', 4점 이하면 '보통'이라고 적는다. 마지막으로 I

는 인지기능 저하를 뜻하며, 2점부터는 '높음', 1점이나 0점이 나왔을 때에는 '보통'이라고 쓴다.

네 가지 항목에서 '높음'이 둘 이상이고, 그 중 하나가 우울이나 불안이라면 정서적 고통이 상당히 심각한 수준이다. 자체평가 결과가 이렇게 나왔다면 심리적인 압력을 인식하고 있으며, 변화의 필요성을 느낀다는 뜻일 수 있다. 그 변화는 혼자 힘으로 일궈낼 수도 있고, 전문가의 도움을 얻어 시도할 수도 있다.* '높음'이 하나만 나왔어도 우려의 여지는 있지만, 이때는 주변의 도움을 받아 문제를 해결할 수 있을지도 모른다. 솔직하게 대답을 했다는 전제하에, 네 가지 항목이 모두 '보통'이라면 현재로서는 정서적인 고통을 걱정할 필요가 없다.

우울이나 기력 저하, 불안, 그리고 인지기능 저하에 대해서는 오해가 많다. 사람들은 '우울'이라는 말을 들으면 1회용 종이 슬리퍼를 질질 끌면서 병동을 돌아다니는 체구가 작은 노파를 떠올린다. '불안'이라는 단어에서는 공황 상태에 빠진 누군가를 상상할지 모른다. 이런 고정관념은 널리 퍼져 있지만, 대단히 유감스러운 오해다. 이런 통념들은 모두 극단적인 사례일 뿐이다. 이보다는 훨씬 온건하고 덜 분열적인 형태가 일반적이다.

사람마다 경험하는 정서적인 고통에는 차이가 있지만, 보통은 아래와 같은 요소들을 포함한다.

우울 일상적인 부담이나 간혹 찾아오는 실망과는 달리 우울은 더욱

---

* '높음'이 나온 항목이 셋 이상이면 9장에서 설명한 방법을 참고해서 적당한 심리치료사를 찾아가라고 권한다. 그리고 빈혈이나 당뇨, 갑상선, 또는 승모판 이탈 등이 정서적 고통과 비슷한 증상을 유발하는 경우도 있으므로 건강 진단을 받아보는 것이 좋다.

깊이 스며들어 있는 상태를 말한다. 슬프거나 의기소침하거나 절망적이라는 느낌을 가질 수 있고, 삶에 대한 관심이 줄어들고 어떤 것으로부터도 즐거움을 찾지 못한다.

기력 저하   전문 용어로는 아네르기아(anergia, 무기력증)라고 하는데, '에너지의 결여'를 의미한다. 무슨 일을 새로 시작하기가 힘들거나, 식욕이 없고 체중이 줄며, 늘 피로를 달고 있고 아침에 일어나 일과를 시작하는 것이 힘들게 느껴진다.

불안   어쩌다 느끼는 긴장이나 초조의 수준을 넘어, 불안이란 신경과민과 고도의 긴장, 지나친 걱정, 특정한 장소나 상황에 대해 비현실적인 두려움을 갖거나 늘 두려운 마음으로 사는 것, 안절부절 못하는 것 등을 뜻한다.

인지기능 저하   이 경우에는 기억력이나 의사결정 능력, 그리고 집중력과 같은 전반적인 인지능력이 보통 이하로 떨어진다. 늘 어딘가에 정신이 팔려 있고, 멍하거나, 주의를 집중하는 시간이 짧아짐을 느낄 수 있다.

변화의 단계 자체평가

변화를 시작할 때면 언제나 스스로 어느 단계에 있는지부터 따져봐야 한다. 여기에 준비된 간단한 자체평가는 정서적인 고통을 해결하고자 하는 사람들에게 현재 어떤 상태인지 정확하게 짚어줄 것이다. 앞에서 실시한 D－A－L－I 테스트에서 '높음'이 하나 이상 나온 사람에게만 해당하는 내용이다.

1. 앞으로 6개월 내에 정서적인 고통을 극복하는 것을 진지하게 생각하고 있는가?
2. 앞으로 30일 이내에 정서적 고통을 극복할(그리고 그 과정에 부딪힐 작은 도전들을 해결해 나갈) 계획인가?
3. 현재 적극적으로 문제를 극복하고 있는 중인가?

여기서 나온 세 대답을 조합하면 자신의 단계를 확인할 수 있다.

질문 1	아니다	그렇다	그렇다	그렇다
질문 2	아니다	아니다	그렇다	그렇다
질문 3	아니다	아니다	아니다	그렇다
나의 단계	무관심 단계	심사숙고 단계	준비 단계	실행 단계

이제 정서적 고통에 변화의 과정을 적용하는 방법을 설명할 것이다. 각 단계를 간략히 정리하고, 단계별로 정신건강의 고열을 내리는 데 도움이 될 방법을 살펴보도록 하자.

무 관 심 단 계

앞에서도 말했다시피 정서적 고통은 일상적이고 또 쉽게 알아차릴 수 있는데도 사람들은 이것을 문제로 인식하지 않는다. 그 이유는 무관심, 과잉방어, 또는 무지 때문이다. 몇 년을 만성에 가깝게 정서적인 고통에 시달리고 있으면서도 그것을 당연하게 받아들이고, 그렇지 않은 상태가 있다는 걸 모르는 사람들도 있다. 이 사람들은 자신의 심리 상태를 정상으로 받아들이거나, "난 원래 이랬어"라는 태도를 보인다.

정서적 고통을 알아차리지 못하는 경우는 다른 문제성 행동에 모든 관심이 쏠려서 내면의 심리 상태에는 미처 관심을 쏟지 못하기 때문이다. 이를테면 공격적인 행동, 음주 문제, 또는 외로움도 정서적 고통을 가릴 수 있다. 주먹질을 하거나, 직장에서 문제를 일으켜 해고를 당하거나, 며칠을 집안에서 꼼짝도 안 하는 것과 같은 문제들은 가시적이기 때문에 훨씬 빠른 반응을 불러일으키고, 수면 밑에 잠재해서 눈에 띄지 않는 정서적인 고통은 무시되기 쉽다.

일반적으로 남자들보다는 여자들이 정서적인 고통을 더 잘 알아차린다. 성 역할을 학습시키는 사회화와 문화적인 기대 때문인지 내부에서 일어나는 혼란 상태를 여자들이 남자들보다 더 잘 인식하고, 잘 드러낸다. 사적인 대화는 물론이고, 공개적인 설문에서도 여자들은 정서적인 고통을 인정하고, 그것에 다른 이름을 붙이려 들지 않는다. 이를테면, 그 위에 가면을 씌우려 하지 않는다는 것이다. 반면에 남자들은 이른바 심리적인 나약함으로 인식될 문제를 잘 받아들이려 하지 않는다. 정서적 고통에 시달리는 남자들은 학대적인 성향을 보이거나, 고혈압이 되거나, 약물 남용 정도를 높인다.

최근에 실시한 조사에 따르면 마약 사용자 중 절반이 울증 장애가 있다고 한다. 남녀를 불문하고 약물 남용이 정서적 고통을 둔화시키기는 하겠지만 일시적일 뿐이다. 약물 사용이 늘어나면 정서적 고통은 오히려 더 맹렬한 기세로 되돌아온다.

조만간 정서적 고통은 참을 수 없는 지경에 이르러 알아차리지 않을 수 없는 상태가 되고, 변화의 필요성이 뒤따라 나오게 된다. 다행이라

면 정서적 고통에 시달리던 사람들이 대부분 문제를 성공적으로 극복
한다는 사실이다.

심 사 숙 고   단 계

심리적 고통은 천하에 둘도 없는 거짓말쟁이다. 심리적 고통은 사람들
을 패배적이고, 무한순환되는 고리 위에 선 듯 생각하고 느끼고 행동하
게 만든다. 정서적 고통에 빠져 있는 사람이라면 이런 말들이 대체로
익숙하게 들릴 것이다.

> "그건 다 내 잘못이야."
> "나는 절대 나아지지 못할 거야."
> "나는 천하에 아무런 가치도 없는 똥 같은 놈이야."
> "그걸 하기는 너무 두려워."
> "나는 못해. 나는 무기력하고 능력도 없어."
> "너무 어려워. 겁이 난단 말이야. 안 할 테야."

정서적 고통 극복을 위한 심사숙고 단계에는 무엇보다 그 속에 함축
된 불행을 강화하고 증폭시키는, 기능장애적인 생각을 인식하는 능력
을 키워야 한다. 인지주의에서는 이런 생각들을 매일 기록하게 한다.
처음에는 알아차리기 어려우므로 우선 행동으로 드러난 것들을 기록
하는 것부터 시작한다.

일지-토요일

1. 프레드에게 오늘 그의 파티에 갈 수 없다고 말했다.

2. 집에서 텔레비전을 보면서 저녁 시간을 보냈다. 화가 났다.

3. 청소를 하려다 그만뒀다.

4. 술을 마시기 시작했다.

이렇게 하다 보면 행동의 근저에 자리잡고 있는 자연발생적인 사고를 알아내는 일에 차츰 익숙해질 것이다. 위의 일지를 기록한 사람도 깊이 따지고 들어간 끝에 자신의 행동을 유발한 생각들을 기억해낼 수 있었다.

일지 – 토요일 (행동과 그 안에 내재한 생각까지)

1. 프레드에게 오늘 그의 파티에 갈 수 없다고 말했다 : "재미없을 거야." "아무도 나를
   좋아하지 않는데 뭐."

2. 집에서 텔레비전을 보면서 저녁 시간을 보냈다. 화가 났다 : "나는 뭐든지 해봤자
   야." "미칠 것만 같아."

3. 청소를 하려다 그만뒀다 : "마음이 도저히 따라주지 않아." "그럴 힘이 없어."

4. 술을 마시기 시작했다 : "어쩌면 기분이 나아질지도 모르지." "달리 방법이 없잖아."

간단한 일지지만 본질적인 정보들을 확인할 수 있다. 직접 일지를 적어보면 심리적인 고통이 부정적인 결과로 이어진 횟수를 파악할 수 있다. 왜곡된 기억이 아닌 실제로 일어난 사건을 매일 기록하노라면 변화가 왜 필요한지 그 이유가 자연스럽게 드러난다. 그리고 변화의 장점과 단점을 따질 때 이렇게 기록해놓은 것들을 기초 자료로 활용할 수도 있다(변화의 장단점 분석은 5장에서 자세히 설명했다).

뿐만 아니라 교묘하게 진행되는 사고의 패턴이 눈에 보이기 시작한다. 앞에서 예로 든 일지에는 무관심과 무기력함, 그리고 열패감이 그대로 드러나 있다. 그리고 이런 기록들은 실행 단계에서 사고방식을 바로잡고자 할 때에도 중요한 정보를 제공한다.

심사숙고 단계에서는 정서적 고통과 그것의 결과에 대한 사실적인 정보를 습득해야 한다. 정서적 고통에 시달리는 사람 중에서 자신의 문제가 얼마나 보편적인지 아는 사람은 거의 없다. 자신의 고통과 관련한 책을 구해서 읽고, 가까운 사람들에게 그 동안 옆에서 경험한 것을 얘기해달라고 부탁한다.

자신의 심리 상태와 그로 인한 행동이 사랑하는 가족과 아이들, 그리고 이웃에게도 영향을 끼치는지 확인한다. 마음은 무겁고 불편할지 모르지만, 이런 자기 인식은 통렬한 자기 재평가로 이어질 것이다. 언제까지 정서적 고통 속에 웅크린 채 살아갈 것인가?

실 행 단 계

만성이 되어버린 정서적 고통은 악순환을 낳는다. 정서적 고통의 원인에서 일어난 결과가 다시 정서적 고통을 악화하는 식이다. 예를 들어, 직장에서의 실패는 고통을 야기할 수 있다. 그 결과로 야기된 불안과 우울, 열패감, 그리고 인지 능력의 손상 등은 직장에서의 실패를 부추긴다. 물론 이것은 더 심각한 고통으로 이어지고, 이렇게 악순환은 계속된다.

그러나 이렇게 순환하면서 영구히 재생해가는 원인과 결과의 관계를 이해하고 적극적으로 개입해 들어가면 이 악순환의 고리는 끊을 수 있다. 그러기 위해서는 실행 단계에서 가장 효과를 발휘하는 대항, 환경 통제, 그리고 보상 등을 고통의 순환 주기 내 최소한 두 지점—더 많으면 좋지만—에 적극적으로 적용해야 한다.

대항의 기법들 운동이나 이완, 자기 주장, 대항적인 사고, 그리고 활동적인 기분전환에 이르기까지 여러 방법이 있다. 신체 건강한 사람이라면 응당 운동을 해야 한다. 운동을 하면 몸도 건강해지지만 심리적으로도 도움이 된다. 매일 에어로빅을 하는 것은 우울증을 치료하는 가장 간단한 대중요법이다.

'즐거운 일정표'를 만들 수도 있다. 자신이 즐거워하는 일들을 쭉 적은 다음, 최소한 한두 가지를 매일 저녁 실천에 옮기는 것이다. 정원 가꾸기, 춤, 악기 연주, 뜨개질, 사교 모임 같은 활동은 이완이나 운동, 또는 레크리에이션 요소를 복합적으로 지니고 있다. 할 수 있는 일에는 제한이 없다. 중요한 것은 자신에게 맞는 활동을 선택하여 일정표를 꾸미는 것이다.

점진적 근육 이완은 원래 불안을 해소하기 위해 고안된 것이다. 이완과 불안감은 양립할 수 없는 것들이다. 긴장을 풀고 이완되어 있는 상태에서는 불안이 자리잡을 여지가 없다. 7장에서 설명한 이완 기법들을 활용하자.

수동적이고 의존적인 사람들이 좌절감을 억누르는 경향이 있다는 것은 많은 임상 심리학자가 인정하는 바이다. 이렇게 억압된 감정은 시간이 흐르면서 울분이나 우울로 변질할 수 있다. 이런 심리적인 고통을 치료하는 데 자주 사용하는 것이 자기 긍정 훈련이다. 정서적 고통의 변화 주기 곳곳에서 활용되는 자기 긍정 훈련은 생각을 바로잡고, 관계를 다시 설정하며, 대인 행동을 개선해 자신 있고 생기 넘치는 느낌을 갖게 해준다.

심리치료 분야에서 정서적 고통을 가장 철저하게 연구하는 것은 인지주의인데, 기능장애적 사고에 대항하는 것에 중점을 두고 위의 방법들을 모두 활용한다. 고통을 야기하는 감정이나 행동, 또는 관계가 어디서 유래되었든지 간에 부적응적인 믿음에 대항하는 것이야말로 악순환을 그 자리에서 정지시킬 수 있는 확실한 방법이다. 인지주의에서 사용하는 방법들의 목적은 믿을 수 없을 만큼 간단하다. 기능장애적인 사고를 찾아내서 반박한 후, 그 사고를 현실적이고 건강한 것으로 대체한다. 일지를 작성해왔다면 이미 행동의 근간에 자리잡고 있는 생각을 포착하는 법을 배웠겠지만, 이번에는 일지를 세 칸으로 나눠 그 생각에 대항하는 방법까지 적어보자.

첫째 난에는 언제 정서적인 고통을 느끼는지, 고통을 유발하는 '자동적인 생각'을 기록한다. 둘째 난에는 그 생각을 뒷받침할 근거가 있는지, 있다면 어떤 것인지 적는다. 이런 질문을 던져보면 근거의 유무가 더욱 분명해진다. 이런 생각은 상황을 현실적으로 따져서 나온 것인가, 아니면 고통의 거짓말에 속아넘어간 것인가?

셋째 난은 균형 감각을 갖춘 현실적인 생각을 적는 자리다. 자동적으로 머릿속에 떠오른 첫 번째 생각이 현실적이었다면 여기에는 달리 더 쓸 것이 없겠지만, 그런 경우는 지극히 드물다. 정서적인 고통에서 발현된 생각은 대부분 현실적인 근거가 없게 마련이다. 이제 그 처음 생각을 적극적으로 반박해서, 더욱 현실적이고 건강한 진술로 대체해야 한다. 〈표12〉는 파티에 참석하지 않겠다고 결정한 사람의 일지를 예로 든 것이다.

표12 일지의 예

자동적인 생각	생각의 근거	대체할 수 있는 생각
재미없을 거야	없음. 이전에도 항상 재미 있는 시간을 가졌다	우울하면 다른 사람을 피하려는 경향이 있어. 하지만 아마도 좋은 시간을 가질 수 있을 테고, 그러면 가는 데 도움이 될 거야
아무도 나를 좋아하지 않는 데 뭐	없음	우울증이 또 거짓말을 하는군. 물론 지금보다 친구가 더 많을 수도 있지만 루이스, 조이스, 프레드는 내가 마음만 열면 늘 친구가 되어 줘
나는 뭐든지 해봤자야	없음	모든 걸 내 마음대로 할 수는 없지만, 내 삶의 대부분은 잘 운영하고 있어
그럴 힘이 없어	어느 정도, 우울하면 힘이 빠지는 게 사실이다	힘이 있건 없건, 가겠다고 결정할 수 있어. 파티에 가는 데 그렇게 많은 힘이 필요한 것도 아니잖아

적극적이고 이성적인 생각 앞에서 자동적으로 떠오른 무의식적인 생각은 거짓임이 자명해진다. 냉철한 분석은 이런 생각을 뒷받침할 근거가 전혀 없음을 확인해준다. 이제 남은 일은 그것을 균형 잡히고 논리적인 사고로 대체하는 것이다. 매일, 하루에도 여러 번 대항 기법을 활용하면 기능장애적인 생각은 차츰 사라지고, 현실적인 생각이 그 자리를 차지하기 시작한다. 이런 자리 변동이 일어나는 사이에 정서적인 고통도 조금씩 뒷걸음칠 것이다.

환경 통제 사고의 과정을 재편하는 동시에, 주변 환경도 변화에 도움이 되는 방향으로 바꿔볼 수 있다. 무엇보다 중요한 것은 정서적인 고통을 유발하는 관계나 장소, 또는 상황을 피하는 대신 변화를 도와주는 치유적인 것들로 대체하는 것이다.

리사는 서른네 살의 요리사이다. 직장에서 겪는 갈등, 혼자서 아이를 키워야 하는 부담, 하루도 마음놓을 수 없는 경제 상황인데도 벌써 며칠째 정서적인 고통에 시달리지 않았다. 대항 기법을 적극 활용해서 변화에 전념하는 그녀의 태도는 참으로 모범적이었다.

그러나 문제는 부모를 방문할 때였다. 대단히 편협한 종교적인 믿음을 지닌 리사의 부모는 사사건건 그녀를 나무라고 무시했으며, 한 사람의 인간, 한 아이의 엄마, 그리고 당당한 사회인으로 인정해주지 않았다. 자신을 거부하는 부모와 주말을 보내고 오면 몇 주에 걸친 변화의 노력이 수포로 돌아가곤 했다. 리사는 이내 스스로를 경시하는 태도로 돌아갔다. 처음에는 자긍심을 추락시키는 대인관계를 일시적으로나마 회피하는 데에서 죄책감을 느꼈고, 이런 죄책감을 떨쳐버리는 데에도 적잖은 시간과 노력이 들었다. 본질적으로 자기를 낳아 길러준 부모와 거리를 두는 것이었기 때문이다. 하지만 일단 부모를 멀리하자, 리사는 변화를 굳건히 다져나가면서 당당하게 자기를 주장하는 방법을 체득할 수 있었다. 그리고 그런 후에는 다시 부모와 거리를 좁혀나갔고, 그러면서도 재발하지 않았다.

보상 아주 작은 성과라도 적극적으로 강화한다. 세 칸 일지를 작성했으면 나가서 영화를 보고, 운동을 한 다음에는 한 시간쯤 휴식을 허락한다. 두려움에 맞서거나 주장을 당당히 밝혔으면 주변에 칭찬이나 축하를 구한다. 효과가 있다면 방법을 가리지 않고 활용한다. 즐거운 일정표나 운동, 또는 이완과 관련해서 주변 사람들과 계약하는 것도 좋고, 심리적 고통에 수반하는 죄책감이나 자기 비난을 떨쳐버리기 위해 자기 자신과 계약하는 것도 현명한 방법이다. 변화에서는 보상이 처벌보다 훨씬 효과적인 촉매제가 된다.

대항과 환경 통제, 그리고 보상을 동시에 활용하면 심리적 고통의 악순환은 이내 끊어진다. 이 세 가지 기법은 서로 충돌하는 모순적인 관계가 아니라 서로 상승 작용하는 보완적인 관계다. 대항 기법을 이용해서 심리적 고통을 건강한 반응으로 대체하고, 환경 통제를 활용해서 고통을 덜어주는 상황들을 재배치하며, 적절한 보상으로 그 과정을 강화한다면, 잠재적인 고통의 원천―행동, 인식, 감정, 대인관계, 가족관계―을 해결할 수 있을 것이다.

유 지 단 계

고통을 야기하는 하나하나의 상황을 해결하는 것도 대단한 성과지만, 여기서의 궁극적인 목표는 정서적 고통으로부터 자유로운 삶을 영위하는 것이다. 물론 정서적 고통으로부터 완벽하게 자유로운 사람은 아무도 없다. 과식이 문제라고 해도 먹지 않고는 살 수 없듯이, 불안과 우울은 누군가의 말처럼 '살아가기 위해 치러야 하는 대가' 이다. 그러나 유지 단계까지 도달한 사람이라면 임상에서 심각한 문제로 다루는 정서적 고통에서 벗어날 수는 있다. 이제는 불가피한 상실감이나 실망감이 완전한 장애로 발전하는 것을 막아야 한다.

유지 단계는 재발 가능성을 솔직하게 인정하는 것에서 시작한다. 모순인 것 같지만, 재발 가능성을 인정하는 것은, 전념하겠다는 마음을 더욱 굳게 다지고 고통을 유발하는 상황과 건강한 거리를 유지하고 새로운 라이프스타일을 개발해야 한다는 필요성을 각인시키는 데 도움이 된다. 이런 요소들은 유지를 성공적으로 지켜내기 위해서도 필요하

자동적인 생각	생각의 근거	대체할 수 있는 생각
예전에 우울증을 치료받았으니까, 또 다시 우울증에 빠진다는 건 있을 수 없어	없음. 이것은 소망적 사고일 뿐, 사실이 아니다	받아들이기는 어렵겠지만, 내 우울증은 어쩌면 다시 도질지도 몰라. 하지만 지금은 우울증을 훨씬 잘 인식할 수 있게 되었고, 증상이 완화되었으며, 너무 심각하거나 오래 지속되지 않게 할 수 있어

며, 한 번의 일탈이 재발로 이어지지 않고, 한 번의 실수가 실패가 되지 않는다는 사실을 인식하는 데에도 필수적이다.

정서적인 고통에 시달리는 사람이라도 누구나 변화할 수 있지만, 고통을 야기하는 상황 역시 언제라도 다시 발생할 수 있다. 우리의 삶 자체가 심리적 고통으로부터 완벽하게 자유로워질 수는 없다. 위의 일지에 적힌 내용만 봐도 알 수 있다.

유지에서 사용하는 전략들은 일상적인 고통이 신경증적인 불행으로 발전하지 않게 막아준다. 실행 단계의 과정들을 계속 활용하는 한편, 유지에 들어와서 추가되는 전략들도 있다. 심리적 고통의 최대 우방은 조직적이지 않은 시간 활용이다. 공허한 시간, 목적 없이 보내는 나날, 무기력하고 나른한 일상은 불안감을 고조시키고 우울을 제조해낸다. 운동을 비롯해서 몸을 적극적으로 움직이고, 기분을 전환하면 단기적으로 공허함을 채워줄 수 있고, 이완 훈련은 비조직적인 시간을 견디는 데 도움이 될 뿐만 아니라 그 시간을 재생의 용도로 사용하는 방법도 배울 수 있다. 그러나 이런 전략만으로는 부족하다. 당당한 라이프스타일을 개발하고, 열정을 쏟을 대상을 찾아 목표 지향적인 인생 계획을 세워야 한다.

전념의 마음을 굳게 다지는 데 가장 중요한 전략은 대인관계다. 대인

관계는 우리의 모든 행동에 의미와 앞뒤 정황을 부여한다. 만족스러운 삶에는 대체로 만족스러운 대인관계가 자리잡고 있으며, 많은 사람이 인생에 행복과 희열을 주는 원천으로 가족과 친구를 꼽는다. 도움을 주고받는 관계들은 현실의 가혹함을 누그러뜨리고 부정적인 충격을 완화해, 앞으로 겪을 심리적 고통에 완충지 구실을 할 수 있다는 연구가 속속 등장하고 있다. 이 완충지는 결혼한 사람이 독신자에 비해 더 오래 살고, 더 행복하게 산다는 조사 결과를 뒷받침하는 하나의 가설이다.

인생의 고달픈 현실, 예를 들어 슬픔이나 절망, 또는 비극 같은 것을 피할 수는 없다. 그러나 그때마다 정서적인 고통을 느낄 필요는 없다. 변화의 주기를 성공적으로 순항한다면 아무리 강력한 인생의 충격 앞에서도 적절하고 건강한 행동을 취할 수 있을 것이다.

퇴행은 보통 배우자와의 사별 같은 개인적인 비극에 의해 촉발된다. 세상에 있는 어떤 행동변화 프로
그램도 수십 년 후에 일어날지 모를 비극을 예견하고 준비할 수는 없다.

종료 단계-변화의 주기에서 탈출하다

변화의 주기를 이상적으로 밟아나간다면 무관심 단계의 저항을 벗어
나 심사숙고 단계의 문제 인식을 거쳐, 준비에서 앞으로의 진행 과정을
예측한 다음, 일진광풍 같은 실행 노력을 무사히 견디고, 유지 단계에
서 변화를 굳건히 다지게 된다. 그러나 이건 어디까지나 이상일 뿐이
고, 이 과정을 직선으로 주파하는 사람은 없다. 대부분은 이런저런 단
계에서 탈선한다. 그렇다 하더라도 불굴의 의지를 잃지 말고 그 동안
쌓아올린 정보와 경험으로 대처한다면, 오랫동안 삶을 짓눌러온 문제
를 벗어버렸다고 생각되는 지점에 이르게 된다. 이 지점을 '종료'라고
부르는데, 나선형을 그리는 변화의 주기에서 마침내 탈출하는 출구인
셈이다.

전문가들 중에는 종료를 불가능한 것으로 보고, 평생에 걸친 유지가
희망의 상한선이라고 주장하는 이도 있다. 프로이트는 1937년에 발표

한 〈종료 가능한 것과 가능하지 않은 것의 분석(Analysis Terminable and Interminable)〉이라는 논문에서 이런 질문을 던졌다.

"분석에 자연적인 종료라는 것이 있을까?"

그가 내린 결론은 변화가 의미를 가지려면 평생에 걸쳐 추구해야 하며, 당시로서는 가장 집약적이고 광범위한 치료법을 제공했던 정신분석마저도 모든 문제와 갈등에 완벽한 해법을 제시할 수는 없다는 것이었다.

이것이 현실적인 접근법이다. 개인의 성장 과정은 사방이 트여 있는 개방형이다. 우리도 연구를 진행하면서 5년이나 10년 동안 변화한 행동을 잘 유지하다가도 어느 순간 예전의 적응장애적인 습관으로 돌아가는 사람들을 볼 수 있었다. 이런 퇴행은 보통 배우자와의 사별 같은 개인적인 비극에 의해 촉발된다. 세상에 있는 어떤 행동변화 프로그램도 수십 년 후에 일어날지 모를 비극을 예견하고 준비할 수는 없는 노릇이다.

그러나 문제를 극복하는 것의 장점을 가볍게 생각해서는 안 된다. 경험을 통해 조기경보 체계를 갖출 수도 있다. 무기력함이나 지나친 자만, 새롭게 다가오는 유혹을 미리 알아차리는 것이 도움이 된다. 만에 하나 문제가 완전한 종료에 이르는 것이 불가능하다고 해도, 해가 갈수록 위협의 강도 역시 감소한다. 시간이 흐르면 경계의 태도를 완화해도 무방하다.

진정한 종료를 보는 전문가들의 시각도 여러 가지다. 우리는 문제의 성격에 따라 다르겠지만, 종료가 일어날 수 있다고 믿는다. 어떤 문제는 종료를 희망할 수 있는 반면에, 또 어떤 문제는 종료가 불가능해 보이기도 한다. 종료가 가능한 문제인지, 불가능한 문제인지에 관해서는 전문가들의 의견이 종종 갈린다.

예를 들어, 알코올 중독은 평생 지속되는 병이라고 보는 게 일반적이다. 익명의 알코올 중독자 모임에서도 금주를 하는 회원들을 '회복하는 중'이라고 말하지, 절대로 '회복했다'고 말하지 않는다. 그러나 행동주의에서는 여러 기능장애적인 행동처럼 알코올 남용도 통제와 우연성에 좌우되는 장애로 보는 시각이 점점 힘을 얻고 있다. 이들은 술과 관련된 문제를 지닌 사람들을 '알코올 중독자'라는 부류로 단순화하는 시각을 거부하면서, 남용에서 의존, 그리고 다시 중독으로 진행되는 연속선 위에서 이 문제에 접근한다. 우리 목표는 가능하다면 사람들이 평생을 회복에 바치기보다 회복된 삶을 살아갈 수 있게 돕는 것이다.

종료에서는 나이도 중요한 요인이 된다. 흡연이나 약물 남용 같은 문제는 나이가 들수록 그 습관에 대한 매력이 줄어, 결국 끊을 확률이 높다. 나이가 들수록 유혹이 약해지는 이런 문제들은 종료에 도달할 가능성이 더 크다. 반면에, 비활동성이나 비만 같은 또 다른 문제들은 나이가 오히려 장애물이 된다. 사람들은 나이가 들수록 움직이는 것을 귀찮아하고, 체중은 더 늘어나는 경향이 있다. 나이가 들수록 악화되는 문제들은 평생에 걸친 유지 단계를 요구할 가능성이 높다.

종료의 정확한 정의

얼마나 멀리 가야만, 얼마나 오랜 시간이 흘러야만 문제가 종료되었다고 생각할 수 있을까? 이쯤 되었으면 경계 자세를 접어도 되겠다고 결정할 수 있을 때는 언제일까? 진정한 종료와 다시금 문제에 빠지게 만들 합리화는 어떻게 구분할 수 있을까?

경험을 통해 우리는 최소한 네 가지 결정적인 기준이 있음을 알았다. 이 기준은 대략적이나마 평생 유지 단계에서 벗어나지 못하는 사람과 종료에 이른 사람을 구분해준다.

새로운 자아상을 확립한다 단기적인 변화는 덧없이 스러져버릴 수도 있고, 일시적인 행동이나 자연발생적인 사건, 또는 순전히 운에 의한 것일지도 모른다. 그러나 유지 단계에서 태도와 자아상에 중대한 변화가 자리잡았다면 종료에 이를 확률은 높아진다.

유지 단계에 이른 사람 중에는 문제를 극복하고도 여전히 변화가 '자신의 것' 같지 않다고 털어놓는 이들이 있다. 낡은 자아상과 새로운 행동 사이에 일관성이 없는데도, 새로운 자아상을 구축하지 않았기 때문이다. 새로운 행동이 자리를 잡는 동안 건강한 행동과 일관되게 느껴지는 새로운 자아상이 차츰 만들어진다. 이런 과정이 종료 가능성을 밝게 해주는 신호이다.

어떤 상황에서도 유혹을 느끼지 않는다 완전한 종료를 원한다면 어떤 상황이 닥쳐도 예전 습관으로 돌아가고픈 유혹을 전혀 느끼지 말아야 한다. 어디에 있건 어떤 마음 상태건 관계없이, 더 이상 담배를 피우거나 폭식을 하거나 술을 마시거나 돈을 낭비하거나 그 어떤 문제성 행동을 하고픈 느낌이 들지 않는다면, 그 문제에 관한 한 변화를 종료했는지도 모른다. 식당이나 가게나 술집, 또는 파티에 가서도 일탈하고픈 유혹을 느끼지 않는다면, 그것은 분명한 종료의 신호이다. 슬프거나 화가 나거나 우울하고 불안해도 이런 감정을 문제성 행동으로 막아보려는 유혹에 시달리지 않는다면, 그것도 대단히 고무적이다. 꿈에서도 먹고 담배를 피우고 술을 마시는 모습을 상상하지 않게 되었다면, 그 문제에 대한 열망은 사멸되는 중이다.

그러나 이런 일이 하루아침에 일어나지 않는다는 것 또한 부동의 진실이다. 담배를 피우던 사람이 흡연 욕구를 전혀, 또는 거의 느끼지 않는 상태에 이르려면 평균 36~48개월이 소요된다는 것이 우리의 생각이다. 때로는 유지 단계를 끝끝내 벗어나지 못하고 담배를 끊은 지 15년이 지나도록 특정한 상황이 발생하기만 하면 담배에 대한 갈망을 느끼는 사람도 있다. 그런가 하면, 행동을 통제하기 위해 의식적인 변화 노력을 기울인 것 같지도 않은데, 어느새 유혹을 통제할 필요성을 전혀 느끼지 않는 사람도 있다. 이런 사람들은 마치 평생 동안 담배를 한 번도 피워본 적이 없는 사람처럼 느끼고 행동한다.

자기 효능감을 키운다　종료에 이른 사람들은 '무게중심'을 문제에서 자기 자신에게로 되돌린다. 그들의 표정, 생각, 느낌, 행동에서는 거짓된 허세가 아닌 진정한 자신감이 드러난다. 이제 다시는 예전에 탐닉했던 문제에 의존하지 않고도 모든 것을 처리할 수 있다고 확신한다.

흡연이라는 문제를 궁극적으로 종료한 사람들이 유혹의 상황에도 일탈하지 않을 수 있다는 완벽한 자신감을 갖기까지는 평균 12개월이 걸린다. 실행에 돌입하고 1년이 지나면 자신감은 최고조에 달하지만 2년, 3년이 흘러도 유혹은 바닥으로 떨어질 줄 모른다.

흔들림 없는 자기 효능감은 장담할 수 없다. 다시 말하지만, 10년 동안 담배를 피우지 않고서도 여전히 이제 내 평생 담배를 피울 일은 없다고 자신 있게 말하지 못하는 사람들도 있다. 이런 '무기수'들은 흡연의 유혹에 끊임없이 대항해야 한다. 어떤 이는 치명적인 병에 걸리면 그때 다시 담배를 피우겠노라고 다짐하는 것으로 유혹을 피해가기도 한다.

우리는 조사를 통해, 위험도가 높은 모든 상황에 자기 효능감 100퍼센트와 유혹 0퍼센트를 기준으로 했을 때, 금연자 중에는 16퍼센트가, 그리고 금주자 중에서는 17퍼센트가 종료 단계에 이른다는 사실을 확인할 수 있었다. 이 사람들은 더 이상 회복기에 있지 않다. 이들은 완전히 회복했다. 이는 전에 알코올 중독이던 사람이 이제 더 이상 술을 마시지 않는다는 의미만은 아니다. 이들은 더 이상 술을 마시고 싶다는 유혹을 느끼지 않으며, 화가 나고 불안하고 지루하고 우울하고 축하할 일이 있거나 모임을 가질 때에도, 그 어떤 상황도 술에 의존해서 헤쳐나가는 일은 없을 것이라는 완벽한 자신감을 갖는다.

그러나 여전히 특정한 상황만 발생하면 재발에 빠지지 않기 위해 변화 과정을 동원해야 하는 사람들이 많다. 유혹이 여전하고 특정한 상황이 발생하면 자신감이 사라지는 사람은 유지 단계를 지속한다. 물론 그렇다고 반드시 재발한다는 뜻은 아니다. 다만 유혹을 일으키는 상황을 통제하려고 노력해야 한다는 뜻이다.

건강한 라이프스타일을 개발한다　삶을 변화시키는 것이 유지에서 빼놓을 수 없는 요소라면, 종료를 위해서는 새로운 라이프스타일이 필수적이다. 이 둘의 차이는 변화의 영속성에서 찾아볼 수 있다. 유지에서는 문제 극복과 관련한 부분들, 이를테면 만나는 사람들이나 하루의 일정 같은 행동 패턴을 바꾸지만, 종료에서는 변화의 성과와 새로운 성장을 위해 더욱 건강한 라이프스타일을 도입한다.

금주에 대한 두 가지 접근법을 살펴보면 이 둘의 차이가 분명해진다. 로버트는 지난 20년 동안 실행과 유지 사이를 오갔고, 굳이 따지자면 그 시간의 90퍼센트는 술에 취하지 않았다고 할 수 있다. 일탈이나 재발을 경험하면 그는 실행 계획을 다시 실천에 옮겼다. 모임에 발길을 끊고, 익명의 알코올 중독자 모임에 참석했으며, 일주일에 3일은 운동을 하면서 일주일이나 한 달 동안 술을 입에 대지 않으면 보상으로 자신을 강화했다. 하지만 몇 달이 흐르면 또 다시 알코올 중독자 모임과 헬스클럽에 둥한해졌다. 그는 다시금 유혹이 상존하는 상황으로 돌아갔으며, 술을 마시고픈 마음을 끝없이 통제해야 하는 것에 대해 화가 났다.

한편, 쇼나는 처음부터 건강한 라이프스타일이야말로 맑은 정신을 유지하는 데 필수적이라는 사실을 깨달았다. 그녀는 술을 끊는 것과 동시에 담배까지 끊었다. 스스로 건강 전도사를 자처했다. 운동을 열심히 하고, 담배를 피우지 않고, 저지방 식사에 습관을 들였다. 사람들과 어울리는 것을 좋아하는 그녀지만 담배 연기 자욱한 술집이나 클럽은 사절했다. 쇼나는 금주와 금연 상태를 유지하기 위해 애쓰는 데 에너지를 낭비하지 않는다. 그 대신 건강하고 활기찬 생활에 소중한 시간을 투자한다.

진정한 해결책 건강한 라이프스타일의 창조는 문제의 변화 차원을 뛰어넘는다. 혼자 힘으로 음주 문제를 극복한 사람들을 대상으로 조사한 결과, 이들 가운데 절반이 술과 함께 담배까지 끊었다. 물론 혼자 힘으로. 담배를 피우는 사람들과 어울리는 흡연자는 변화한 자아를 뒷받침할 새로운 관계를 구축하지 않는 한 성공적인 종료에 도달하기 어렵다. 예전 방식 그대로 삶을 영위하면서 결과는 다르게 나오기를 바란다면 그야말로 순진한 생각이다.

문제에서 완전히 자유로워지지는 못하더라도, 자기 패배적인 행동의 발생 횟수를 줄일 수는 있다. 건강한 체격을 유지하는 것이 부상과 질병을 예방하는 가장 좋은 방법인 것처럼, 심리적인 안녕을 유지하면 자기 파괴적인 행동에 빠질 확률이 낮아진다.

삶이 자신을 거들떠보지 않는다고 느끼면 스스로를 포기하기 쉽다. 삶의 수준을 고양시킬 활동에 시간과 정열을 쏟아보자. 아마 파괴적인 행동에 대한 유혹이 훨씬 덜해질 것이다. 진학을 하거나 선생이 되거나, 아이를 갖거나 사랑하는 사람을 만나거나, 모험을 떠나거나 여행을 가겠다는 꿈을 위해 투자하고, 삶을 최대한 즐기려고 노력하는 한편으로 변화의 노력을 가로막는 행동을 예방하자. 변화의 잠재력을 활용하는 한, 칠흑 같던 어둠에도 끝이 있고, 더없이 강렬한 유혹도 결국 사라진다는 사실을 깨달을 것이다.

변화의 단계를 차근차근 밟아 무관심에서 종료에 이르렀다면 인생 최고의 성취감을 느꼈을 것이다. 변화의 잠재력을 발휘해 문제를 해결했을 뿐만 아니라, 훨씬 건강하고 행복한 자아를 완성해냈다.

부록 1: 어리석은 자유

다른 면에서는 똑똑하기 이를 데 없는 사람들이 스스로를 위험에 몰아넣고, 손상시키는 것도 모자라 삶을 파괴하려고 애쓰는 모습은 정말 믿기 어렵다. 이런 어리석은 자유를 주장하는 사람들의 좌우명은 아마 이럴 것이다. "내 인생을 다른 누가 왈가왈부할 수 없어." "설사 그것이 내 목을 조여온다고 해도, 나는 나만의 줄을 당기겠다." "내 아이 내 마음대로 키운다는데, 때리든 망쳐놓든 무슨 상관이야." "파산을 해도 내가 한다. 돈을 어떻게 쓰든 무슨 걱정이람."

특히 지나치게 통제가 심한 부모 밑에서 자란 사람일수록 소비적인 행동을 다스리는 데 취약한 경우가 많다. 어쩌면 자기 자신에게 이런 맹세라도 하지 않았을까 궁금하다.

"다시는 어느 누구의 통제도 받지 않겠어. 나를 통제할 수 있는 사람이 있다면, 그건 오직 나 하나뿐이야."

마리아의 아버지는 독불장군이었고, 딸의 일거수 일투족을 전부 간섭하려 했다. 옷이며 친구, 진학할 대학까지 아버지가 결정했다. 어쩌다 데이트라도 하는 날이면 마리아가 들어올 때까지 잠도 안 자고 기다리고 있다가, 현관문 닫는 소리가 나기 무섭게 질문을 퍼부었다. 마리아도 속으로는 부글부글 끓었지만, 감히 아버지에게 대든다는 생각은 하지 못했다. 그러다 서른세 살이 된 어느 날, 이제는 자신이 남편을 사사건건 통제하려 든다는 사실을 깨달았다. 남편과 자신이 뭘 하고, 시간은 언제로 정하고, 뭘 사고, 누구와 어울릴지를 독단적으로 결정하고 있었다. 부부 행위를 할 때조차 통제력을 잃지 않으려 했기 때문에 만족감을 느끼기 힘들었다.

누구의 간섭도 받지 않고 오로지 자기 마음대로 통제하고픈 욕망에 압도되어 버린, 이런 경우까지는 아니어도, 자기 파괴적인 행동에 탐닉하고픈 마음은 대단히 강할 수 있다. 칼훈(John Calhoun)이라는 동물학자는 이와 관련된 대단히 흥미로운 실험을 했다. 실험실 연구에서는 흰쥐를 사용하는 것이 보통이지만, 칼훈은 야생쥐의 행동 통제 방법을 관찰했다.

칼훈은 야생쥐 우리에 밝은 빛과 흐린 빛, 그리고 어둠을 선택할 수 있는 전기 스위치를 설치했다. 쥐들은 하나같이 흐릿한 빛이 되게 스위치를 조작했고, 밝은 빛과 어둠은 피했다. 그러다가도 실험자가 흐릿한 빛을 설정해놓으면, 어김없이 달려가 스위치를 눌러서 밝은 빛이나 어둠이 되도록 바꾸는 것이었다. 또 다른 실험에서 칼훈은 쥐들이 회전바퀴를 돌리거나 멈출 수 있는 스위치를 설치했다. 이 바퀴 안에서 달리는 것은 우리에 갇힌 쥐들에게는 유일한 운동이었다. 건강을 유지하려면 대략 8시간은 달려야 했고, 쥐들은 가끔 스위치를 눌러 바퀴를 돌려놓고는 그 안에서 달리기를 했다. 그런데 이번에도 실험자가 바퀴를 돌려놓으면 쥐들은 어김없이 스위치를 눌러서 바퀴를 세웠다. 쥐들이 달릴 필요가 있거나, 달리기를 원할 때도 마찬가지였다.

바로 이것이 어리석은 자유이다. 쥐들은 스위치를 독점하려 했다. 자기 행동을 다른 누군가 통제하는 것을 원치 않았다. 비록 그 결과가 건강을 희생하는 것이라 해도 개의치 않았다. 흰쥐들은 이런 행동을 하기에는 이미 너무 길들어 있었기 때문에 칼훈은 야생쥐를 이용했던 것이다. 스키너를 포함해서 이미 길들대로 길든 동물을 이용해서 실험을 한 심리학자들은 외부 조건을 조절하면 인간을 쉽게 통제할 수 있다는 결론을 내렸다. 반면에, 프로이트는 인간이란 야생 동물과 같아서 내재하는 생물학적 욕망에 좌우된다고 믿었다.

프로이트가 살던 산업혁명 시대에는 지루하게 반복되는 일상이 삶을 채우고 있었고, 마음을 장악하려는 내면의 욕구를 방어기제로 통제하곤 했다. 당시에는 억압이 강했는데, 내재하는 욕구가 그만큼 강렬했기 때문이다. 그러나 이제는 억압이 약해졌다. 지금 우리가 살고 있는 이 정보 시대에 우리를 장악하려 드는 것은 내면의 욕망이 띄운 메시지가 아니라 외부에서 투사되는 메시지다. 그때나 지금이나 똑같은 인간의 심리적인 방어기제는 사회와 언론이 우리에게 요구하는 것들을 통제할 방법을 모색한다. 사회와 언론은 우리에게 끝없이 그것을 하고, 진짜를 선택하라고 요구한다. 욕망이 소유를 결정한다고 유혹한다. 너무나도 많은 사람이 대중매체가 불을 지핀 욕망을 통제하지 못한다. 그래서 우리는 담배를 피우고, 술을 마시고, 폭식을 하고, 과소비를 한다. 우리는 외부의 물질로 삶을 충족시키려 한다.

내면의 욕구는 눈앞의 과제를 처리하지 못하게 막을 수 있다. 외부에서 보내오는 메시지 역시, 우리 마음을 포로로 잡고 중요한 일에 몰두하는 것을 막는다. 안타깝게도 사람들은 자신에게 도움이 될 메시지와 해가 될 메시지를 잘 구분하지 못한다. 우리가 손에 넣는 유일한 자유는 부정적인 자유, 즉 타인의 요구로부터 해방되는 자유인 것 같다. 통제권을 갖고 싶은 욕망이 너무도 강한 나머지 삶을 고양시킬 변화를 거부하는 사람이 많다는 것은 분명한 사실이다.

야생쥐마냥 어떤 대가를 치르더라도 통제권을 잃지 않으려는 사람의 삶은 불안정하다. 반항적인 무관심 단계에 머물러 있는 이들은 자유를 통제권과 동일시하고, 파괴적인 행동으로부터 자신을 풀어줄 수 있는 지극한 선의의 영향력을 거부한다. 이들은 폐쇄적인 삶을 살면서 변화에 도움을 줄 정보들을 모조리 걸러낸다. 정보의 원천이 어디인지는 상관없다. 그 결과, 때로는 믿을 수 없을 만큼 자기 문제에 전혀 아는 바가 없기도 하다.

어떤 조건이 형성되어야 우리 안에 내재해 삶을 변화시킬 힘이나 외부 영향력에 마음을 열 수 있을까? 어떤 조건을 갖추어야 최선의 방어선을 구축해서 저항하던 것만큼이나 강제적인 힘으로 이런 영향력을 경험할 수 있을까?

이 점을 고찰하기 위해서는 개인의 자유에 대한 적절한 이론이 필요한데, 안타깝게도 그런 이론은 아직 등장하지 않았다. 그 이유는 무엇보다도 심리학자들을 비롯한 사회과학자들이 개인의 자유를 본격적으로 다루지 않았기 때문이다. 다만 실존주의 철학자인 베르그만이 개인의 결정론 모델을 제시하기는 했다.

우선 사람이 자유로울 수 있다는 가정이, 근거와 논리로 무장한 과학자들의 교의와 충돌하는 관념론적 개념이 아님을 분명히 하고 시작하자. 자유는 결정론과 양립할 수 없는 것이 아니다. 자유와 결정론은 남극과 북극처럼 오랫동안 한 쌍으로 취급되었다. 개인적인 자유는 예상할 수 있고 통제할 수 있는 결정주의적인 세계를 요구한다. 그런데 무엇보다 끔찍한 문제는 우리 삶을 예상이 불가능하고 통제할 수 없는 것으로 경험하는 것이다.

결정론과 자유를 배치시켜 놓는다면, 남는 것은 우리 행동이 어떤 영향도 받지 않을 때에만 자유로울 수 있다는, 성립할 수 없는 개념뿐이다. 이 개념대로라면, 순전히 개인의 변덕에 의해, 어떤 이해나 이유도 없이 행하는 행동만이 자유라 할 수 있다. 이때의 자유는 오직 즉흥적이고, 예측할 수 없으며, 어떤 족쇄에도 매이지 않고, 어떤 권위에도 복종하지 않는, 심지어 이유조차 없는 행동에 국한된다. 단지 구속을 떨쳐버리겠다는 이유만으로 결국에는 악기를 때려부수는 즉흥적인 록밴드들의 행위처럼 자유는 아무 근거도 없이 형체화된다.

이런 혼돈을 자유로 경험하려면 이성을 나 이외의 것으로 느껴야 한다. 내 이성에 복종하라고 강요받는 느낌이 든다면, 내 이성은 나의 친숙한 일부가 아닌 것이다. 뭔가에 강박관념을 갖고 있을 때면 나는 내 생각이 낯설게 느껴지곤 한다. 그럴 때면 그 생각을 내 마음에서 털어버릴 수가 없다. 나는 그 생각과 일체감을 느끼지 못한다. 그 생각은 내 안으로 침입해 들어왔고, 강압적이고 강박적으로 내 마음을 억누른다.

자유의 근본적인 요소는 행동하기를 원하는 뭔가에 자아가 사로잡힌 듯한 의식이다. 예를 들어 자신을 이성적인 사람이라고 생각한다면, 이성과 조화된 행동을 할 때 가장 자유롭다고 생각할 것이다. 이성은 자아 의식과 이질적인 뭔가가 아니라, 오히려 자아의 본질을 구성하는 요소이다. 주변에서 담배를 끊어야 할 새로운 근거를 제시할 때, 내가 그 근거를 합리적이라고 판단한다면 자유롭게 금연을 심사숙고할 수 있다. 이런 시각에서 봤을 때 비이성적으로 행동을 강요받는 것은 자유롭지 못하다. 이성적인 사람으로 담배를 피우지 않는 쪽을 선호하면서도 내부의 어떤 비이성적인 힘에 의해 흡연을 강요받는 듯한 느낌을 가질지도 모른다. 이런 경우에는 흡연이 자유로운 선택이 아닌, 강압과 강제로 경험된다.

그러나 만약 자아를 내부의 충동이나 욕구와 동일시한다면 그것으로부터 나오는 모든 행동이 자유가 된다. 이런 시각을 견지한다면 비이성적으로 담배를 계속 피워도 강제로 피웠다기보다는 일종의 죄책감을 느낄 것이다. 이런 자아 의식은 그 어떤 심리적인 강제도 부인하지만, 거기에는 상당한 죄책감이라는 대가가 따른다. 이때 유일한 강제는 말 그대로 외부의 힘이 행동을 강요할 경우에만 발생한다. 이를테면 가족의 등쌀에 떠밀려 술과 관련된 문제를 고쳐보려고 심리치료를 받게 된다면, 가기는 가겠지만 선택이 아니라 강압이라는 느낌을 갖게 되는데, 이 경우에는 가족이 행동의 원동력이기 때문이다.

행동을 발생시킨 요인과 동질감을 느낄 때, 그 행동은 자유롭다. 행동을 강요당한다고 느끼는 것은 발생 요인과 단절된 느낌을 가질 때다. 그러므로 동질감은 논리상 독립성에 우선한다. 자유는 주된 경험이 아니라 파생된 경험이다. 논리적으로 봤을 때, 자아 의식이 자기 통제보다 우선한다. 개인의 자유는 주체성, 자아에 따라 행동하는 것이 된다.

자기 재평가는 행동을 해방시킬 준비를 하는 중요한 변화 과정이다. 이 과정을 통하면 자신(음주자, 흡연자, 또는 그 누구건)에 대한 생각과 느낌이 달라진다. 자아에 중요한 일부를 포기하고 쓰린 가슴을 달랠 준비를 하게 된다. 당분간이 아닌 영원히.

연구 결과, 자기 재평가가 활발해지면 변화의 장점이 크게 증가하는 것을 확인할 수 있었다. 강박적인 행동이나 각종 중독, 또는 우울증으로부터 해방된 미래를 내다본다면, 낡은 자아를 벗어버릴 이유는 그만큼 증가한다.

그 이유에는 예상치 못한 것도 있다. 질병통제 및 예방 센터와 함께 안전한 성행위를 하는 이유를 조사한 적이 있는데, 첫째로 꼽은 이유가 대단히 놀라웠다. 설문 대상은 미국에서도 범죄 발생률이 가장 높은 5 대 도시에서, 그것도 피하주사로 마약을 놓고 매매춘을 하고 거리에서 살아가는 젊은이들이었다. 흔히 이 사람들이 콘돔을 사용하는 유일한 이유는 에이즈에 걸리지 않기 위해서라고 생각하기 쉽다. 그런데 에이즈는 둘째 이유였다. 이들에게 더 중요한 이유는 책임감 있는 사람이 되기 위해서였다.

책임이 수반된 자유는 주변 조건에 관계없이, 뭘 해야겠다고 강요받는 듯한 느낌에 관계없이, 가장 빠른 만족을 보장하는 것이 무엇인가에 관계없이, 최선의 이유를 들어 변화를 선택하는 것이다. 가장 충만한 자유는 삶과 자아 의식과 사회의 질을 높일 수 있는 것을 선택할 기회를 가질 때 나타난다.

반면에 어리석은 자유는 반사적이다. 단지 통제를 벗어나기 위해서, 또는 즉각적인 결과에 반응해서 일어난다. 책임 있는 자유는 상호작용이라는 특징이 있다. 행동을 변화시키는 것이 자신은 물론 타인에게 어떤 이익이 될 수 있는지에 대한 주변의 의견이나 정보와 상호작용을 하며 일어난다. 누군가가 합당한 이유로 우리를 변화시키려 한다면, 그 힘에 저항할 필요가 없다. 오히려 그 사람, 그리고 그 사람의 이유와 서로 영향을 주고받을 수 있다. 그 사람에게 영향 받아 좋게 변화할 수 있다면, 모두에게 그만큼 좋은 일이다.

부록 2 : 행동변화의 새로운 패러다임

변화에 단계를 도입한 우리 연구는 행동변화에 새로운 패러다임을 제시한다. 건강 관련 전문가들은 특히 이 패러다임이 건강 증진 프로그램에서 어떤 효과를 발휘하는가에 관심이 많을 줄 안다. 우리 패러다임을 뒷받침해주는 각종 자료들을 포괄적으로 모아봤다.

1. 변화의 단계적 접근법은, 특히 금연(JCCP, 1992)과 건강 관련 행동변화 일반(Diabetes Spectrum, 1993)에서 지난 10년 동안 이룩한 최고의 성과로 꼽혔다.
2. 변화의 단계적 접근법은 미국의 질병통제 센터에서 운영하는 모든 HIV 및 AIDS 예방 프로그램에서 사용하고 있다. 영국 국립 건강보건제도의 식이요법과 금연 및 약물 남용 근절을 위한 각종 프로그램에 도입되었다.
3. 우리 연구는 실행 위주로 변화에 개입하는 데 그치지 않고 위험도가 높은 행동을 어떻게 변화시키는가를 이해하고 연구해서 최적화하려는 새로운 접근법이다.

4. 우리는 높은 위험도를 0까지 떨어뜨리는 것만이 변화가 아니라, 일련의 단계를 통해 다양한 과정을 동원한다는 사실을 12가지 문제성 행동을 통해 입증하였다.

5. 우리 연구는 지금껏 알려지지 않았던 변화의 원칙을 밝혀냈다. 그것은 변화의 단계별 필요에 맞춰 가장 강력한 효과를 발휘하는 과정을 조화시키는 것이다.

6. 우리 접근법은 독자적으로 변화를 시도하는 사람들이 자신의 단계를 파악하여 노력을 조정할 수 있게 고안했다. 사람들이 어떻게 변화하는지에 맞춰 고안한 것이다.

7. 우리 접근법은 또 행동을 취할 준비가 되어 있는 20퍼센트나 그 미만의 사람들이 아닌, 변화의 모든 단계에 있는 사람에게 효과적으로 쓰일 수 있다.

8. 행동 위주의 프로그램 참가율은 대체로 1~5퍼센트 수준이다. 우리의 새로운 패러다임에 의거한 프로그램들은 대체로 50~85퍼센트의 참가율을 보인다.

9. 행동 위주 프로그램들(이를테면 금연 프로그램)은 대체로 위험률을 1~2퍼센트 낮추는 데 그친다. 이 새로운 패러다임에 의거한 프로그램에서는 위험률이 대체로 12~18퍼센트 낮아진다.

10. 행동 위주 프로그램의 성공률은 초기에는 대체로 높지만, 시간이 지날수록 급격히 감소한다. 반면에 새 패러다임에 의거한 프로그램의 성공률은 초기에는 낮지만 시간이 지날수록 급격하게 증가한다.

11. 행동 위주 프로그램들은 전문가와 참가자에게 많은 것을 요구한다. 이 새로운 패러다임은 고도의 상호작용적인 프로그램을 제시함으로써 전문가가 참가자에게 요구하는 정도가 훨씬 낮다.

12. 우리 접근법은 현실적인 목표를 제시함으로써 짧고 약한 개입의 장점을 최대화할 수 있다.

13. 새로운 패러다임은 현재의 실행 위주 프로그램을 두 가지 점에서 효과적으로 보완할 수 있다.

    a. 단계적 프로그램은 전통적인 실행 위주 프로그램에 참가하지 않는 사람들에게 큰 효과를 발휘한다.

    b. 단계적 프로그램은 전통적인 실행 위주의 프로그램에서 성공을 거두지 못한 사람들에게 희망적인 대안이 된다.

14. 우리의 접근법은 하나 이상의 행동 문제를 지닌, 특히 위험도가 높은 사람에게 적합하다.

15. 아무리 효과가 뛰어난 행동 위주 프로그램이라도 비용효율성을 감안한다면 원거리에는 제공하기 힘들다. 그러나 이 새로운 패러다임은 외딴 곳이라도 고품질의 서비스를 제공할 수 있다.

옮긴이의 글

가전제품을 사면 사용설명서가 따라온다. 요즘은 하도 복잡한 기능들이 많아 켜고 끄는 스위치 하나만 확인하면 끝이었던 예전과는 사뭇 다르다. 휴대전화기라도 하나 새로 장만한 날이면, 아예 목차까지 정리해놓은 두툼한 책자를 한나절은 끼고 있어야 대충 뭐가 뭔지 알 수 있다. 컴퓨터 프로그램엔 매뉴얼이 빠지는 법이 없다. 프로그램의 설치에서부터 각종 도구의 사용법까지 차근차근 알기 쉽게 설명되어 있다.

  익숙한 동선을 그리며 사는 일상에서 벗어나야 할 때, 우리는 인생에도 매뉴얼이 있다면 얼마나 좋을까, 생각한다. '모르는 초행길도 척척척' 알려준다는 네비게이터가 우리네 인생에도 있다면 얼마나 안심이 될까. 냉동식품을 해동할 땐 몇 초를 돌리고, 100미터 앞에서는 좌회전을 하고, 프레젠테이션 문서를 작성할 땐 이 도구를 이용하라고, 차근차근 알려주는 설명서가 있다면, 인생은 지금보다 얼마나 더 나은 모습일까. 최소한 얼마나 덜 복잡할까.

  "아무리 건강하고 건전한 변화라 해도 삶의 안정성을 뒤흔드는데, 때로는 자멸에 이르는 것이라 해도 당장의 안정을 회구하는 게 인지상정이다."

　시대가 변화를 요구한다지만, 일상은 오래 신어 길이 든 신발처럼 편
안하다. 스스로 변화의 필요성을 절감할 때조차 어디서 어떻게 시작해
야 할지 막막하기만 하다. 현상에 머무르는 건 안전하고, 실패는 두렵
다. 혼자 머뭇거리다 다시 주저앉는다. 그냥, 이렇게 살지 뭐. 이럴 때,
변화의 매뉴얼이 있다면.

> "실패한 사례들을 살펴보면 적절한 안내자가 없었던 경우가 많다. 대부분의 사람들은
> ……변화의 길을 스스로 찾아 나서느라 분주한 나머지 악전고투의 과정에서 그만 지
> 쳐 주저앉고 만다. ……우리는 스스로의 힘으로 도전해서 성공을 일궈낸 사람들의 길
> 을 지도로 만들어 보여줄 것이다."

　공동 연구자 세 사람의 임상과 연구 경험 50년의 결과물로 나온《자
기혁신 프로그램》은 아주 친절한 변화의 매뉴얼이다. 무조건 '하면 된
다!'를 외쳐대는 대책 없이 낙관적인 변화 프로그램들도 많지만, 오로
지 의지 하나에 기대어 이 악물고 덤벼드는 건 조금 무모하다고 지은이
들은 말한다. 그러면서 변화의 과정은 어떤 단계들로 나뉠 수 있는지,
각 단계의 특징은 무엇이며, 단계별로 사용할 수 있는 기법으로는 어떤
것들이 있는지 하나하나, 차근차근 설명해준다. 그러나 이 책만 있으면
어떤 변화든 식은 죽 먹기라고 호언장담하지 않는다. 변화는 어렵고,
도처에 난관이 도사리고 있으며, 언제든 재발할 우려가 있다고 솔직히
인정한다. 변화를 거부하는, 도전했다가 실패하는, 그리고 마침내 성공
을 거두는 사람들을 현장에서 무수히 목격하고, 돕고, 상담해왔기에 지

은이들은 실상을 너무나 잘 알고 있고, 그렇기 때문에 섣부른 약속은 하지 않는다.

하지만 아픈 몸 이끌고 병원에 갔는데 눈길 한번 주지 않고, 뭐라고 써 있는지도 모를 처방전이나 건네며 무조건 내가 시키는 대로만 하라는 그런 의사 말고, 다정하게 눈 맞추면서 왜 아픈지, 어떻게 해야 낫는지, 지금 처방해주는 약은 어떤 건지 조근조근 설명해주는 의사를 만났을 때처럼, 참 꼼꼼하고 친절하게 방향을 일러주는 이 매뉴얼만 있으면 엉뚱한 길로 빠질 염려는 절대로 없을 것 같아 든든하다.

책을 옮기면서 반성이랄까, 지탄이랄까, 하여간 나도 변화를 한번 시도해봐야겠다는 생각이 들었다. 그런데 작업이 끝나고 몇 달이 지나도록 그냥 그대로 살고 있다. 전생에 나무늘보가 아니었다면, 아무래도 '만성적 심사숙고' 단계에 발목이 잡힌 모양이다(아는 건, 때로는 병이다). 그래도 이번엔 제대로 해볼까 한다. 이제 방법을 모른다는 핑계는 댈 수 없게 되었으니 나무늘보에겐 좋은 건지 어떤 건지 잘 모르겠다.

강수정

참고문헌

Bergmann, F. (1977). *On Being Free*. South Bend, Ind.: University of Notre Dame Press.

Cohen, S., E. Lichtenstein, J. O. Prochaska, et al. (1989). "Debunking Myths About Self-Quitting: Evidence from 10 Prospective Studies of Persons Quitting Smoking by Themselves." *American Psychologist*, 44, 1355 – 1365.

DiClemente, C. C. (1985). Antonio – More Than Anxiety: A Transtheoretical Approach. *Casebook of Eclectic Psychotherapy*. New York: Brunner/Mazel.

DiClemente, C. C. (1991). "Motivational Interviewing and the Stages of Change." In W. R. Miller and S. Rollnick, eds. *Motivational Interviewing: Preparing People to Change Addictive Behavior*. New York: Guilford.

DiClemente, C. C. (1993). Alcoholics Anonymous and the Structure of Change. In W. R. Miller and B. S. McCready, eds., *Research on Alcoholics Anonymous: Opportunities and Alternatives*. Newark, N.J.: Rutgers University Press.

DiClemente, C. C. (1993). Changing Addictive Behaviors: A Process Perspective. *Current Directions in Psychological Science, 2*, 101 – 106.

DiClemente, C. C., J. P. Carbonari, and M. M. Velasquez (1992). Alcoholism Treatment Mismatching from a Process of Change Perspective. In E. R. R. Watson, *Drug and Alcohol Abuse Reviews, Vol. 3: Alcohol Abuse Treatment*. Totowa, N.J.: Humana.

DiClemente, C. C., and S. O. Hughes (1990). "Stages of Change Profiles in Alcoholism Treatment." *Journal of Substance Abuse, 2*, 217 – 235.

DiClemente, C. C., E. A. McConnaughy, J. C. Norcross, and J. O. Prochaska(1986). "Integrative Dimensions for Psychotherapy." *International Journal of Eclectic Psychotherapy, 5*, 256 – 274.

DiClemente, C. C., and J. O. Prochaska (1982). "Self – change and Therapy Change of Smoking Behavior: A Comparison of Processes of Change in Cessation and Maintenance." *Addictive Behaviors, 7*, 133 – 142.

DiClemente, C. C., and J. O. Prochaska (1985). "Processes and Stages of Change: Coping and Competence in Smoking Behavior Change." In S. Shiffman and T. A. Wills, eds. *Coping and Substance Abuse*. San Diego: Academic Press.

DiClemente, C. C., J. O. Prochaska, S. K. Fairhurst, W. F. Velicer, M. M. Velasquez, and J. S. Rossi (1991). "The Process of Smoking Cessation: An Analysis of Precontemplation, Contemplation, and Preparation Stages of Change." *Journal of Consulting and Clinical Psychology, 59*, 295 – 304.

DiClemente, C. C., J. O. Prochaska, and M. Gilbertini (1985). "Self – efficacy and the Stages of Self – change of Smoking." *Cognitive Therapy and Research, 9*, 181 – 200.

Farber, B. A., and J. D. Geller (1977). "Student Attitudes Toward Psychotherapy." *Journal of the American Health Association, 25*, 301 – 307.

Gleser, G. C., and D. Ihilevich (1969). "An Objective Instrument for Measuring Defense Mechanisms." *Journal of Consulting and Clinical Psychology, 33*, 51 – 60.

Gurin G., J., Veroff and S. Feld (1960). *Americans View Their Mental Health.* New York: Basic Books.

Luborsky, L., B. Singer, and L. Luborsky (1975). "Comparative Studies of Psychotherapies: Is it True That Everybody Has Won and All Must Have Prizes?" *Archives of General Psychiatry, 32*, 995 – 1008.

McConnaughy, E. A., C. C. DiClemente, J. O. Prochaska, and W. F. Velicer (1989). "Stages of Change in Psychotherapy: A Follow – up Report." *Psychotherapy, 26*, 494 – 503.

McConnaughy, E. A., J. O. Prochaska, and W. F. Velicer (1983). "Stages of Change in Psychotherapy: Measurement and Sample Profiles." *Psychotherapy, 20*, 368 – 375.

Marlatt, G. A., and J. R. Gordon (1985). *Relapse Prevention*. New York: Guilford.

Mechanic, D. (1962). *Students Under Stress*. New York: Free Press.

Mellinger, G. D., M. B. Balter, E. H. Uhlenhuth, I. H. Cisin, and H. J. Parry (1978). "Psychic Distress, Life Crisis, and Use of Psychotherapeutic Medications: National Household Survey Data. *Archives of General Psychiatry, 35*, 1045 – 1052.

Munroe, S. M., D. J. Rohsenow, J. C. Norcross, and P. M. Monti (1993). "Coping Strategies and the Maintenance of Change After Inpatient Alcoholism

Treatment." *Social Work Research and Abstracts, 29*, 18 – 22.

Norcross, J. C:, ed. (1991). "Prescriptive Matching in Psychotherapy: Psychoanalysis for Simple Phobias?" *Psychotherapy, 28*, 439 – 472.

Norcross, J. C., B. A. Alford, and J. T. DeMichele (1992). "The Future of Psychotherapy: Delphi Data and Concluding Observations." *Psychotherapy, 29*, 150 – 158.

Norcross, J. C., and D. C. Aboyoun (1994). "Self – change Experiences of Psychotherapists." In T. M. Brinthaupt and R. P. Lipka, eds. *Changing the Self.* Albany: State University of New York Press.

Norcross, J. C., and M. R. Goldfried, eds. (1992). *Handbook of Psychotherapy Integration.* New York: Basic Books.

Norcross, J. C., and P. R. Magaletta (1990). "Concurrent Validation of the Levels of Attribution and Change (LAC) Scale." *Journal of Clinical Psychology, 46*, 618 – 622.

Norcross, J. C., and J. O. Prochaska (1986). "Psychotherapist Heal Thyself I: The Psychological Distress and Self – change of Psychologists, Counselors, and Laypersons." *Psychotherapy, 23*, 102 – 114.

Norcross, J. C., and J. O. Prochaska (1986). "Psychotherapist Heal Thyself II: The Self – Initiated and Therapy – Facilitated Change of Psychological Distress." *Psychotherapy, 23*, 345 – 356.

Norcross, J. C., J. O. Prochaska, and C. C. DiClemente (1986). "Self – change of Psychological Distress: Laypersons' vs Psychologists' Coping Strategies." *Journal of Clinical Psychology, 42*, 834 – 840.

Norcross, J. C., J. O. Prochaska, and C. C. DiClemente (1991). "Helping Clients Stick to it." *IDEA Today, 9* (6), 23 – 26.

Norcross, J. C., J. O. Prochaska, and C. C. DiClemente (in press). "The Stages and Processes of Weight Control: Two Replications." In A. Kutscher et al., eds. *Obesity and Weight Control.* Philadelphia: Charles Press.

Norcross, J. C., J. O. Prochaska, and M. Hambrecht (1985). "Levels of Attribution and Change (LAC) Scale: Development and Measurement." *Cognitive Therapy and Research, 9*, 631 – 649.

Norcross, J. C., J. O. Prochaska, and M. Hambrecht (1991). "Treating Ourselves vs. Treating Our Clients: A Replication with Alcohol Abuse." *Journal of Substance Abuse, 3*, 123 – 129.

Norcross, J. C., A. C. Ratzin, and D. Payne (1989). "Ringing In the New Year: The Change Process and Reported Outcomes of Resolutions." *Addictive Behaviors, 14*, 205 – 212.

Norcross, J. C., D. J. Strausser, and F. J. Faltus (1988). "The Therapist's Therapist." *American Journal of Psychotherapy, 42*, 53 – 66.

Norcross, J. C., and D. J. Vangarelli (1989). "The Resolution Solution: Longitudinal Examination of New Year's Change Attempts." *Journal of Substance Abuse, 1*, 127 – 134.

Orleans, C, T., and others (1988, November). *Effectiveness of Self–Help Quit Smoking Strategies*. Symposium presented at the annual meeting of the Association for the Advancement of Behavior Therapy, New York, N. Y.

Prochaska, J. O. (1991). "Prescribing to the Stages and Levels of Change." *Psychotherapy, 28*, 463 – 468.

Prochaska, J. O., and C. C. DiClemente (1982). "Transtheoretical Therapy: Toward a More Integrative Model of Change." *Psychotherapy, 20*, 161 – 173.

Prochaska, J. O., and C. C. DiClemente (1983). "Stages and Processes of Self – change in Smoking: Toward an Integrative Model of Change." *Journal of Consulting and Clinical Psychology, 5*, 390 – 395.

Prochaska, J. O., and C. C. DiClemente (1984). *The Transtheoretical Approach: Crossing Traditional Boundaries of Therapy*. Melbourne, Fla.: Krieger.

Prochaska, J. O., and C. C. DiClemente (1985). "Common Processes of Change in Smoking, Weight Control, and Psychological Distress." In S. Shiffman and T. Wills, eds. *Coping and Substance Abuse*. San Diego: Academic Press.

Prochaska, J. O., and C. C. DiClemente (1986). "Toward a Comprehensive Model of Change." In W. R. Miller and N. Heather, eds. *Treating Addictive Behaviors: Processes of Change*. New York: Plenum.

Prochaska, J. O., and C. C. DiClemente (1992). "Stages of Change in the Modification of Problem Behaviors. In M. Hersen, R. M. Eisler, and P. M. Miller, eds. *Progress in Behavior Modification*. Sycamore, Ill. Sycamore Press.

Prochaska, J. O., and C. C. DiClemente (1992). The Transtheoretical Approach. In J. C. Norcross and M. R. Goldfried, eds., *Handbook of Psychotherapy Integration*. New York: Basic Books.

Prochaska, J. O., C. C. DiClemente, and J. C. Norcross (1992). "In Search of the

Structure of Behavior Change." In Y. Klar et al., eds. *Self–Change: Social–Psychological and Clinical Perspectives*. New York: Springer – Verlag.

Prochaska, J. O., C. C. DiClemente, and J. C. Norcross (1992). "In Search of How People Change: Applications to Addictive Behaviors." *American Psychologist, 47*, 1102 – 1114.

Prochaska, J. O., C. C. DiClemente, W. F. Velicer, S. Ginpil, and J. C. Norcross (1985). "Predicting Change in Smoking Status for Self – changers." *Addictive Behaviors, 10*, 395 – 406.

Prochaska, J. O., and J. C. Norcross (1983). "Psychotherapists' Perspectives on Treating Themselves and Their Clients for Psychic Distress." *Professional Psychology, 14*, 642 – 655.

Prochaska, J. O., and J. C. Norcross (1994). *Systems of Psychotherapy: A Transtheoretical Analysis*, 3d. ed. Pacific Grove, Calif.: Brooks/Cole.

Prochaska, J. O., J. C. Norcross, J. L. Fowler, M. J. Follick, and D. B. Abrams(1992). "Attendance and Outcome in a Work Site Weight Control Program: Processes and Stages of Change As Process and Predictor Variables." *Addictive Behaviors, 17*, 35 – 45

Prochaska, J. O., W. F. Velicer, C. C. DiClemente, and J. S. Fava (1988). "Measuring Processes of Change: Applications to the Cessation of Smoking. *Journal of Consulting and Clinical Psychology, 56*, 520 – 528.

Velicer, W. F., C. C. DiClemente, J. O. Prochaska, and N. Brandenburg (1985). "A Decisional Balance Measure for Assessing and Predicting Smoking Status. *Journal of Personality and Social Psychology, 48*, 1279 – 1289.

Veroff, J., E. Douvan, and R. A. Kulka (1981). *Mental Health in America*. New York: Basic Books.

Watzlawick, P. (1983). *The Situation Is Hopeless but Not Serious*. New York: Norton.

Wilcox, N., J. O. Prochaska, W. F. Velicer, and C. C. DiClemente (1985). "Client Characteristics As Predictors of Self – change in Smoking Cessation." *Addictive Behaviors, 40*, 407 – 412.